utb 3774

Eine Arbeitsgemeinschaft der Verlage

Böhlau Verlag · Wien · Köln · Weimar
Verlag Barbara Budrich · Opladen · Toronto
facultas · Wien
Wilhelm Fink · Paderborn
Narr Francke Attempto Verlag / expert verlag · Tübingen
Haupt Verlag · Bern
Verlag Julius Klinkhardt · Bad Heilbrunn
Mohr Siebeck · Tübingen
Ernst Reinhardt Verlag · München
Ferdinand Schöningh · Paderborn
transcript Verlag · Bielefeld
Eugen Ulmer Verlag · Stuttgart
UVK Verlag · München
Vandenhoeck & Ruprecht · Göttingen
Waxmann · Münster · New York
wbv Publikation · Bielefeld
Wochenschau Verlag · Frankfurt am Main

Mehrsprachig**keit**

Brigitta Busch

3., vollständig aktualisierte und erweiterte Auflage

facultas

Brigitta Busch forscht und lehrt am Institut für Sprachwissenschaft der Universität Wien. 2012 wurde ihr eine Berta-Karlik-Professur zur Förderung exzellenter Wissenschafterinnen verliehen. Seit 2019 hält sie eine Honorarprofessur an der Universität Stellenbosch (Südafrika). Langjährige Expertin des Europarats im Bereich ‚Minderheiten'.

Bibliografische Information der Deutschen Nationalbibliothek
Die Deutsche Nationalbibliothek verzeichnet diese Publikation in der Deutschen Nationalbibliografie; detaillierte bibliografische Daten sind im Internet über http://d-nb.de abrufbar

3., vollständig aktualisierte und erweiterte Auflage 2021

facultas, Stolberggasse 26, 1050 Wien

Lektorat: Verena Hauser, Wien
Einband: Atelier Reichert, Stuttgart
Gestaltung und Satz: Atelier Tiefenthaler, Wien (gesetzt in Foltyn von Johannes Lang, Premièra von Thomas Gabriel und Acorde von Stefan Willerstorfer)
Druck und Bindung: Friedrich Pustet, Regensburg
Printed in Germany

utb-Nummer 3774
ISBN 978-3-8252-5652-4 (Print-Ausgabe)
ISBN 978-3-8385-5652-9 (Online-Leserecht)
Online-Angebote oder elektronische Ausgabe sind erhältlich unter www.utb-shop.de.

Vorwort

zur dritten Auflage

Als Frau Kruse vom Verlag facultas/utb gefragt hat, ob ich mir vorstellen könne, das Buch Mehrsprachigkeit im Hinblick auf eine dritte Auflage zu aktualisieren, habe ich einen Moment lang gezögert. Auf der einen Seite stand die Freude, dass das Buch auch nach acht Jahren im ganzen deutschen Sprachraum weiterhin nachgefragt und verwendet wird, auf der anderen der Zweifel, ob es von seiner Grundstruktur und Orientierung her den Erwartungen, die heute an ein wissenschaftliches Fachbuch zu Mehrsprachigkeit gestellt werden, noch gerecht zu werden vermag. Ich glaube, es kann. Der seinerzeit gewählte multiperspektivische Zugang zum Thema erlaubt es nicht nur, dieses von verschiedenen Seiten her zu beleuchten – mit Fokus einmal auf handelnde und erlebende Subjekte, dann auf verfestigte Diskurse und Sprachideologien und schließlich auf räumlich und zeitlich situierte Praktiken –, sondern ermöglicht es auch, das Blickfeld in verschiedene Richtungen auszuweiten. Letzteres war aus mehreren Gründen notwendig. Die Mehrsprachigkeitsforschung ist in diesen Jahren nicht stehen geblieben, Teilgebiete wie Familiensprachpolitik, Raciolinguistics, visuelle Methoden oder Forschung zu International Sign sind vermehrt ins Blickfeld gerückt und haben sich als eigenständige Forschungszweige etabliert. Eine junge Generation von Wissenschafter*innen ist auf die Bühne getreten, die neue Sichtweisen einbringt und andere Schwerpunkte setzt, etwa zur Rolle von Sprache in Prozessen wirtschaftlicher, gesellschaftlicher und kultureller Umformungen, die mit Begriffen wie Neoliberalismus oder Spätkapitalismus nur unzulänglich erfasst werden können. Und schließlich hat mich meine eigene Arbeit auf Basis dessen, was bereits in der ersten Auflage dieses Buches angelegt war, zu neuen Fragestellungen herangeführt, so zum Beispiel zur Frage nach sprachlichen und nichtsprachlichen Formen der Darstellung traumatischer Erfahrungen.

Um diesen Umständen Rechnung zu tragen, habe ich nach einer kritischen Relektüre des Buches eine Reihe von Aktualisierungen in Bezug auf neuere Entwicklungen und Literaturhinweise vorgenommen. Darüber hinaus lassen sich einige neue Passagen zu Themen finden, die in den bisherigen Auflagen nicht oder aus heutiger Sicht unzulänglich behandelt wurden. Dies betrifft unter anderem Abschnitte zur Positionierungstheorie, zu Gebärdensprachen, zu migrations- und sprachenpolitischen Neuausrichtungen unter dem Vorzeichen sogenannter Sicherheitspolitiken, zu Alltagspraktiken der Mediennutzung, zu Sprachregimen in urbanen Räumen und in der Arbeitswelt sowie zum Themenkomplex ‚sprachliche Diversität und Bildung'.

Danken möchte ich an dieser Stelle allen Kolleg*innen, die mir durch ihr Feedback auf das Buch geholfen haben, Stellen zu identifizieren, die einer Vertiefung bedurften, sowie dem Verlag facultas/utb, namentlich Frau Kruse, für die Betreuung des Projekts und Frau Hauser für das engagierte und sorgfältige Lektorat.

Ich hoffe, dass dieses Buch ein brauchbares Werkzeug bleibt, nicht nur im Hinblick auf das Studium von Phänomenen sprachlicher Vielfalt, sondern auch im Hinblick auf die notwendige Auseinandersetzung mit Politiken, die darauf abzielen, gesellschaftliche Ungleichheiten und Ausschlüsse mit ‚Sprache' zu begründen und über Sprache auszutragen.

Wien, im April 2021
Brigitta Busch

Inhalt

Einleitung

Mehrsprachigkeit ist von einem Randthema zu einem zentralen Thema geworden, sowohl gesellschaftlich-politisch als auch wissenschaftlich betrachtet. Lange Zeit wurde Einsprachigkeit als Normalfall angesehen, Zwei- oder Mehrsprachigkeit – ob es um einzelne Sprecher*innen, Regionen oder Länder ging – als Sonderfall. Angesichts weltweiter wirtschaftlicher Verflechtungen und politisch-räumlicher Neukonfigurationen, angesichts weitverbreiteter Mobilität, Migration und Teilnahme an transnationalen Kommunikationsnetzwerken, also angesichts von Phänomenen, die unter dem Stichwort ‚Globalisierung' zusammengefasst werden, wird Mehrsprachigkeit immer mehr als Teil der Alltagsrealität wahrgenommen.

Der Titel dieses Buchs – Mehrsprachigkeit – beschreibt also ein Alltagsphänomen. Er klingt einfach und zugleich etwas vermessen, denn die Mehrsprachigkeitsforschung hat sich im letzten Jahrzehnt international gesehen zu einem bedeutenden und ständig wachsenden Feld wissenschaftlicher Tätigkeit entwickelt. Das Buch erhebt nicht den Anspruch, einen ausgewogenen Überblick über dieses verästelte und nahezu unüberschaubar gewordene Feld zu geben, in dem sich nicht nur Soziolinguistik, Sprachlehr- und -lernforschung, Psycholinguistik, Neurolinguistik und andere Zweige der Sprachwissenschaft bewegen, sondern darüber hinaus auch andere Disziplinen wie Literaturwissenschaft, Soziologie, Kultur- und Sozialanthropologie oder Politikwissenschaft. Wohl aber sollen in diesem Buch aktuelle Themen, Entwicklungen und Tendenzen in der Mehrsprachigkeitsforschung zur Sprache kommen.

Behandelt werden Konzepte wie Sprachrepertoire, Sprachideologien oder lokale Sprachregime, die vor allem für sprachwissenschaftlich geschulte oder interessierte Leser*innen von Interesse sein werden. Die Kapitel zu Methoden greifen vor allem neuere Zugänge auf. Dazu zählen die biografisch orientierte Forschung oder visuelle Methoden wie Linguistic Landscape oder kreative wie das Zeichnen von Sprachenporträts. Diese Kapitel richten sich über den Kreis von Studierenden der Sprachwissenschaft hinaus auch an solche benachbarter Studienrichtungen wie Philologien, Bildungswissenschaft oder Sozialwissenschaften. Die Darstellung der Themen erfolgt anhand konkreter Beispiele, die sowohl auf meine eigene Forschungspraxis in Österreich, Südosteuropa und Südafrika als auch auf internationale Literatur zurückgreifen. Damit soll das Buch über weite Strecken auch für Leser*innen zugänglich sein, die an Fragen der Mehrsprachigkeit interessiert sind, aber nicht unbedingt über spezifisches Fachwissen verfügen.

Das Buch führt die Lesenden an verschiedene Orte, zum Beispiel in Volksschulen in einem Wiener Gemeindebezirk und einem Arbeiterviertel von Kapstadt, in den Schalterraum der Einwanderungsbehörde in Barcelona oder in eine zweisprachige Gemeinde in Südkärnten. Es lädt dazu ein, sich an diesen verschiedenen Orten mit den Wirkungsmechanismen von Sprachideologien zu beschäftigen: So wird anhand des Asylverfahrens danach gefragt, was geschieht, wenn Sprecher*innen mit einem multilingualen Repertoire auf Institutionen mit einer monolingualen Routine treffen, und es wird gezeigt, wie Sprachtests in den Dienst von Abschottungspolitiken gestellt werden. Am Beispiel von Südosteuropa wird offengelegt, wie aus einer Sprache drei, dann vier wurden, und am Beispiel der österreichischen Statistik, wie aus mehrsprachigen Sprecher*innen einsprachige werden. Und das Buch macht mit Menschen bekannt: Sie erzählen davon, wie sie Ausschluss aufgrund von Sprache erfahren haben, weil sie vom Dorf in die Stadt umgezogen sind; oder davon, wie sie unter Sprachverlust und Sprachwechsel gelitten haben, nachdem sie aus ihrem Land vertrieben wurden; auch davon, wie sie damit umgehen, mit einem Bein in Frankreich und einem in Deutschland zu stehen; oder davon, wie sie ihre sprachlichen Ressourcen spielerisch und kreativ einsetzen.

Essenzialisierende Konzepte von Sprache und Mehrsprachigkeit werden dabei stets einer kritischen Prüfung unterzogen. Demgegenüber stellt das Buch den sprechenden Menschen bzw. das multilinguale Subjekt in den Mittelpunkt, arbeitet die soziale und diskursive Konstruiertheit sprachlicher Kategorien heraus und betrachtet sprachliche Praktiken in unterschiedlichen sozialen Kontexten. Diesen Schwerpunktsetzungen folgend gliedert sich das Buch in drei Teile, welche Mehrsprachigkeit aus der Subjekt-, der Diskurs- und der Raumperspektive in den Blick nehmen.

Zweisprachigkeit, Mehrsprachigkeit, Diversität, Heteroglossie

Mehrsprachigkeit – der Begriff ist nicht ganz unproblematisch und wird innerhalb der angewandten Sprachwissenschaft zunehmend kritisch hinterfragt. Lange Zeit wurde die Beschäftigung mit Mehrsprachigkeit vor allem ausgehend vom englischen Sprachraum unter dem Begriff ‚Bilingualismus-Forschung' zusammengefasst, womit die Zweisprachigkeit als Sonderfall von der als Normalfall betrachteten Einsprachigkeit abgegrenzt wurde. Manche benützten in der Folge auch den Begriff ‚Trilingualismus', um dem Umstand Rechnung zu tragen, dass oft mehr als zwei Sprachen im Spiel sind. Um die Reihenfolge des Spracherwerbs oder Hierarchisierungen im individuellen sprachlichen Repertoire zu bezeichnen, hat man Begriffe und Abkürzungen wie Erstsprache, Zweitsprache, L1, L2, L3, Ln eingeführt. Das impliziert die Annahme, dass Sprachen klar voneinander abgrenzbar und somit zählbar seien.

Seit einigen Jahren wird in der angewandten Sprachwissenschaft darüber diskutiert, wie aus der Perspektive des Fachs Sprache gefasst und verstanden werden kann. Hinterfragt wird dabei vor allem die Vorstellung von Sprachen als voneinander klar abgegrenzte Entitäten, also die Annahme, dass Sprachen wie etwa Deutsch, Englisch, Russisch im Gebrauch trennscharf unterschieden werden können, was letztlich Auswirkungen auf damit verbundene soziale Zuschreibungen und Abgrenzungen hat (Makoni und Pennycook 2007). Geht man von konkreten sprachlichen Praktiken aus und nimmt eine Sprecher*innenperspektive ein, so kann Sprache nicht als etwas Objekthaftes verstanden werden. Im englischsprachigen Raum wird daher von einigen Autor*innen der Begriff *languaging* dem Wort *language* vorgezogen, um das Dynamische und Prozesshafte sprachlicher Hervorbringungen zu unterstreichen (z. B. García 2009).

„Es ist unmöglich, die Sprachen abzuzählen", gibt Jacques Derrida (1997: 25) zu bedenken. Und er führt weiter aus: „Es gibt keine Abzählbarkeit *[comptabilité]* der Sprachen, weil die Einheit der Sprache, die sich aller arithmetischen Abzählbarkeit entzieht, niemals bestimmt ist." Tatsächlich kommt man, wenn man sich mit konkreten sprachlichen Praktiken, mit Sprache in der Interaktion auseinandersetzt, nicht umhin, sprachliche

Differenz und Differenzierung als Ausgangspunkt anzunehmen. Diese sprachliche Vielfalt umfasst eine ganze Bandbreite sprachlicher und kommunikativer Ressourcen – verschiedene Varietäten, Register, Jargons, Genres, Akzente, Stile, mündlich wie schriftlich –, die sich teilweise einem Sprachsystem, teilweise einem anderen zuordnen ließen, teilweise auch mehreren oder keinem. Sprecher*innen bewegen sich in ihrem Alltag gewöhnlich sicher, und ohne sich dessen bewusst zu werden, in dieser komplexen Vielfalt: Sie greifen auf unterschiedliche sprachliche Ressourcen zurück, die beispielsweise für ein kurzes Gespräch auf der Straße auf eine regional gefärbte Umgangssprache verweisen, auf Lingua-franca-Englisch, wenn sie einem Touristen den Weg erklären, auf ein fachsprachliches Register, um über ein Problem am Arbeitsplatz zu sprechen, auf eine literarisch ausgeprägte Standardsprache, wenn sie einen Roman lesen. Jede dieser Arten des Sprachgebrauchs nimmt Bezug auf unterschiedliche sozialideologisch geprägte Diskurse, sie greift auf unterschiedliche individuelle Stimmen zurück und bedient sich sprachlicher Mittel, die auf unterschiedliche geografische, soziale und historische Kontexte verweisen (siehe Kapitel 1.2). Mit der Orientierung auf Redevielfalt stützt sich das Buch auf grundlegende Arbeiten des russischen Literatur- und Sprachwissenschafters Michail Bachtin aus den 1930er Jahren, der mit seinem Konzept der Heteroglossie die Vorstellung in Frage stellt, Sprachen als in sich geschlossene, einheitliche Systeme zu betrachten. Die einheitliche Sprache ist nicht etwas Gegebenes *[dan]*, sagt Bachtin (1979: 164), sondern etwas, das vorgegeben oder vorgeschrieben wird *[zadan]*, und sie steht immer im Gegensatz zur Realität der Heteroglossie, zur „tatsächlichen Redevielfalt".

Der Begriff ‚Heteroglossie' bezeichnet die vielschichtige und facettenreiche Differenzierung, die lebendiger Sprache innewohnt. Bachtin folgend (Todorov 1984: 56) ist es sinnvoll, in der Beschäftigung mit sprachlichen Praktiken in multilingualen Kontexten den Begriff in drei Richtungen zu differenzieren: Multidiskursivität *[raznorečie]* meint, dass in jedem Sprechen Verweise auf verschiedene Räume und Zeiten enthalten sind, die auf unterschiedliche Weise sozialideologisch konstituiert sind. Jede dieser Zeiten – bestimmte Epochen, Perioden oder Tage – und jeder dieser Räume – Staaten, Altersgruppen, Familien oder Szenen – ist verbunden mit spezifischen Weltsichten und Diskursen. Vielstimmigkeit *[raznogolosie]* meint, dass wir uns im Sprechen gegenüber diesen Welten, Weltsichten und Diskursen positionieren und dass wir uns dafür die Stimmen anderer sozusagen ‚ausborgen' und als Stile zu eigen machen. Sprachenvielfalt *[raznojazyčie]* meint, dass sich Spuren soziokultureller Differenzierung in der Sprache auffinden lassen. Durch unterschiedliche Positionierungen bilden sich unterschiedliche Arten des Sprechens heraus. Man hat es nicht mit einer Sprache, sondern mit Sprachenvielfalt zu tun, mit einem „Dialog von Sprachen" (Bachtin 1979: 186), egal ob sich dieser Dialog innerhalb dessen abspielt, was man als eine Sprache bezeichnet, oder zwischen solchen, die „zueinander Kontakt aufgenommen und einander erkannt haben" (ebd.). Wenn in diesem Buch also von Mehrsprachigkeit die Rede ist, so ist damit nicht eine Vielzahl von Einzelsprachen gemeint, sondern ein Konglomerat, das in Bachtins Sinn heteroglossisch ist.

Zum Aufbau dieses Buches: drei Perspektiven auf Mehrsprachigkeit

Häufig wird in der Mehrsprachigkeitsforschung zwischen individueller und gesellschaftlicher Mehrsprachigkeit unterschieden, wobei die eine eher von der Psycholinguistik, die andere eher im Rahmen der Soziolinguistik behandelt wird. In diesem Buch wähle ich einen Zugang, der nicht auf einer Gegenüberstellung Individuum – Gesellschaft basiert, sondern der es ermöglicht, an den Gegenstand etwas anders heranzugehen. Praktiken der Mehrsprachigkeit bzw. des Umgangs mit gesellschaftlicher Heteroglossie werden von drei Seiten her beleuchtet: (1) von der des erlebenden, sprechenden und agierenden Subjekts, das mit anderen interagiert; (2) aus der Perspektive von Diskursen, durch die das Subjekt als erlebendes, sprechendes, agierendes positioniert wird und denen gegenüber es sich positioniert; und (3) aus der von Räumen, eigentlich Raum-Zeiten, in denen sich kommunikative Praktiken etablieren und situierte Interaktionen stattfinden.

Im ersten Teil werden Konzepte von Spracherleben und Sprachrepertoire diskutiert, wobei nicht nur die historisch-politische Dimension des Repertoires, sondern auch die leiblich-emotionalen Dimensionen von Spracherleben, die bisher weniger Beachtung gefunden haben, hervorgehoben werden. Theoretisch bezieht sich das Kapitel auf Judith Butlers Konzept von Performativität und auf Maurice Merleau-Pontys phänomenologische Annäherung an Leib, Emotion und Sprache. Besonderes Augenmerk liegt in diesem Teil auf sprachbiografischen Zugängen, die in den letzten Jahren zunehmend Verbreitung finden. Für dieses relativ neue Gebiet werden methodologische Erwägungen angestellt und es werden praktische Anregungen zum sprachbiografischen Arbeiten gegeben. Zwei Kapitel werden dem Aufwachsen mit und dem Leben in mehreren Sprachen gewidmet; besprochen werden dabei unter anderem Themen wie Gebärdensprachen oder Mehrsprachigkeit im Alter. Der erste Teil schließt mit der Besprechung sprachbiografischer Darstellungen, einem autobiografischen literarischen Text sowie einem Sprachenporträt, die zeigen, wie sich Spracherleben und Sprachideologien im sprachlichen Repertoire niederschlagen.

Am Anfang des zweiten Teils stehen Zugänge zu Sprachideologien, wie sie zuerst in der linguistischen Anthropologie entwickelt wurden. Ergänzt werden diese eher theoretischen Überlegungen durch einen Exkurs zum Verhältnis Ideologie–Diskurs, in dem philosophische bzw. sprachphilosophische Positionen von Valentin Vološinov, Antonio Gramsci, Louis Althusser und Michel Foucault angerissen werden. Die Wirkungsmacht von Sprachideologien bzw. Diskursen über Sprache und Sprachlichkeit wird dabei anhand der folgenden Fallbeispiele veranschaulicht: Zensuserhebung und Statistik, Schaffung und Implementierung von Nationalsprachen, (post-)koloniale Sprachenpolitiken, Integration-durch-Sprache-Diskurse sowie Minderheitensprachen und Sprachenrechte.

Der dritte Teil beginnt mit Überlegungen zur Rekonfiguration sprachlicher Räume im Zusammenhang mit Prozessen der Globalisierung. Entwickelt wird ein Konzept räumlicher Sprachregime, das sich an die Raumtheorie von Henri Lefebvre anlehnt und am Beispiel der Polarität Deutsch–Slowenisch in Kärnten erläutert wird. Es folgt ein kurzes methodisches Kapitel zur Exploration von Sprache im Raum. Die Frage, wie Organisationen mit Mehrsprachigkeit umgehen, wird in Kontexten wie Administration, Rechts- und Gesundheitswesen besprochen, wobei dem Community-Dolmetschen spezielle Aufmerksamkeit zukommt. Den Abschluss bildet ein Kapitel zu Mehrsprachigkeit und Schule aus einer räumlichen Perspektive. Im Einzelnen geht es um das Erheben von Schulsprachprofilen, um verschiedene Modelle bilingualen Unterrichts und schließlich um Heteroglossie als pädagogisches Prinzip.

1 Das Sprachrepertoire – eine Subjektperspektive

Kapitel 1 nähert sich Fragen der Mehrsprachigkeit aus der Perspektive des sprechenden und erlebenden Subjekts, eines Subjekts, das nicht allein dasteht, sondern durch sprachliche und andere soziale Interaktion a priori in intersubjektive, dialogische Beziehungen mit anderen eingebunden ist. Zunächst wird in Kapitel 1.1 ein Blick auf die sich rasch entwickelnde Sprachbiografieforschung geworfen, die darauf zielt, subjektive Sichtweisen von Sprecher*innen in die Mehrsprachigkeitsforschung einzubeziehen. In Kapitel 1.2 wird das Konzept des sprachlichen bzw. semiotischen Repertoires, mit dem in der Soziolinguistik die Gesamtheit der kommunikativen Mittel bezeichnet wird, die einem Sprecher oder einer Sprecherin in einer bestimmten Situation zu Verfügung stehen, einer kritischen Diskussion und Neubewertung unterzogen. Ergänzt werden diese theorieorientierten Ausführungen in Kapitel 1.3 mit methodologischen Überlegungen und praktischen methodischen Anregungen zum biografischen Arbeiten. Unter dem Stichwort ‚lebensweltliche Mehrsprachigkeit' gibt Kapitel 1.4 Einblick in unterschiedliche Forschungsansätze, die sich damit beschäftigen, wie Mehrsprachigkeit in verschiedenen Lebensphasen, vom frühkindlichen Spracherwerb bis ins hohe Alter, ‚gelebt' wird. Kapitel 1.5 schließlich befasst sich mit translokalen Sprachbiografien und Sprachrepertoires, wie sie in Zeiten von *displacement* und Globalisierung typisch sind: Ein Schwerpunkt liegt auf Sprachwechsel und Sprachverlust, ein anderer auf Sprachen und Identitätsdiskursen.

1.1 Biografische Zugänge zur Mehrsprachigkeit

In der Mehrsprachigkeitsforschung spielten Zugänge, die man im weitesten Sinn als biografisch bezeichnen kann, schon früh eine Rolle, ein verstärktes Interesse an sprachbiografisch orientierter Forschung ist aber vor allem seit den 1990er Jahren zu erkennen. Dieses Interesse kann im Zusammenhang mit einem *narrative turn* in den Sozial- und Kulturwissenschaften gesehen werden, einer Verschiebung des Fokus von übergreifenden Systemen, Strukturen und Funktionen zu gelebter und erzählter Alltagswirklichkeit, wie das zum Beispiel in der Oral History der Fall ist.

Erste systematische Aufzeichnungen von Linguisten über das Aufwachsen ihrer Kinder in zwei Sprachen stammen aus der ersten Hälfte des 20. Jahrhunderts. Jules Ronjat (1913) publizierte Tagebuchaufzeichnungen über die sprachliche Entwicklung seines Sohnes Louis, der nach der von den Eltern bewusst eingehaltenen Maxime ‚eine Person, eine Sprache' mit Deutsch und Französisch aufwuchs. Ronjat kommt zum damals Aufsehen erregenden Schluss, dass die Zweisprachigkeit die Sprachentwicklung des Kindes keineswegs verzögert oder beeinträchtigt hat. Bereits mit drei Jahren wusste Louis bewusst damit umzugehen und formulierte Kommentare wie: „un singe, das heißt ein Äffchen" (Ronjat 1913: 69 ff.). Einen Meilenstein in der Psycholinguistik und Mehrsprachigkeitsforschung stellten die in den Jahren 1939 bis 1949 in vier Bänden publizierten Tagebuchaufzeichnungen des Sprachwissenschafters Werner Leopold dar. Er dokumentiert darin das bilinguale Aufwachsen seiner Tochter Hildegard, mit der er deutsch, die Mutter englisch spricht. Leopold widmet sich in der Analyse des Tagebuchs nicht nur der Frage, wie sich Wortschatz, Phonetik und Grammatik seiner Tochter entwickeln, sondern auch Fragen der Pragmatik und der metasprachlichen Bewusstheit. So stellt er fest, dass Hildegard in ihren frühen Jahren aus allen ihr zur Verfügung stehenden Ressourcen schöpft und in ihren Äußerungen Wörter aus beiden Sprachen kombiniert, wenn sie es für sinnvoll erachtet (Leopold 1949: 186). Er berichtet von Phasen, in denen die eine Sprache weiter entwickelt ist als die andere, davon, dass Hildegard sich manchmal weigert, eine Sprache zu sprechen, und eher in der anderen antwortet, und von seinen eigenen emotionalen Reaktionen darauf. Solche Tagebuchaufzeichnungen von Linguist*innen über das Aufwachsen eigener Kinder stellen nach wie vor eine wichtige Quelle in der Mehrsprachigkeitsforschung dar (Schneider 2003), wobei zunehmend auch das Aufwachsen mit mehr als zwei Sprachen thematisiert wird (Maneva 2004).

Lerntagebücher, in denen erwachsene oder heranwachsende Sprachlerner*innen ihre eigenen Spracherfahrungen dokumentieren, sind ein weiterer biografisch orientierter Zugang. Bonny Norton (2013) stellt ihre poststrukturalistisch orientierte Arbeit mit Migrantinnen in Kanada in den Zusammenhang der feministischen *diary studies*, einer kollektiven Interpretation persönlicher Erfahrungen, die darauf zielt, dass Teilnehmer*innen ihre eigenen unterdrückten Potenziale entdecken. Claire Kramsch verwendet seit vielen Jahren autobiografische Aufzeichnungen von Lerner*innen, um einer Sicht entgegenzuwirken, die Sprache lediglich als ein neutrales, transparentes Werkzeug für die Formulierung von Gedanken und für die Kommunikation betrachtet. Demgegenüber betont sie, dass das Lernen von Sprachen nicht von den affektiven Resonanzen getrennt werden kann, die bei Sprecher*innen und Hörer*innen ausgelöst werden (Kramsch 2009: 2). Einen ähnlichen Zugang wählte Suresh Canagarajah (2020), der in Lehrveranstaltungen mit *literacy autobiographies* gearbeitet hat und über seine Erfahrungen damit sowie über seine eigene Sprachbiografie reflektiert. Mit Sprachbiografien von Lehrenden im multilingualen universitären Umfeld, darunter mit ihren eigenen, befassen sich Kramsch und Zhang (2018). Das Führen von Sprachlern-Tagebüchern und das Verfassen von Lernbiografien haben mittlerweile über die linguistische Forschung hinaus in vielen Bereichen des Zweitsprachen- und Fremdsprachenunterrichts Eingang gefunden und sind auch Bestandteil des europäischen Sprachenportfolios.[1]

Auch autobiografisch geprägte literarische Texte werden in der Forschung häufig herangezogen, da solche nachträglichen Rekonstruktionen dazu beitragen können, besser zu verstehen, wie Mehrsprachigkeit erlebt und gelebt wird (Kramsch 2009; Pavlenko 2007; Hein-Khatib 2007; Bürger-Koftis, Schweiger und Vlasta 2010). Oft zitierte Texte sind zum Beispiel Elias Canettis „Die gerettete Zunge. Geschichte einer Jugend" (1979) und Eva Hoffmans „Lost in Translation: A Life in a New Language" (1989). Autobiografische literarische Texte, die Spracherfahrungen wie das Eintauchen in eine neue Sprachwelt, Sprachwechsel oder Sprachverlust thematisieren, stellen eine wichtige Quelle dar, um Rückschlüsse auf emotionales Spracherleben in bestimmten politisch-historischen Zusammenhängen zu ziehen.[2]

---

1 Mehr Informationen auf: http://www.coe.int/portfolio (10.7.2020).

2 Eine Auswahl solcher Texte bietet das Buch „Mitten durch meine Zunge. Erfahrungen mit Sprache von Augustinus bis Zaimoğlu" (Busch und Busch 2008).

Forschungsfeld Sprachbiografie

Seit den 1990er Jahren entwickelt sich die Sprachbiografieforschung zu einem eigenen theoretisch und methodologisch begründeten Bereich innerhalb der Mehrsprachigkeitsforschung (Busch 2017a). Sie schließt an die im deutschen Sprachraum besonders ausgeprägte sozialwissenschaftliche Biografieforschung an, wie sie unter anderem von Fritz Schütze (1983), Gabriele Rosenthal (1995) und, speziell für den Bildungsbereich, von Bettina Dausien (2017) entwickelt wurde. Biografien haben sich, so eine der zentralen Annahmen der sozialwissenschaftlichen Biografieforschung, in modernen Gesellschaften zu einem Gebilde eigener Prägung entwickelt. Je weniger Sinnsysteme wie Religion, Familie, Klasse usw. bereitstehen, um Erfahrungen über Kontinuitätsbrüche hinweg zu integrieren, umso mehr bilden Biografien eine Möglichkeit der Erfahrungsorganisation und Handlungsorientierung (Breckner 2005: 122).

Als erstes größeres Forschungsprojekt mit sprachbiografischem Ansatz ist das Basel-Prag-Projekt (Franceschini und Miecznikowski 2004) zu nennen, in dem es um das migrations- und mobilitätsbedingte Leben in mehreren Sprachen geht. Ungefähr zur gleichen Zeit beschäftigte sich eine Forschungsgruppe in Leipzig mit sprachbiografischen Erfahrungen rund um den Mauerfall und die Wende (Fix und Barth 2000). Anne Betten (2010) erhob zwischen 1990 und 2007 ein großes Korpus sprachbiografischer Interviews mit deutschsprachigen Holocaust-Überlebenden und deren Nachkommen in Israel. Eva-Maria Thüne (2019) führte Gespräche mit Personen, die mit den ‚Kindertransporten' zwischen 1938 und 1940 nach Großbritannien gebracht wurden, wobei sie sich insbesondere für ihre Einstellungen zur ‚alten' und zur ‚neuen' Sprache interessierte. In den letzten Jahren ist, auch außerhalb des deutschsprachigen Raums, ein steigendes Interesse an sprachbiografisch orientierter Forschung, teilweise in Verbindung mit anderen, vor allem ethnografischen Ansätzen, festzustellen, wobei manche Forschende den innovativen Schritt setzen, ihre eignen Erfahrungen als Ausgangsgrundlage zu nehmen. Als kritische Autoethnografie bezeichnet Julie Choi (2017) die multimodale Darstellung ihrer Sprachbiografie, in der sie ihren Weg zu einem vielstimmigen Selbst *(multivocal self)* beschreibt, wobei sie Themen wie Authentizität, Legitimität, Vulnerabilität und Macht im Zusammenhang mit ihrem Spracherleben diskutiert. Annette Boudreau (2016) analysiert anhand ihrer eigenen Erfahrungen als Sprecherin einer regionalen kanadischen Varietät des Französischen, die aus Sicht der Metropole als peripher stigmatisiert wird, Phänomene von Sprachunsicherheit und die Wirkungsmacht von Sprachideologien.

Besonders in der Arbeit mit Kindern und Jugendlichen erweisen sich kreative Zeichnungen als Schlüssel, um sprachbiografische Erfahrungen in der Forschung berücksichtigen zu können (für einen Überblick siehe Kalaja und Melo-Pfeifer 2019). Die methodologische Weiterentwicklung eines multimodalen sprachbiografischen Ansatzes, des sogenannten Sprachenporträts, zu einem Forschungsinstrument ist ein Anliegen des Forschungsnetzwerks *heteroglossia.net* (siehe Kapitel 1.3).

Biografische Forschung in der Beschäftigung mit Mehrsprachigkeit, vor allem im Zusammenhang mit Migration und Mobilität, mit Sprachenlernen in heteroglossischen Lebenswelten und mit der politischen Rekonfiguration von Räumen, stellt ein wachsendes Feld dar. Der biografische Blick auf sprachliche Repertoires ist nicht nur dazu geeignet, eine Sprecher*innen-orientierte Perspektive einzunehmen, sondern rückt auch bisher weniger beachtete Aspekte in den Vordergrund wie beispielsweise den Einfluss von Sprachideologien darauf, wie Sprecher*innen sich und andere diskursiv positionieren, oder die Rolle von Emotionen, Imaginationen und Begehren in Bezug auf das sprachliche Repertoire. Der sprachbiografische Zugang kann nicht allein als Methode der Datensammlung gesehen werden, sondern hat theoretische und methodologische Implikationen, die in den zwei folgenden Kapiteln reflektiert werden.

1.2 Das sprachliche Repertoire

Eine Intention sprachbiografischer Forschung ist, sich sprachlichen Phänomenen aus der Perspektive der Sprecher*innen anzunähern, um auch solche Elemente in die wissenschaftliche Betrachtung einzubeziehen, die aus einer externen Beobachterposition kaum zugänglich sind, wie subjektives Erleben, emotionales Empfinden und sprachideologische Wertungen, aber auch Wünsche oder Imaginationen, die mit Sprache verbunden sein können.

Dies soll am Beispiel der Reflexion einer Studentin über die eigene Sprachbiografie erläutert werden, die im Rahmen einer Lehrveranstaltung entstanden ist.[3] Ich habe dieses Beispiel aus einigen hundert im Lauf der letzten Jahre gesammelten sprachbiografischen Aufzeichnungen ausgewählt, gerade weil es so wenig ‚außergewöhnlich' ist, dass die Studentin ihre Sprachbiografie zunächst als langweilig apostrophiert. Den Moment des Schulwechsels vom Dorf in das in der Landeshauptstadt gelegene Gymnasium, um den es im Folgenden gehen wird, schildert sie so:

> *Es war eine sehr hierarchisch strukturierte Klasse, die meisten Schülerinnen kamen aus eher ‚höheren Schichten' und gegenüber manchem ‚landeshauptstädtischen Hochdeutsch' kam ich mir mit meiner ländlichen Umgangssprache sehr unsicher und ein wenig defizitär vor.*

Schon aus einem kurzen Auszug wie diesem wird klar, dass zur Analyse sprachlicher Praktiken eine Reihe verschiedener Faktoren in Betracht zu ziehen ist: Zum einen geht es darum, dass Sprecher*innen zu unterschiedlichen Zeiten oder auch gleichzeitig an unterschiedlichen sozialen Räumen teilhaben – im Beispiel der Schülerin das Dorf, die Stadt, die Familie, die Schule. In jedem dieser Räume gelten andere Regeln des Sprachgebrauchs, andere Gewohnheiten, sie werden durch unterschiedliche Sprachregime konstituiert (siehe Teil 3 in diesem Buch). Zum anderen geht es um Sprachideologien, um Diskurse über Sprache und ‚richtigen' Sprachgebrauch (siehe Teil 2 in diesem Buch), die Hierarchisierungen zum Ausdruck bringen und festschreiben – in unserem Beispiel das Machtgefälle zwischen der landeshauptstädtischen „Hochsprache" und der dörflichen „Umgangssprache". Und zum Dritten geht es darum, welches sprachliche Repertoire Sprecher*innen in einen spezifischen Interaktionskontext mitbringen. Vor allem dieser letzte Punkt ist das Thema dieses Kapitels (für eine ausführlichere Darstellung des Themas siehe Busch 2012, 2017c).

Spracherleben

Dass sie so etwas wie ein sprachliches Repertoire haben, wird Sprecher*innen meist erst ex negativo bewusst, nämlich dann, wenn sie, wie im Beispiel der Schülerin, das Gefühl haben, dass sie von ihrer Umgebung als

---

3 Ich möchte mich an dieser Stelle nicht nur bei den Teilnehmer*innen der Lehrveranstaltungen am Institut für Sprachwissenschaft und am Institut für Germanistik der Universität Wien bedanken, sondern auch bei allen anderen Interviewpartner*innen, die mir gestattet haben, mich auf ihre Texte oder bildlichen Darstellungen zu beziehen.

‚anderssprachig' wahrgenommen werden. Schon ein Schuleintritt oder, wie in unserem Beispiel, ein Schulwechsel kann als überraschende, irritierende, manchmal erschütternde Wahrnehmung erlebt werden, dass das mitgebrachte eigene Sprachrepertoire nicht oder nicht ganz passt. Es geht dabei um ***Spracherleben***, also darum, wie sich Menschen selbst und durch die Augen anderer als sprachlich Interagierende wahrnehmen.

Spracherleben ist nicht neutral, es ist mit emotionalen Erfahrungen verbunden, damit, ob man sich in einer Sprache bzw. im Sprechen wohlfühlt oder nicht. Das emotional besetzte Spracherleben ist ein Aspekt, dem in der Beschäftigung mit Mehrsprachigkeit lange Zeit wenig Beachtung geschenkt wurde, weil der Fokus zu exklusiv auf Sprachkompetenzen und messbare Leistungen gelegt wurde.

Jede Darstellung von Spracherleben ist singulär und entsteht situativ. Dennoch lassen sich einige grundlegende Achsen identifizieren, die in vielen Erzählungen vorkommen und auch im Beispiel vom Schulwechsel in die Landeshauptstadt zur Sprache gebracht werden: Zunächst geht es um das Verhältnis von ***Selbstwahrnehmung und Fremdwahrnehmung***. Die Studentin berichtet darüber, wie sie sich als Schülerin bemühte, den Erwartungen der neuen Umgebung nachzukommen und „Hochdeutsch" zu sprechen. „Ich erinnere mich noch heute", schreibt sie, „wie ich mir quasi selbst von außen beim Reden zuhörte und mich wie eine Schauspielerin fühlte, so unecht kam ich mir beim Reden vor." Die sprachliche Anpassungsleistung, die die Schülerin in der Hoffnung erbringt, in den Augen der anderen nicht mehr als ‚anders' wahrgenommen zu werden, hat zur Folge, dass sie sich nun selbst als eine Andere, als Fremde wahrnimmt.

Zum Zweiten geht es um die Frage nach ***Zugehörigkeit oder Nichtzugehörigkeit***. Das kann sowohl den Wunsch beinhalten, sich mittels Sprache mit einer Gruppe zu identifizieren, als auch die Erfahrung, von anderen aufgrund von Sprache ungefragt mit einer bestimmten Gruppe identifiziert zu werden. In unserem Beispiel kommt beides zum Tragen: die durch die Mitschüler*innen vorgenommene Identifikation der Erzählerin als „eine vom Land"

und gleichzeitig der Wunsch der Schülerin, der Klassengemeinschaft anzugehören, nicht ausgeschlossen zu werden.

Und schließlich geht es um das Erleben ***sprachlicher Macht oder Ohnmacht***. In unserem Beispiel ist es ein Machtgefälle und eine sprachliche Hierarchisierung, die dazu führen, dass die Schülerin sich „sehr unsicher und ein wenig defizitär" vorkommt und es vorzieht, in manchen Situationen gar nicht mehr zu reden, um sich nicht bloßzustellen. Umgekehrt vermögen jene gut situierten Schüler*innen, die den Ton in der Klasse angeben, nicht nur, andere aufgrund ihres Sprechens abzuwerten, sondern auch ihre eigene privilegierte Position durch sprachliche Distinktion zu reproduzieren und zu festigen. Das Verstummen, von dem die Studentin berichtet, ist eine Reaktion, die in vielen Sprachbiografien zur Sprache gebracht wird – nicht immer übrigens oder nicht nur als ein Zum-Schweigen-gebracht-Werden, sondern manchmal auch als Versuch, trotzendes Schweigen als Gegenmacht zu etablieren.

Die Studentin, von der die Rede ist, hat sich im Lauf ihres Lebens in verschiedenen Zusammenhängen weitere Sprachen angeeignet, die Teil ihres Repertoires sind. Die Grunderfahrung der Mehrsprachigkeit hat sie aber innerhalb dessen gemacht, was üblicherweise als *eine* Sprache bezeichnet wird, ein Sachverhalt, den Mario Wandruszka (1979) mit dem Begriff „innere Mehrsprachigkeit" umschreibt. Dass Sprecher*innen es immer mit einer Vielzahl von Sprachen zu tun haben, erläutert Michail Bachtin, indem er einen des Lesens unkundigen russischen Bauern fernab von jedem städtischen Zentrum heraufbeschwört. Sein sprachliches Repertoire, wie wir heute sagen würden, ist laut Bachtin durch Redevielfalt geprägt, da es auf unterschiedliche Welten verweist, von denen jede auf ihre Weise sprachlich und ideologisch verfasst ist: die vertraute der Familie, die altkirchenslavische der Orthodoxie, die papiersprachene der Bürokratie oder die städtische des Arbeiters, der das Dorf seiner Herkunft besucht. Über diesen imaginären Bauern sagt Bachtin Folgendes:

> *Im Grunde genommen ist es ja so, daß ein solcher Mensch es nicht mit einer Sprache, sondern mit Sprachen zu tun hat, doch ist der Platz jeder dieser Sprachen festgelegt und unstrittig, das Übergehen von der einen in die andere ist vorherbestimmt und geschieht unbewußt, wie der Gang von einem Zimmer ins andere. Diese Sprachen treffen in seinem Bewußtsein nicht aufeinander; er versucht nicht, sie aufeinander zu beziehen, versucht nicht, eine seiner Sprachen mit den Augen einer anderen zu betrachten. (Bachtin 1979: 187)*

Sich des eigenen Sprechens, der eigenen Sprachen bewusst zu werden heißt, eine Sprache oder Sprechweise mit den Augen einer anderen zu betrachten, sie aufeinander zu beziehen, also Sprachbewusstheit zu entwickeln (siehe Kapitel 1.4).

Das Konzept des sprachlichen Repertoires in der Soziolinguistik

Das Konzept des sprachlichen Repertoires geht auf den Anthropologen und interaktionalistisch orientierten Linguisten John Gumperz zurück. Gumperz (1964) entwickelte den Begriff des sprachlichen Repertoires auf der Grundlage seiner Forschung in den 1950er/60er Jahren in zwei ländlichen Gemeinden mittlerer Größe, beide in einer Öffnungssituation hin zu urbanen Räumen: die eine, Khalapur, achtzig Meilen nördlich von Delhi, die andere, Hemnes, im norwegischen Rana-Fjord. Als Rahmen für seine Analyse nahm Gumperz die Sprechgemeinschaft, die er nicht essenzialistisch definierte, sondern als eine, die sich durch regelmäßige Interaktion über einen längeren Zeitraum konstituiert. Das sprachliche Repertoire, sagt Gumperz, „contains all the accepted ways of formulating messages. It provides the weapons of everyday communication. Speakers choose among this arsenal in accordance with the meanings they wish to convey." (Gumperz 1964: 138)

Das Repertoire wird als ein Ganzes begriffen, das jene Sprachen, Dialekte, Stile, Register, Codes und Routinen einschließt, die die Interaktion im Alltag charakterisieren. Es umfasst also die Gesamtheit der sprachlichen Mittel, die Sprecher*innen einer Sprechgemeinschaft zur Verfügung stehen, um (soziale) Bedeutungen zu vermitteln. Gumperz zufolge obliegt es zwar den einzelnen Sprecher*innen, eine Entscheidung in Bezug auf den Einsatz sprachlicher Mittel zu treffen, aber diese Wahlfreiheit ist sowohl grammatikalischen als auch sozialen Zwängen unterworfen. Sie ist begrenzt durch allgemein anerkannte Konventionen, die dazu dienen, Arten des Sichausdrückens als informell, technisch, literarisch, humorvoll usw. zu klassifizieren. „The social etiquette of language choice is learned along with grammatical rules and once internalized it becomes a part of our linguistic equipment." (Ebd.)

Gumperz ging in seiner Konzeption des Sprachrepertoires von relativ stabilen Sprechgemeinschaften aus. Dass dies nicht immer der Fall ist, wusste er, der 1939 vor dem Nationalsozialismus in die USA geflohen war und damit in eine neue sprachliche Umgebung versetzt wurde, aus eigener Erfahrung. Einen Hinweis darauf gibt er mit der Bemerkung: „[S]tylistic choice becomes a problem when we are away from our accustomed social surroundings." (Ebd.)

Im Gegensatz zu traditionelleren soziolinguistischen Vorstellungen, wonach bestimmte Sprechweisen auf die Zugehörigkeit zu bestimmten regionalen oder sozialen Gruppen verweisen wie ein Signifikant auf ein Signifikat, bricht Gumperz' Konzept mit solchen Gleichsetzungen. Obwohl internalisiert und keineswegs beliebig, wird das sprachliche Repertoire als prinzipiell offen verstanden, als eine Positionierung, die Sprecher*innen in situierten Interaktionen vornehmen. Dass das Repertoire als ein Ganzes gesehen wird, das alle zur Verfügung stehenden kommunikativen Mittel umfasst, ermöglicht es zudem, Sprachen nicht mehr als in sich geschlossene, voneinander klar abgegrenzte Einheiten zu sehen. Daher wird heute wieder vermehrt das Repertoirekonzept aufgegriffen, besonders wenn es um die Analyse sprachlicher Praktiken wie *language crossing* oder *translanguaging* (siehe Kapitel 1.4.3) geht, in denen Sprecher*innen als Mittel der Stilisierung auf heteroglossische Ressourcen zurückgreifen.

Aktuelle Zugänge zum Repertoire verabschieden sich von der ursprünglichen Vorstellung relativ stabiler Sprechgemeinschaften, indem sie entweder eine biografische Perspektive einnehmen, die das Repertoire im Zusammenhang mit individuellen Lebensgeschichten betrachtet, oder eine Raumperspektive, die Interaktionen in spezifischen, sprachlich heterogenen Räumen in den Blick nimmt. Die Richtung, die das Repertoire mit individuellen Lebensgeschichten verknüpft, ist prominent vertreten durch Jan Blommaert (2008a) sowie Blommaert und Backus (2013). In seinem früheren Artikel führt Blommaert (2008a) am Beispiel eines aus Ruanda Geflüchteten aus, dass das Repertoire primär nicht auf den Geburtsort einer Person verweist, sondern deren Lebensweg abbildet. Auch in dieser Konzeption spielt der Raumbegriff eine Rolle, allerdings nicht bezogen auf vermeintlich stabile geografische Räume, sondern auf soziopolitische Veränderungen und Zäsuren, welche den Raum neu konfigurieren und auf das Repertoire Einfluss nehmen: „The fact is, however, that someone's linguistic repertoire reflects a *life*, and not just birth, and it is a life that is lived in a real sociocultural, historical and political space." (Blommaert 2008a: 17) Alastair Pennycook und Emi Otsuji (2014) nehmen spezifische Orte – Restaurantküchen in Sydney und Tokyo –, in denen extrem unterschiedliche sprachliche Ressourcen und Alltagspraktiken zusammentreffen, als Ausgangspunkt, um dem nachzugehen, was sie *metrolingual multitasking* nennen. Sie entwickeln das Konzept des räumlichen Repertoires, welches lebensgeschichtlich geformte, individuelle Repertoires mit sprachlichen Ressourcen verknüpft, die an bestimmten Orten zur Verfügung stehen. Aus der Perspektive des Sprachenlernens und -lehrens plädiert Betsy Rymes (2014) für ein Repertoirekonzept, das über Sprache hinaus die multimodale Dimension von Kommunikation einbezieht. Sie hebt hervor, dass Sprecher*innen ihr kommunikatives Repertoire ständig erweitern und umformen müssen, um eine gemeinsame Ebene mit anderen zu finden. In eine ähnliche Richtung argumentieren Kusters, Spotti, Swanwick und Tapio (2017), indem sie den Begriff „semiotisches Repertoire" vorschlagen.

Gumperz (1964) stützte seine bis heute maßgebliche Konzeption des sprachlichen Repertoires auf die Beobachtung von sprachlichen Interaktionen. Aus der Außenperspektive des Forschers steht das beobachtbare sprachliche Verhalten im Vordergrund, der Fokus liegt auf Regeln und Konventionen kommunikativer Interaktion, die erlernt, befolgt und gelegentlich durchbrochen werden. Um Dimensionen in den Blick zu nehmen, die sich aus einer Außenperspektive nicht ausreichend fassen lassen, muss – wie am obigen Beispiel der Studentin entwickelt – in den Repertoire-Begriff die Ebene des Spracherlebens einbezogen werden. Zugespitzt formuliert geht es darum, das sprechende und erlebende Subjekt in die Sprachwissenschaft zurückzuholen. Im Folgenden soll solchen Dimensionen des Sprachrepertoires nachgegangen werden, die über das verinnerlichte Wissen um grammatikalische und pragmatische Regeln und über die Instrumentalität von Sprache hinausweisen und die der lebensgeschichtlichen, dynamischen Entwicklung des Repertoires Rechnung tragen: die leibliche Dimension, die emotionale Dimension und die historisch-politische Dimension.

Die leibliche Dimension

Erleben setzt ein wahrnehmendes, erlebendes Subjekt voraus. Das bedeutet, dass das Erleben nur in den Blick genommen werden kann, wenn ein Perspektivenwechsel vollzogen wird: von der beobachtenden Außenperspektive zur Subjektperspektive – gewissermaßen also von der dritten Person zur ersten Person. Dieser Blickwechsel liegt der von Edmund Husserl begründeten Phänomenologie zugrunde, auf die auch der französische Philosoph Maurice Merleau-Ponty aufbaut. Merleau-Ponty (2009 [1945]) sieht die Grundlegung des Subjekts im leiblichen Sein. Unser Leib, sagt er (ebd.: 120), ist immer mit uns da. Er situiert und verortet das Subjekt in der Welt. Merleau-Ponty unterscheidet dabei begrifflich zwischen dem Körper *[corps physique]* als einem Objekt, das beobachtbar und messbar ist, und dem Leib *[corps vivant]* als Subjekt des Fühlens, Erlebens, Agierens und Interagierens. Die Ambiguität des Leib-Körpers als ein zugleich Beobachtender und Beobachteter, als ein Berührender und Berührter veranschaulicht er am Beispiel der linken Subjekt-Hand, die die rechte Objekt-Hand ertastet.

Die Bewegung des Leibes ist Merleau-Ponty zufolge die Basis des Vermögens, sich in Bezug zur Welt zu setzen, sich auf sie einzulassen. Die

Hand, die nach einem Gegenstand greift, ‚weiß', wonach und wohin sie greift, auch ohne dass das Bewusstsein die Punkte, die die Hand durchläuft, in einem Raum-Zeit-Diagramm berechnen müsste. Eine Bewegung wird erlernt, indem der Leib sie „kapiert", indem er sie sich einverleibt. Nicht das „ich denke" *[je pense]* steht Merleau-Ponty zufolge am Anfang unseres Zur-Welt-Seins, sondern ein „ich vermag" *[je peux]* (Merleau-Ponty 2009 [1945]: 171).

Die Relevanz dieses Ansatzes für das Verständnis des sprachlichen Repertoires ergibt sich daraus, dass auch das Sprechen zunächst leiblich begründet ist, wie Merleau-Ponty (ebd.: 214 ff.) ausführt. Wie die Gestik und wie die Emotion ist Sprache zuerst und vor allem ein Sich-in-Bezug-Setzen, eine Projektion hin zum Anderen – erst dann auch ein kognitiver Akt von Repräsentation und Symbolisierung. Sprache ist in der leiblich-emotionalen Gestik verankert, sie ist Teil der Intersubjektivität, also der Projektion von einem Ich zu einem Du, und gehört damit zu dem Bereich, den Merleau-Ponty als den der Zwischenleiblichkeit bezeichnet.

Auch der Soziologe Pierre Bourdieu (1982) betont mit dem Begriff des sprachlichen Habitus, dass sprachliche Dispositionen in den Körper eingeschrieben sind, ihm gewissermaßen anhaften. Die sprachliche Wahl, also beispielsweise etwas ‚richtig' zu sagen, geschieht Bourdieu zufolge unbewusst und ohne Zwang aufgrund von Dispositionen, die nicht über das Bewusstsein vermittelt werden, sondern über Praktiken des Alltagslebens, die von Sanktionen wie missbilligenden Blicken oder vorwurfsvollen Mienen begleitet werden. Diese für die Konstruktion des Habitus entscheidenden Anweisungen sind, so Bourdieu (1982: 28), geladen mit Anordnungen, die gerade deshalb so beherrschend sind, weil sie „stumm und unterschwellig, nachdrücklich und eindringlich" sind. Bourdieu sieht Habitus als Produkt gesellschaftlicher Determiniertheit, als Ausdruck der sozialen Position, die eine Person innerhalb einer Gesellschaft einnimmt. Damit knüpft er an das Habitus-Konzept des französischen Anthropologen Marcel Mauss (1935) an, der die soziale und kulturelle Dimension eingeübter und habitualisierter Handlungen und Haltungen hervorhebt.

In ihrem Buchkapitel „Embodied Sociolinguistics" plädieren Mary Bucholtz und Kira Hall (2016) für eine Anerkennung der zentralen Rolle von Körper und Embodiment in der Soziolinguistik. In ihrem Verständnis des Körpers als ein dialogisches Produkt, das im Hin und Her von Sprechenden und Hörenden mitkonstruiert wird, heben sie die Bedeutung der Stimme hervor: „It emerges from the body, and through indexicality it auditorily locates the body in social space as being of a particular kind."

(Ebd.: 178) Die Stimme wird von den Sprechenden eingesetzt und von den Zuhörenden interpretiert, insbesondere in Bezug auf Kategorisierungen wie Gender, Sexualität und ethnische Zugehörigkeit. Sie verweist auf solche Kategorien jedoch nicht unmittelbar, sondern Stimmphänomene werden ideologisch mit bestimmten sozialen Kategorien assoziiert und ikonisch mit bestimmten Typen von Menschen verbunden, von denen man glaubt, dass sie ihren Körper und ihre Stimme in besonderer Weise benutzen, ein Themenkomplex, mit dem sich die sich neu etablierenden *raciolinguistics* befassen (Alim, Rickford und Ball 2016; Rosa und Flores 2017). Miyako Inoue (2003) prägte den Begriff des „listening subject", mit dem sie die analytische Aufmerksamkeit darauf lenkt, wie Kategorisierungen gewissermaßen im Ohr der Zuhörenden geschaffen werden. Sie führt das am Beispiel aus, wie die Kategorie ‚japanische Frauensprache' in einem bestimmten historisch-ökonomischen Zusammenhang durch ‚male listening subjects' maßgeblich bestimmt wurde.

Zwar ist das sprachliche Repertoire im Lauf eines Lebens ständigen Veränderungen und Anpassungen unterworfen, aber, so ließe sich aus den angeführten philosophisch-soziologischen Überlegungen ableiten, es ist nicht beliebig und auch nicht ohne weiteres austauschbar, es haftet dem leiblichen Subjekt an, ist ihm einverleibt. Vergangenes Erleben bleibt, wie Merleau-Ponty (2009 [1945]: 221) mit Verweis auf Marcel Prousts Suche nach der verlorenen Zeit ausführt, dem Leib eingeschrieben und kann durch eine Körperhaltung, eine Geste, einen Geschmack, einen Laut unvermutet wieder gegenwärtig werden. Die leibliche Komponente von Spracherleben und Sprachrepertoire tritt auch im biografischen Text, der in diesem Kapitel als Referenz dient, zu Tage, wenn die Studentin darüber berichtet, wie sie sich als Schülerin beim „Hochdeutsch"-Reden wie von außen zuhörte und sich wie eine Schauspielerin fühlte. Sie hatte, so könnte man es mit anderen Worten sagen, den Eindruck, nicht in ihrem Leib zu sein und mit ihrem Leib zu sprechen, sondern in eine fremde Rolle, einen fremden Leib zu schlüpfen.

Die emotionale Dimension

Sprache spielt nicht nur eine Rolle im Benennen von und Sprechen über Emotionen, sondern es wird auch im Sprechen Emotionalisierung zum Ausdruck gebracht bzw. hervorgerufen. Emotionale Prozesse können auf allen Ebenen der Sprachproduktion und Sprachrezeption wirksam werden, wie Elinor Ochs und Bambi Schieffelin (1989) unter dem vielsagenden Titel „Language has a heart" ausgeführt haben: Auf der phonetisch-phonologischen zum Beispiel durch Vokaldehnung oder durch die Verwendung von lautmalerischen Wörtern, auf der morphologischen etwa durch Verstärkungs- oder Diminutivaffixe, auf der lexikalisch-semantischen beispielsweise durch Metaphern, auf der syntaktischen durch Exklamationen oder auf der pragmatischen durch soziolektale Einsprengsel, Ironie und ähnliche Mittel. Auf der paraverbalen Ebene kann man beispielsweise beobachten, dass bei Angst nicht nur Atemrhythmus und Herzschlag unregelmäßig und erhöht sind, sondern auch, dass sich Stimmintensität, Tonhöhe, Stimmrhythmus und Betonung verändern. Aus Alltagsbeobachtungen wissen wir zudem, dass Aufregung zu Stottern, Verhaspeln, Abbrüchen usw. führen kann und dass sich diese Phänomene weitgehend der bewussten Kontrolle entziehen.

Seit der Jahrtausendwende ist ein vermehrtes Interesse am Themenbereich ‚Sprache und Emotionen' zu verzeichnen. Monika Schwarz-Friesel (2007) widmet sich in ihrem Buch „Sprache und Emotion" dem Thema aus kognitionslinguistischer Perspektive. Sie geht über die bisherige linguistische Forschung hinaus, die sich vor allem der (lexikalisch-semantischen) Repräsentation von Emotionen und, im pragmatisch gesprächsanalytischen Ansatz, Emotionen als das Sprechen begleitende und/oder beeinflussende Phänomene (z. B. in Konflikt- oder Streitgesprächen) gewidmet hat. Sie fragt auch danach, welchen Einfluss Emotionen auf die produktiven und rezeptiven Prozesse der Sprachverarbeitung haben. Während aber bei Schwarz-Friesel Mehrsprachigkeit kaum eine Rolle spielt, präsentiert Aneta Pavlenko (2005) in ihrem Buch „Emotions and Multilingualism" einen ausführlichen Überblick über Forschung aus verschiedensten Perspektiven und Disziplinen, die den Aspekt der Mehrsprachigkeit einschließen oder zum Thema haben. In den Schlussfolgerungen plädiert sie dafür, in der Mehrsprachigkeitsforschung mehr Gewicht auf die emotionale Komponente zu legen und in der Emotionsforschung Mehrsprachigkeit als Ausgangspunkt und nicht als Sonderfall anzunehmen. Sie hält fest, dass die weitverbreitete Idee, die Erstsprache sei im Gegensatz zu später erworbenen zwangsläufig jene der Emotionen, zu vereinfachend ist; vielmehr ist auch eine Sozialisation in eine Zweit- oder Drittsprache von affektiven Phänomenen begleitet (ebd.: 227).

Traditionell nahmen Vorstellungen von Spracherwerb und Sprachverarbeitung den Einzelnen als Ausgangspunkt und waren stark mentalistisch und universalistisch geprägt. Neuere Forschungen rücken das Intersubjektive und Soziale in den Vordergrund und vertreten zunehmend ein Kognitionskonzept, das die Bedeutung der emotionalen Dimension betont (Lüdtke 2011). In Abkehr vom mentalistischen Ansatz wird von einem intersubjektiv-reziproken Prozess ausgegangen. Christoph Demmerling und Hilge Landweer (2007) zufolge werden Gefühle aus philosophischer Sicht als akute Widerfahrnisse gesehen, die uns ohne unser Zutun leiblich ergreifen. Sie haben einen intentionalen Gehalt im Sinne von Gerichtetsein. Das bedeutet, sie sind auf ein Objekt, einen Sachverhalt, eine Person bezogen: Ich habe Angst vor etwas, ich freue mich über etwas, liebe jemanden. Gefühle haben also eine subjektive Dimension, weil sie leiblich-affektiv ergreifen, und gleichzeitig auch eine intersubjektiv-soziale Dimension, weil sie gerichtet sind und mit den Gefühlen anderer interagieren können: Zum Beispiel kann Freude oder Angst ansteckend sein, Liebe reziprok usw. Und schließlich haben Gefühle auch eine soziokulturelle Dimension, weil das Erleben auch damit zusammenhängt, wie Gefühle in kulturelle Traditionen und Narrationen eingebunden sind und welche Normen, Handlungsorientierungen und Ideologien als Bezugspunkt dienen.

Ein Gefühl, das im Zusammenhang mit Mehrsprachigkeit in Biografien oft erwähnt wird, ist jenes der Scham, die aufkommt, weil man ein ‚falsches' Wort, einen ‚falschen' Ton erwischt hat, mit einem ‚falschen', einem deplatzierten Akzent spricht. Beschrieben wird dieses Gefühl oft als ein In-den-Boden-versinken-Wollen oder ein Alle-Blicke-auf-sich-gerichtet-Spüren, es resultiert in einer Lähmung, die die eigene Handlungsmöglichkeit jäh unterbricht. Das Gefühl der Scham tritt überfallsartig auf und wird in aller Heftigkeit leiblich erfahren. Nähert man sich einer Analyse des Schamgefühls aus einer intersubjektiven Position wie Demmerling und Landweer (2007: 219ff.), so ist der Normverstoß, der dem Gefühl zugrunde liegt, zentral. Man schämt sich für die Übertretung oder Missachtung einer Norm, eines Standards, eines Ideals, man schämt sich vor jemandem oder auch ‚nur' vor sich selbst, weil man sich die Normen bereits zu eigen gemacht hat. Das Entstehen des Schamgefühls beruht auf einem Perspektivenwechsel: Die Person, die in eine Handlung verstrickt ist, über die sie sich zunächst keine Gedanken macht, nimmt plötzlich eine Außensicht auf sich selbst ein, durch die sie ihre eigene Handlung in einem anderen Licht sieht, nämlich als Normübertretung. Dieser Perspektivenwechsel kann im Zusammenhang mit Sprache beispielsweise dadurch ausgelöst werden, dass man Anzeichen von Irritation beim Gegenüber bemerkt.

Intensive Schamsituationen wirken sich, so Demmerling und Landwehr (2007: 220), auf das Selbstbild jener Person aus, die sich schämt. Die

Scham vor sich selbst stellt die intensivste Schamerfahrung dar, bleibt besonders lang im Gedächtnis haften, weil sie sich auf Normen bezieht, von denen sich derjenige, der gegen sie verstoßen hat, nicht distanzieren kann. Eine Häufung von Schamsituationen kann sich verdichten zu Dispositionen oder Haltungen wie Minderwertigkeitsgefühlen oder Schüchternheit. Bezogen auf Spracherleben kann sich das beispielsweise darin äußern, dass man eine mit geringem Prestige ausgestattete Minderheitensprache in der Öffentlichkeit nicht mehr spricht, sie überhaupt aufgibt oder jedes öffentliche Sprechen, egal in welcher Sprache, vermeidet. Übergänge zu anderen Gefühlen können sich plötzlich vollziehen wie etwa von Scham zu Angst (z. B. vor Sanktionen) oder von Scham zu Ärger oder Zorn.

In jüngster Zeit wird körperlich-emotionalen Phänomenen in der Soziolinguistik vermehrt Aufmerksamkeit geschenkt, insbesondere im Zusammenhang mit Gender und Queer Studies, Disability Studies und Raciolinguistics (für einen Überblick Busch 2020a). Autor*innen berufen sich dabei häufig auf grundlegende Arbeiten von Sara Ahmed (2004), die Emotionen aus phänomenologischer Perspektive als intersubjektiv und historisch gerahmt versteht, und von Margaret Wetherell (2012), die affektives Handeln aus interaktionaler Warte als diskursive und soziale Praxen untersucht.

Die historisch-politische Dimension

Erinnern wir uns noch einmal an die am Anfang dieses Kapitels geschilderte Erfahrung, welche die Schülerin beim Übertritt von einer ländlichen Schule ins städtische Gymnasium gemacht hat. Aufgrund ihrer Sprechweise wird sie von jenen Mitschüler*innen aus höheren Schichten, die in der Klasse den Ton angeben, als nicht ihrer Gruppe zugehörig identifiziert. Sie wird der Kategorie der Anderen zugeordnet, also jenen vom Land, und kommt sich nun, wie sie es formuliert, selbst „ein wenig defizitär" vor. Soziale und politische Machtkonstellationen werden, wie dies in Kapitel 2 dieses Buches ausgeführt wird, mit Hilfe von Sprachideologien, von Diskursen über Sprache und ‚richtigen' Sprachgebrauch produziert und reproduziert. Entscheidend für die Wirksamkeit solcher Mechanismen ist, dass sie nicht nur von außen auf die Einzelnen einwirken, sondern von diesen verinnerlicht werden, sodass die Unterordnung unter Vorstellungen, wie die Welt beschaffen ist und wie Kategorien des Denkens und Fühlens gebildet werden, quasi freiwillig erfolgt.

Ohne Kategorisierungen kommt man nicht aus. Wer zum Beispiel von einer unbekannten Person angerufen wird, nimmt unwillkürlich eine ganze Serie von Kategorisierungen vor – Geschlecht, Alter, Herkunft, Bildung, sozialer Status, Stimmung usw. Diese Identifizierung *in situ* beeinflusst, meist ohne dass man es merkt, die eigene Sprachwahl. Doch die Bildung von Kategorien ist, wie Michel Foucault zeigt, nie unschuldig, sondern mit der Ausübung von Macht verbunden: Kategorien werden durch Ausschluss eines Anderen konstituiert, dieses ausgeschlossene Andere ist demnach für sie konstitutiv. Die Kategorie ‚Mehrheitssprache' zum Beispiel wird dadurch gebildet, dass Ausschlussmerkmale dafür festgelegt werden, was nicht der Kategorie ‚Mehrheitssprache', sondern jener einer Minderheitensprache zuzurechnen ist. Das Vorhandensein der Kategorie ‚Minderheitensprache' ist also konstitutiv für die Kategorie ‚Mehrheitssprache'.[4] Diese Macht der Kategorisierung, erklärt Foucault,

> *gilt dem unmittelbaren Alltagsleben, das die Individuen in Kategorien einteilt, ihnen ihre Individualität zuweist, sie an ihre Identität bindet und ihnen das Gesetz einer Wahrheit auferlegt, die sie in sich selbst und die anderen in ihnen zu erkennen haben. Diese Machtform verwandelt die Individuen in Subjekte. (Foucault 2007a: 86)*

Das Wort ‚Subjekt' hat für Foucault demnach zwei Bedeutungen: Es bezeichnet das Subjekt, das der Herrschaft eines anderen unterworfen ist und in seiner Abhängigkeit steht; und es bezeichnet das Subjekt, das durch Bewusstsein und Selbsterkenntnis, durch „Technologien des Selbst" (Foucault 2007b: 289), an seine eigene Identität gebunden ist. Die Verbindung zwischen den „Technologien der Beherrschung" anderer und den „Technologien des Selbst" bezeichnet Foucault als „Gouvernementalität" (ebd.). Besondere Bedeutung legt er dabei auf die sich geschichtlich verändernden Formen der Subjektivierung, die sich wandelnden Diskurse, durch die der oder die Einzelne als Subjekt konstituiert wird.

Auch Judith Butler geht in ihren Arbeiten zu Gender, Diskriminierung, Macht und Performativität von der Ambiguität des Subjektbegriffs aus, der zufolge das Subjekt nicht primär ein handelndes ist, sondern auch ein unterworfenes, wobei die Unterwerfung unter die Macht bereits vorhandener Diskurse, bereits gesprochener Sprache dem Agieren vorangeht.

4 Wie willkürlich solche Kategorisierungen erfolgen können, wird ersichtlich am Beispiel der sogenannten Windischen-Theorie in Kärnten (Priestly 1997): Aus politischen Gründen wurden seit den 1920er Jahren als Windisch bezeichnete Kärntner-slowenische Dialekte von Slowenisch unterschieden und dem deutschen Sprachlager zugeschlagen.

Subjekt wird man durch immer wiederholte Zuordnung zu vorgegebenen Kategorien (männlich–weiblich, inländisch–ausländisch, heterosexuell–homosexuell usw.). Jede Anerkennung ist zugleich ein Verkennen, weil sie Heterogenes auf Entweder-oder-Kategorien reduziert. Die Konstitution des Subjekts durch die diskursive, performative Macht der Sprache prägt das Denken, das Sprechen, das Fühlen und sogar die Körperlichkeit. Judith Butler (2006: 206f.) hebt besonders den normativen Aspekt von Sprache hervor, dem sie eine performative Macht zuschreibt. Der Eintritt in die Normativität der Sprache übt, wie Butler in Anlehnung an Foucault sagt, eine „produktive Zensur" aus, die sowohl das Subjekt konstituiert als auch die legitimen Grenzen des Sprechens. Von dieser ursprünglichen Zensur unterscheidet sie Akte der Zensur, die im Nachhinein Zwang auf das Subjekt ausüben. Durch sie wird die primäre Zensur im Politischen wieder aufgerufen und erneut inszeniert.

Über Sprachideologien werden soziale, ethnische, nationale und andere Zugehörigkeiten konstruiert. In Bezug auf das sprachliche Repertoire bedeutet dies, dass die einschränkende Macht sprachlicher Kategorisierungen besonders dann wahrgenommen wird, wenn Sprache nicht wie selbstverständlich zur Verfügung steht, wenn Menschen zum Beispiel nicht als legitime Sprecher*innen einer bestimmten Sprache oder Sprechweise anerkannt werden oder sich selbst nicht als solche wahrnehmen. Das kann der Fall sein, wenn sie – zum Beispiel infolge von Migration – die sprachliche Umgebung wechseln, das heißt, wenn sie in einen sozialen Raum eintreten, in dem andere als die ihnen gewohnten sprachlichen Praktiken vorherrschen, in dem ein anderes Sprachregime (siehe Kapitel 3) Geltung hat.

Ein Gefühl, nicht (mehr) die ‚richtige' Sprache zu sprechen, kann sich aber auch einstellen, ohne dass Sprecher*innen den Ort wechseln, da Sprachregime auch durch politische Umbrüche verändert werden. So wurden in Deutschland bestimmte Begriffe oder Bezeichnungen, die sich in der DDR abweichend vom Sprachgebrauch in der Bundesrepublik eingebürgert hatten, nach der Wende zu einem markierten Erkennungsmerkmal, um Sprecher*innen als „Ossis" zu identifizieren (Fix und Barth 2000). Im Raum des früheren Jugoslawien führte der Zerfall der Föderation Anfang der 1990er Jahre nicht nur zur Entstehung neuer Nationalstaaten, sondern auch zu einer sprachenpolitischen Neukonfiguration, in der anstelle der bis dahin gemeinsamen serbokroatischen Sprache eine Reihe neuer Nationalsprachen proklamiert wurden – Bosnisch, Kroatisch, Serbisch und Montenegrinisch. Mit Hilfe neuer Wörterbücher und präskriptiver Diskurse über richtigen Sprachgebrauch versuchte man, Differenzen zwischen den neu proklamierten Sprachen zu betonen und zu verfestigen (siehe Kapitel 2.3.2). Solche Veränderungen zwingen Sprecher*innen, sich gegenüber den veränderten sprachlichen Kategorisierungen neu zu positionieren, umso mehr, wenn ihnen ein Bekenntnis zu einer ‚neuen Muttersprache' als Loyalitätsbeweis abverlangt wird.

Wie sich politische Umbrüche und gesellschaftliche Veränderungen auf die Bewertung sprachlicher Ressourcen und damit auf das Sprachrepertoire auswirken können, konnte auch durch sprachbiografisch ausgerichtete Arbeiten in Südafrika gezeigt werden (Busch, Jardine und Tjoutuku 2006). Zur Zeit der Apartheid wurde das von ‚Nichtweißen' gesprochene Kaaps als eine nicht legitime Afrikaans-Varietät disqualifiziert. Es wurde – im Gegensatz zum Standard-Afrikaans, das neben Englisch die einzig offizielle Sprache war – als Küchen-Sprache, als ‚keine Sprache im eigentlichen Sinn' abgewertet. Gleichzeitig galt Afrikaans bei der südafrikanischen Bevölkerungsmehrheit als die Sprache der (‚weißen') Unterdrücker. Um dieser doppelten Stigmatisierung zu entkommen, tendierten Kaaps-Sprecher*innen vor allem nach dem Ende der Apartheid zunächst zum Englischen. Erst in jüngster Zeit lässt sich, vielfach ausgehend von künstlerischen Initiativen, eine Wiederaufwertung und Wiederaneignung des Kaaps feststellen (zu Südafrika siehe auch Kapitel 2.3.3).

Chronotopos

Ausgehend davon, wie Sprache erlebt wird, haben wir uns in diesem Kapitel dem sprachlichen Repertoire aus der Perspektive des sprechenden Subjekts, seiner intersubjektiven Einbettung und seiner diskursiven Konstituiertheit angenähert und dabei nacheinander leibliche, emotionale und historisch-politische Dimensionen von Sprache in den Blick genommen. Im sprachlichen Repertoire verschränkt sich das Persönlich-Biografische mit dem Historisch-Politischen. Was Bachtin (2008 [1937–1938]) mit dem Begriff des Chronotopos herausgearbeitet hat, die Ko-Präsenz unterschiedlicher Räume und Zeiten in der Sprache, kann auf das sprachliche Repertoire übertragen werden: Mit jeder im Hier und Jetzt situierten sprachlichen Handlung positionieren wir uns nicht nur gegenüber unmittelbar Präsentem – also den jeweiligen Interaktionspartner*innen und Interaktionskontexten –, sondern implizit immer auch gegenüber Abwesendem, das im Hintergrund mitläuft oder mitschwingt und dadurch, gewollt oder ungewollt, mit anwesend ist: relevante Andere, andere Räume und Zeiten, an denen wir uns orientieren. „Die Chronotopoi", schreibt Bachtin (2008: 190), „können sich aneinander anschließen, miteinander koexistieren, sich miteinander verflechten, einander ablösen, vergleichend oder kontrastiv einander gegenübergestellt sein oder in komplizierten Wechselbeziehungen zueinander stehen." In jedem Fall mischen sie sich in das Hier und Jetzt ein. Denkt man das am Beispiel der bereits mehrfach zitierten Schülerin durch, so rührt der sprachliche Konflikt, den sie beim Eintritt ins städtische Gymnasium erlebt, auch daher, dass sie sich nicht ohne weiteres den neuen sprachlichen Anforderungen anpassen kann, da sie sich dabei „wie eine Schauspielerin" und „unecht" vorkommt. Sie muss die neuen Praktiken mit den bisherigen in der Familie und unter den ehemaligen Mitschüler*innen im Dorf in Einklang bringen.

Mit der hier entwickelten Mehrdimensionalität des sprachlichen Repertoires entfernt man sich von der Vorstellung, wonach das Repertoire eine Art Werkzeugkiste sei, aus der man kontext- und situationsadäquat die richtige Sprache, den richtigen Code wählt. Die Wahlmöglichkeit, vor der ein sprechendes Subjekt steht, wird nicht nur durch grammatikalische Regeln und das Wissen um soziale Konventionen begrenzt, sondern es können zum Beispiel bestimmte Sprachen, Codes oder Sprechweisen so mit emotionalen oder sprachideologischen Konnotationen besetzt sein, dass sie in bestimmten Momenten nicht oder nur eingeschränkt zur Verfügung stehen. Das Repertoire wird nicht nur dadurch bestimmt, was ein sprechendes Subjekt *hat*, sondern manchmal gerade dadurch, was *nicht zur Verfügung* steht und sich in einer gegebenen Situation als Leerstelle, Bedrohung oder Begehren umso mehr bemerkbar macht. Das semiotische Repertoire kann als heteroglossischer Möglichkeitsraum begriffen werden: Unterschiedliche Sprachen, Sprech- und Ausdrucksweisen treten einmal in den Vordergrund, dann wieder zurück, sie beobachten einander, halten sich voneinander fern, mischen sich ein oder verschränken sich zu etwas Neuem, aber in der einen oder anderen Form sind sie immer mit da. Weil Sprache, um mit Bachtin zu sprechen, dialogisch ist, weil sie sich auf der Grenze zwischen dem eigenen und dem fremden Wort bewegt (Bachtin 1979: 185), spiegelt sich im sprachlichen Repertoire das synchrone Nebeneinander unterschiedlicher sozialer Räume, an denen Sprecher*innen teilhaben, und es verweist diachron auf unterschiedliche Zeitebenen: nicht nur nach rückwärts auf versunkene Zeiträume, in denen es sich konstituiert und umgeformt hat, sondern auch antizipierend und projektiv nach vorne – auf das, was bevorsteht und worauf man sich einstellt.

1.3 Zur Methode biografischer Forschung

Wissenschaftstheoretisch gesehen besteht ein grundsätzlicher Unterschied zwischen einer auf ein Objekt, einen Sachverhalt oder eine Interaktion gerichteten Beobachtung, wie dies beispielsweise in der interaktionalen Soziolinguistik der Fall ist, und dem Interesse an der Subjektperspektive, nach der in biografischen Zugängen gefragt wird. Auch viele interaktional oder konversationsanalytisch orientierte Linguist*innen anerkennen jedoch die Notwendigkeit, die Beobachtung sprachlich-kommunikativer Interaktionen mit Erhebungen darüber zu ergänzen, wie Sprecher*innen selbst ihre sprachlichen Handlungen interpretieren. So plädierte Dell Hymes (1977: 31) bereits in den 1970er Jahren dafür, auch die den Sprecher*innen eigenen Theorien über Sprachrepertoire und Sprechen einzubeziehen. Auch der der Konversationsanalyse verpflichtete Sprachwissenschafter Li Wei (2011) räumt ein, dass Beobachtungen multilingualer Praktiken durch Interviews oder Gruppendiskussionen ergänzt werden sollen. Wurde früher biografischen Zugängen in der Sprachwissenschaft eher Skepsis entgegengebracht, so konnten sie sich mittlerweile, insbesondere in der Mehrsprachigkeitsforschung, als anerkannte Methode etablieren (Busch 2017a).

Erinnern

In der sprachwissenschaftlichen ebenso wie in der sozialwissenschaftlichen Beschäftigung mit biografischem Material stellt sich – unabhängig davon, wie die Daten gewonnen werden – zunächst die Frage, welches Verständnis biografischen Zeugnissen zugrunde gelegt wird bzw. welches Interesse im Vordergrund steht. Doris Tophinke (2002: 1) unterscheidet drei Konzepte dessen, was mit dem Begriff ‚Sprachbiografie' bezeichnet werden kann: erstens die „gelebte Geschichte" des Erwerbs von Sprachen und Sprachvarietäten in spezifischen Kontexten, zweitens eine „erinnernde Rekonstruktion" sprachbiografisch relevanter Erfahrungen und drittens die situative „sprachliche Rekonstruktion", die schriftlich oder mündlich realisiert werden kann. Sieht man von der gelebten Geschichte ab, die als solche nicht greifbar wird, rückt damit aus methodologischer Sicht die Frage in den Vordergrund, welchen Prozessen die erinnernde Rekonstruktion und die sprachliche Repräsentation biografischen Erlebens unterliegen.

Harald Welzer (2005) geht davon aus, dass Gedächtnis nicht als Speicher von bloßen Reizen verstanden werden kann, sondern eng mit dem Verleihen von Bedeutung verbunden ist, die erst in der Kommunikation mit anderen entsteht. Mit dem Begriff des „kommunikativen Gedächtnisses" unterstreicht er die soziale Bedingtheit des Erinnerns. Dabei zeigt sich,

> *dass unsere lebensgeschichtlichen Erinnerungen, also das, was wir für die ureigensten Kernbestandteile unserer Autobiographie halten, gar nicht zwingend auf eigene Erlebnisse zurückgehen müssen, sondern oft aus ganz anderen Quellen, aus Büchern, Filmen und Erzählungen etwa, in die eigene Lebensgeschichte importiert werden (Welzer 2005: 12).*

Grundlegend für das Verständnis der historisch-gesellschaftlichen Bedingtheit des Erinnerns waren die von Maurice Halbwachs (1997) zu Beginn der 1950er Jahre formulierten Thesen zum kollektiven Gedächtnis, denen zufolge individuelle Erinnerung Teil der kollektiven Erinnerung ist und sich mit Bezug zu einer jeweils gegebenen gesellschaftlichen Rahmung konstituiert und erhält. Aus dieser Perspektive wird Gedächtnis auch als ein soziales, diskursives Konstrukt begreifbar. Die aktuelle Gedächtnisforschung hat das ‚Archivmodell' aufgegeben und sieht Erinnern als Prozess, der in einen breiteren Rahmen von diskursiv konstruierten sozialen und kulturellen Praktiken eingebettet ist und daher mit narrativen Praktiken einhergeht (Brockmeier 2010). Erinnern ist, wie Julia Sonnleitner (2019) darlegt, eine soziale Praxis: Es stützt sich nicht nur auf (durch ein Prisma gebrochene) gelebte Erfahrungen, sondern auch auf Artefakte und vermittelte kollektive Diskurse, die vergangene Erfahrungen entsprechend den Erfordernissen der Gegenwart neu formulieren.

Erzählen

Das narrative Rekonstruieren vergangener Ereignisse ist eng mit Erinnerungsarbeit verbunden. Die rekonstruierten Fakten werden mit jedem neuerlichen Erzählen oder Darstellen zugleich neu selektiert, evaluiert und interpretiert. Für Elisabeth Gülich ist der interpretative Charakter des Erzählens damit verbunden, dass vom Ende her erzählt wird:

> *Der Erzähler – manchmal auch der Zuhörer – kennt den Ausgang der Geschichte; von diesem aus werden die erzählten Inhalte strukturiert und evaluiert. In der aktuellen Erzählsituation kann der Erzähler auf einen Interpretationsrahmen zurückgreifen, der ihm nicht zur Verfügung stand, als die Ereignisse, die er erzählt, geschahen. (Gülich 2007: 58)*

Die aktuelle Biografieforschung versteht lebensgeschichtliche Erzählungen daher primär als ein Mittel, um von einem konkreten Hier und Jetzt aus über lebensgeschichtliche Diskontinuitäten und Brüche hinweg eine Art Kontinuität und Kohärenz herzustellen (Schäfer und Völter 2005) und im Prozess des Erzählens, Objektivierens und (Re-)Interpretierens sowohl Entlastung zu suchen als auch eine gewisse Eigenmacht gegenüber dem Erlebten zu gewinnen (Breckner 2005: 122f.). Erzählungen unterliegen Zugzwängen des Erzählens und Erwartungen, die mit dem Genre Autobiografie verbunden sind, das sich vor allem seit Beginn der Neuzeit als eigenständige Form der Bekenntnisliteratur entwickelt hat als, wie Foucault (2007b: 289) es nennt, eine „Technik des Selbst". Vielfach lassen sich in biografischen Erzählungen für das Genre typische Erzählstrukturen (Schütze 1976) nachweisen, wie eine Gliederung in Vorgeschichte, Verwicklung und Auflösung, Motive wie Prüfung und Katharsis, Wandlungen wie die vom Erleiden zum Handeln. Wenig strukturiertes, inkohärentes Erzählen hingegen kann unter Umständen auf nicht erzählbares traumatisches Erleben deuten.

Schließlich werden biografische Erzählungen im Dialog oder in einer Interaktion, sei es mit einem realen, sei es mit einem gedachten Gegenüber, hervorgebracht. Michail Bachtin zufolge hat jeder Text, selbst wenn er in Gestalt eines Monologs auftritt, dialogischen Charakter, weil er immer intertextuell ist, das heißt, auf andere, vorangegangene Aussagen Bezug nimmt und selbst wiederum Ausgangsmaterial bildet, auf das Bezug genommen werden kann (Bakhtin[5] 1986a). Der situative, an wechselnde Rahmungen und Interaktionssituationen geknüpfte Charakter biografischen Erzählens kann besonders im biografischen Interview deutlich zutage treten, geht es im Sinne Erving Goffmans (2003) doch immer auch um Formen der Selbstdarstellung, darum also, wie die an der Interaktion Beteiligten sich gegenseitig wahrnehmen und wahrgenommen werden möchten. Aus Sicht der Biografieforschung geht es daher keineswegs nur um die Frage, was erzählt wird, sondern ganz wesentlich darum, wie und warum etwas erzählt (oder nicht erzählt) wird, das heißt, wie einem Geschehnis durch das Erzählen eine bestimmte Bedeutung verliehen wird. Biografische Interviews oder autobiografische Textsorten sind demnach als Produktionen zu verstehen, die in ein komplexes Netz von Bezügen

5 Die Schreibweise Bakhtin wird dann verwendet, wenn nicht auf deutsche, sondern auf englische Übersetzungen von Bachtins Werk aus dem Russischen Bezug genommen wird. Die unterschiedliche Schreibweise ist darauf zurückzuführen, dass für Englisch andere Transliterationsregeln im Gebrauch sind als für Deutsch.

eingebunden sind: zu den situativen Kontexten und Bedingungen ihrer Entstehung, zu den lebensgeschichtlichen und lebensweltlichen Erfahrungshorizonten der Erzählenden und zu historisch-gesellschaftlichen Formationen, in die subjektives Erleben eingebettet und von denen es durchdrungen ist. Auf Letzteres verweist Antonio Gramsci in den Gefängnisheften:

> *Der Anfang der kritischen Ausarbeitung ist das Bewusstsein dessen, was wirklich ist, das heißt ein „Erkenne dich selbst" als Produkt des bislang abgelaufenen Geschichtsprozesses, der in einem selbst eine Unendlichkeit von Spuren hinterlassen hat, übernommen ohne Inventarvorbehalt. Ein solches Inventar gilt es zu Anfang zu erstellen. (Gramsci 1994: Q11 §12, 1376)*

Diese vielfachen Bezüge offenzulegen ist ein zentrales Anliegen der Biografieforschung. Zur Führung und Auswertung biografischer Interviews, die sich als eigenständige methodische Form des qualitativen Interviews etabliert hat, sei auf Fritz Schütze (1983), Gabriele Rosenthal und Wolfram Fischer-Rosenthal (2004) und Roswitha Breckner (2005: 177ff.) verwiesen.

Positionieren

In ihrem Buch „Giving an Account of Oneself" qualifiziert Butler (2005) autobiografische Praktiken als performative Akte, die paradoxerweise das biografische ‚Ich' inszenieren, während sie vorgeben, es zu beschreiben. So werden Individuen zu Subjekten, nicht nur, indem sie von anderen angesprochen werden, sondern auch, indem sie sich anderen erzählen. Aus erzählanalytischer Warte kritisiert Anna De Fina (2015), dass die klassische Biografieforschung noch immer dazu tendiert, das Ziel des autobiografischen Erzählens in der Produktion eines kohärenten Selbst zu sehen. Demgegenüber legen interaktional orientierte Zugänge den Fokus auf den Prozess von Identitätskonstruktion, auf „the strategies used by narrators, co-narrators, and their audience to achieve, contest, or reaffirm specific identities" (ebd.: 352). Identität ist demnach ein *doing*, nicht ein Sein. De Fina illustriert das am Beispiel eines rekonstruierten Polizeiverhörs (Stokoe 2009), aus dem hervorgeht, wie Polizisten, wenn sie soziale Nähe zu Verdächtigen suggerieren wollen, vorübergehend Positionen, die sie mit ihren Gesprächspartnern teilen, z. B. die von heterosexuellen Männern, in den Vordergrund stellen, um den Gegensatz Polizei/Verdächtiger zu überbrücken. In der Erzählanalyse geht es also nicht primär um vollumfängliche, elizitierte Lebensgeschichten im Sinne von Rosenthal (1995), sondern um das situative Beziehen von Identitätspositionen und um spontan hervorgebrachte *small stories* (Bamberg und Georgakopoulou 2008), die die Nichtlinearität, Fragmentierung und Widersprüchlichkeit von Lebenswegen spiegeln. Gerade in Bezug auf Spracherleben sind beiläufige *small stories* ebenso wie Berichte von einschneidenden Ereignissen, Wendepunkten oder Schlüsselszenen (Labov 2013) oft besonders aufschlussreich.

Es ist interessant, daran zu erinnern, dass konversations- bzw. erzählanalytische Konzepte der Positionierung ursprünglich aus der Beschäftigung mit Emotionen im Kontext von Erzählungen entstanden. In ihrem Konzept der Positionierung betrachten Bronwyn Davies und Rom Harré (1990) Positionierungshandlungen, wie das Zurschaustellen von Emotionen, als primären Ort der diskursiven Produktion eines Selbst. Auch Michael Bamberg (1997) entwickelte sein Drei-Ebenen-Modell der Positionierung in empirischen Untersuchungen zu dem, was er als *emotion talk* bezeichnet. Er unterscheidet drei Ebenen der Positionierung: Indem Erzählende die Charaktere in der erzählten Geschichte positionieren (Ebene 1), positionieren sie sich gleichzeitig gegenüber den Zuhörenden (Ebene 2) und damit auch im Hinblick auf ein narrativ konstruiertes ‚Selbst' (Ebene 3). Aus einer solchen interaktionalen Perspektive analysiert Ana María Relaño Pastor (2014) erzählte Spracherfahrungen mexikanischer Frauen an der US-mexikanischen Grenze. Sie zeigt, dass Emotionen auf allen drei von Bamberg (1997) eingeführten Positionierungsebenen in den Erzählungen sichtbar werden: auf der Ebene des emotionalen Spracherlebens in der erzählten Vergangenheit (z. B. im Kontakt mit Grenzbeamt*innen), auf der Ebene der Interaktion mit der Interviewerin, in der diese Emotionen evoziert, wieder aufgeführt und neu bewertet werden, und auf der Ebene der sozialen Selbstkonstruktion. Im Fall der mexikanischen Frauen geht es dabei um Schamgefühle, die mit Situationen sprachlicher Ohnmacht verbunden sind, aber letztendlich der Entwicklung von Handlungsmacht und Stolz Platz machen.

Um das Zusammenspiel von Sprachideologien auf der Mikroebene der Interaktion und der Makroebene verfestigter ideologischer Kategorisierungen deutlich zu machen, entwickelte Jürgen Spitzmüller (2013) ein mehrschichtiges metapragmatisches Positionierungsmodell: Indem sich an einer konkreten Interaktion Beteiligte aneinander ausrichten, treffen sie eine Sprachwahl und positionieren sich so gegenüber diesem Sprachgebrauch (z. B. als ‚authentische' So-und-so-Sprechende oder durch ironische Distanznahme gegenüber So-und-so-Sprechenden) und werden vom Gegenüber aufgrund ihres Sprachgebrauchs positioniert (z. B. als ‚legitime' oder ‚illegitime' So-und-so-Sprechende). Dieser wechselseitige Akt der Positionierung basiert darauf, dass ein bestimmter, an emblematischen Mustern festgemachter Sprachgebrauch auf breiterer, gesellschaftlicher Ebene als Index für die Zugehörigkeit zu bestimmten sozialen Kategorien (‚Klasse', ‚Rasse', ‚Gender', ‚Minderheit' usw.) gesehen wird bzw. ‚registriert' ist (Agha 2007) und mit der Zuschreibung bestimmte Verhaltensformen einhergehen. Spitzmüllers Modell macht deutlich, dass Positionierung ein Vorgang des Erfahrens und des Handelns ist: Wir werden durch unseren Sprachgebrauch als einer bestimmten, diskursiv produzierten Kategorie zugehörige Subjekte positioniert, haben aber (bis zu einem gewissen Grad) auch die Möglichkeit, uns mit unserem Sprachgebrauch identifizierend oder distanzierend zu diesen Kategorien zu positionieren. Metapragmatische Diskurse üben eine performative Macht auf das Subjekt aus, indem sie in situierten Interaktionen immer wieder aufgerufen werden, aber sie eröffnen auch die Möglichkeit, sich selbstreflexiv, kritisch, ironisch, anders wertend zu diesen Diskursen zu positionieren und so tendenziell verfestigte diskursive Verknüpfungen aufzuweichen.

Über das Sprechen sprechen

Das Sprechen über Sprache(n), das metalinguistische Kommentieren eigener Sprachpraktiken, -ressourcen und -einstellungen verlangt den expliziten Bezug auf einen Gegenstand, der bei der habitualisierten, routinehaften Sprachproduktion nicht im Fokus der Aufmerksamkeit steht. Metasprachliche Interpretationen stehen im Verdacht, quasiautomatisierte Prozesse des Sprechens nachträglich zu rationalisieren, oder wie Lorenza Mondada (2007: 182) es formuliert: Was Sprechende tun, ist nicht zwangsläufig, was sie sagen, das sie tun. Zudem unterliegt biografisches Erzählen, wie weiter oben ausgeführt, gewissen Zugzwängen des Erzählens, es steht in Bezug zu politischen und anderen Diskursen und ist als situative Hervorbringung zu betrachten. Geht es um ein konkretes Forschungsprojekt, zum Beispiel zur Schulsprachenpolitik, kann es daher sinnvoll sein, sprachbiografische Zugänge mit anderen methodischen Zugängen zu kombinieren. Ethnografische Beobachtungen (z. B. Beobachten von Pausengesprächen, Inventarisieren von im Schulgebäude sichtbaren Aufschriften; vgl. Kapitel 3.5.1) können dazu beitragen, sprachliche Praktiken, die in biografischen Narrativen Erwähnung finden, besser zu verstehen. Diskursanalytische Verfahren können Aufschluss geben, wie biografische Narrative mit gesellschaftlichen Diskursen und Sprachideologien (z. B. in Medien oder Politik) in Beziehung stehen. Mit Hilfe der Erzählanalyse (Lucius-Hoene und Deppermann 2002) kann ein Verständnis gewonnen werden, wie sich das biografische Narrativ im Zuge des Interviewgeschehens interaktiv entwickelt hat, etwa welche Themen als besonders relevant hervorgehoben werden.

Auch der Einsatz multimodaler Methoden, zum Beispiel das Angebot, sprachliches Erleben kreativ zu visualisieren, kann eine interessante Ergänzung bilden, da der Modus der visuellen Darstellung einer anderen ‚Logik' folgt als jener der verbalen. Die Arbeit mit Bildern und kreativen Methoden kommt zum einen aus therapeutischen Kontexten, zum anderen aus kulturwissenschaftlichen Zugängen. Im Unterschied zu anderen, beispielsweise psychoanalytischen, Interpretationen erheben kulturwissenschaftliche Zugänge nicht den Anspruch, dass das Bild eine ‚innere' Wahrheit sichtbar macht. In den Kulturwissenschaften hat sich ausgehend von einer zunehmenden Relevanz von Bildern bei der Bedeutungs- und Sinnkonstituierung in praktisch allen Bereichen gesellschaftlichen Lebens eine vertiefte Beschäftigung mit dem Bild entwickelt, die mit den Begriffen *pictorial* bzw. *iconic turn* erfasst wird. Die Hinwendung zum Visuellen umfasst sowohl das Nachdenken über Bilder als auch das Denken mit Hilfe von Bildern, wobei visuelle Zugänge (wie biografische) ihre eigenen grundlagentheoretischen und methodologisch-methodischen Implikationen haben.

Das Sprachenporträt als multimodale Form der Repräsentation

Das Forschungsnetzwerk *heteroglossia.net* arbeitet im Zusammenhang mit Forschung zu Sprachdiversität seit Jahren mit einer kreativen Methode, die als Sprachenporträt bekannt geworden ist. Konzipiert wurde das Sprachenporträt zunächst als ein Mittel, um *language awareness* in multilingualen Grundschulklassen zu fördern (Neumann 1991, Krumm und Jenkins 2001); erst in einem zweiten Schritt (Busch 2006) wurde es zu einem eigenständigen Forschungsinstrument weiterentwickelt, das sich mittlerweile international etabliert hat (Busch 2018, 2021a).

Der Ablauf der Sprachenporträt-Aktivität lässt sich folgendermaßen zusammenfassen: Die Beteiligten werden eingeladen, über die sprachlichen Ressourcen, Ausdrucks- und Kommunikationsmöglichkeiten nachzudenken, die in ihrem Leben eine Rolle spielen, und sie – ihren Bedeutungen entsprechend – mit farbigen Stiften in Beziehung zu einer vorgegebenen Körpersilhouette (siehe Abbildung 1) zu setzen.[6] Die Zeichnungen werden anschließend von den Zeichner*innen mit einer Legende versehen und erläutert. Der Visualisierung kommen dabei im Forschungsprozess im Wesentlichen drei Funktionen zu:

1) Das Zeichnen öffnet einen Raum des Innehaltens, der selbstreflexiven Verzögerung und Distanznahme, der sich den Zugzwängen des Erzählens und vorschnellen Rationalisierungen ein Stück weit entzieht. Die Beteiligten entscheiden ausgehend von ihrem eigenen Erleben selbst, was sie als Sprache definieren und welche Differenzierungen sie vornehmen wollen.
2) Das Denken und Darstellen in Bildern fungiert als eigenständiger Modus, in dem Bedeutung geschaffen wird. Ohne eine kategoriale Trennung zwischen Bild und Sprache vorzunehmen, arbeitet Susanne Langer (1965) prinzipielle Unterschiede zwischen dem heraus, was sie als diskursive beziehungsweise als präsentative Projektionen bezeichnet – beides gleichermaßen Prozesse der Bedeutungs- und Sinnbildung. Diskursive Projektionen folgen, wie Langer (1965: 88) am Beispiel der Sprache zeigt, einer linearen, sequenziellen Ordnung, „so daß wir unsere Ideen nacheinander aufreihen müssen, obgleich Gegenstände ineinanderliegen; so wie Kleidungsstücke, die übereinander getragen werden, auf der Wäscheleine nebeneinander hängen". Demgegenüber bieten visuelle Formen (Linien, Farben, Proportionen usw.) ihre Bestandteile nicht nacheinander dar, sondern gleichzeitig. Die Bedeutung der einzelnen symbolischen Elemente wird Langer (1965: 103) zufolge nur durch die Relation der Teile zueinander und zum Ganzen verstanden. Eine solche nichtdiskursive, verdichtende Form der Darstellung eignet sich im Verständnis von Langer besonders zum Ausdruck von Vorstellungen, Gefühlen, Fantasien, ambivalenten und verwickelten Erinnerungen oder Assoziationen, die sich einer sprachlichen Projektion tendenziell widersetzen. Anders als im verbalen Modus, der die Erzeugung diachroner Kontinuität und synchroner Kohärenz begünstigt, können im analogen Modus des Bildes Widersprüche, Brüche, Überlappungen und Ambiguitäten eher nebeneinander stehen bleiben.
3) Das Bild dient als Ausgangspunkt und als Referenzpunkt für die

6 Diese Silhouette steht als Download in einer Version für Erwachsene und einer für Kinder auf http://heteroglossia.net/Sprachportraet.123.0.html zur Verfügung.

nachfolgende interpretierende Erläuterung, es elizitiert und strukturiert sie. Körper- und Farbmetaphorik, die durch das Bild nahegelegt werden, fließen häufig in das Erzählen ein. Das Sprachenporträt öffnet einen Raum für Metaphern, die George Lakoff und Mark Johnson (1999) zufolge im Bezug des Leibes zur Welt begründet sind. Sprachliche Ressourcen werden tendenziell weniger in der sequenziellen Reihenfolge ihres Erwerbs dargestellt, sondern in Relation zueinander und in der spezifischen Funktion, die ihnen bezogen auf das sprachliche Repertoire als Ganzes zugeschrieben wird. Einzelne Ressourcen werden oft unterschiedlich bewertet, beispielsweise als Belastung oder als Entlastung, als Bedrohung oder als Schutz, als Werkzeug oder als Gegenstand des Begehrens (Busch 2010a, 2012).

Die Interpretation des mit bunten Stiften gezeichneten Porträts hat aus dem Bild heraus zu erfolgen, zu nahe liegende oder verallgemeinernde Deutungen – zum Beispiel Rot für eine mit Passion belegte Sprache – können in die Irre führen. Farbe gilt zwar in der Semiotik als ausdrucksstarker Modus für die Äußerung von diskursiven Bedeutungen (Kress und van Leeuwen 2001: 29), allerdings gibt es „nicht die neutrale, immer gültige Bestimmung für eine Farbe, sondern nur für die jeweilige Farbsituation“ (Gekeler 2004: 51). Farbdeutungen und Farbpräferenzen können auch nicht einzelnen ‚Kulturen‘ zugeschrieben werden. Welche Farbe als Farbe der Trauer, der Freude etc. gilt, ist von Konventionen, aber auch von Moden und spezifischen Situationen abhängig. Eva Heller führte eine Befragung unter nahezu 2000 Personen durch, die die Situationsbedingtheit von Farbempfinden deutlich macht. So wurde Grün beispielsweise oft von denselben Personen so widersprüchlichen Begriffen wie Hoffnung, Giftiges, Herbes, Beruhigendes zugeordnet (Heller 2004: 13).

Die Körpersilhouette, die für das Sprachenporträt zur Verfügung gestellt wird, trägt sicher dazu bei, dass in der Erläuterung Körpermetaphorik häufig eine große Rolle spielt. Es werden Bilder herangezogen wie etwa ‚lastet auf meiner Schulter‘, ‚liegt mir im Magen‘, ‚ist in meinem Herzen‘, ‚steckt mir im Hals‘. Körperteile werden dabei unterschiedlich belegt, die Füße zum Beispiel können sowohl für Verankerung als auch für Mobilität oder für etwas Abstreifen stehen. Körper sind ein entscheidender Bezugspunkt für Bilder, weil sie

> *[...] Schnittstellen zwischen Innen und Außen, Innenwelt und Außenwelt, zwischen Bilder sehenden Subjekten und als Bilder wiederum gesehenen Objekten sind. [...] Die metaphorische Verwandlung [des Körpers zum Bild] ermöglicht einen Moment der Selbstdistanzierung und des künstlichen Abstandes zu sich selbst, der es erlaubt, sich als ein anderes Gegenüber erfahren zu können. (Schulz 2005: 132)*

Abbildung 1: Körperumriss als Zeichenvorlage für Sprachenporträts

https://heteroglossia.net/Sprachportraet.123.0.html

Durch die Bildlegende und die nachfolgende Erzählung nehmen die Zeichner*innen die Interpretation selbst vor. Dadurch, dass nicht vorgegeben wird, wie Sprache definiert wird, werden häufig auch Dialekte, Jargons, Fantasiesprachen etc. eingezeichnet und gehen als solche in die Erzählung ein. Syntagmen und Komposita mit Sprache, die genannt werden, umfassen nicht nur gängige Ausdrücke wie Hochsprache, Schriftsprache, Umgangssprache, Muttersprache, sondern auch solche, die auf spezifische Situationen, Praktiken, Attitüden und Imaginationen verweisen: Arbeitssprache, Schreibsprache, Sprache des Denkens, Zwecksprache, Urlaubssprache, Tantensprache, Lieblingssprache, dunkle Sprache, Sprache aus Leidenschaft, Kindheitssprache, Tiersprache, Wunschsprache usw. Der multimodale biografische Zugang begünstigt also tendenziell die Dekonstruktion voretablierter Kategorien, wie die Vorstellung von Sprachen als abzählbare, voneinander abgrenzbare und in sich geschlossene Einheiten, oder von Dichotomien, wie jene zwischen Herkunfts- und Zielsprache, zwischen Erst- und Integrationssprache.

1.4 Lebensweltliche Mehrsprachigkeit

Dieses Kapitel bietet einen Überblick über verschiedene Forschungsansätze, die sich mit lebensweltlicher Mehrsprachigkeit in unterschiedlichen Lebensphasen beschäftigen, beginnend mit dem zwei- oder mehrsprachigen Spracherwerb bis zu Fragen von Multilingualismus im Alter. Während es zum Spracherwerb eine Fülle von Forschung gibt, wird anderen Lebensabschnitten wesentlich weniger Aufmerksamkeit gezollt. Beim Spracherwerb, mit dem sich die Psycholinguistik, die Neurolinguistik und die Soziolinguistik auseinandersetzen, werden in diesem Buch vor allem Ansätze diskutiert, die den sozialen, intersubjektiven und dialogischen Charakter sprachlichen Handelns in den Vordergrund rücken. Um die zentrale Rolle der Erlebensperspektive zu verdeutlichen, wird an den Anfang des Kapitels die Diskussion eines Sprachenporträts gestellt. Es dient als Beispiel dafür, wie ein Sprecher sich und sein sprachliches Repertoire in einer Gruppendiskussion als mehrsprachig repräsentiert. Obzwar es eine Art Momentaufnahme darstellt, verweist es doch zugleich zurück auf frühere Lebensphasen und Raum-Zeit-Gefüge und nach vorne, auf Pläne und Wünsche, die mit Sprache verbunden sind.

1.4.1 „Ein Fuß ist deutsch und ein Fuß slowenisch"

Sehen wir uns zunächst konkret an, wie ein Sprecher, den wir Peter nennen wollen, sein sprachliches Repertoire anhand seines Sprachenporträts darstellt. Peters Sprachenporträt stammt aus dem Workshop mit einer Schulklasse, die zum damaligen Zeitpunkt ein Jahr vor der Matura (dem Abitur) stand. Es handelt sich um eine mehrsprachig geführte Klasse am Bundesgymnasium für Slowenen in Klagenfurt/Zvezna gimnazija za Slovence v Celovcu, das heißt, die Unterrichtssprache ist je nach Gegenstand Slowenisch, Deutsch oder Italienisch. Das Gymnasium wurde ursprünglich für Kinder der slowenischsprachigen Minderheit in Kärnten eingerichtet, wird aber heute auch von vielen Schüler*innen mit deutscher oder anderer Familiensprache besucht. Seit 1999 werden nicht nur Klassen mit slowenischer Unterrichtssprache, sondern auch solche mit mehreren Unterrichtssprachen (Slowenisch, Deutsch, Italienisch oder Englisch) geführt.

Wie die anderen Schüler*innen der Klasse stellt auch Peter sein Sprachenporträt vor (siehe Abbildung 2):

> *Also die Füße sind/ ein Fuß is deutsch und ein Fuß slowenisch, das sind die beiden Säulen, das Braune is der Kärntner Dialekt und das Grüne/ also mein Heimdialekt, also Selsko. Und das überwiegt eigentlich. Das heißt, wenn ich sprech, sprech ich nicht Hochdeutsch, sondern mehr also meine beiden Dialekte, ja. Es ist auch eins Mutter, eins Vater. Also mein Vater is deutschsprachig und die Mutter is slowenischsprachig.*

Peter beginnt seine Erklärung mit den Beinen, die er auch als seine beiden Säulen bezeichnet. In der Zeichnung bildet in einem Bein der (deutsche) Kärntner Dialekt den Kern, im anderen der (slowenische) Dialekt des Ortes, in dem er lebt.[7] Die beiden Standardsprachen Deutsch und Slowenisch lagern sich um den Kern herum. In seinem Kommentar betont Peter, dass im Sprechen seine beiden Dialekte den Normalfall, die Standardsprachen den Sonderfall darstellen. Eine Säule (die slowenischsprachige) ordnet er der Mutter zu, die andere (die deutschsprachige) dem Vater und verweist damit auf die Zweisprachigkeit in der Familie und das zweisprachige Aufwachsen. Durch die symmetrische Form der Darstellung in der Zeichnung und der Legende (siehe Abbildung 2 im Anhang) unterstreicht Peter, dass er beiden „Säulen" gleiche Wertigkeit beimessen will. Er fährt fort, indem er erklärt, warum er die Farbkombinationen, die er in den Beinen verwendet hat (dunkelbraun und rot für die deutschsprachige bzw. grün und türkis

7 Die dafür verwendete Farbgebung – grün für Slowenisch, braun für Deutsch – entspricht einer in Kärnten häufig verwendeten Farbmetaphorik.

Abbildung 2: Peters Sprachenporträt (Farbdarstellung im Anhang)

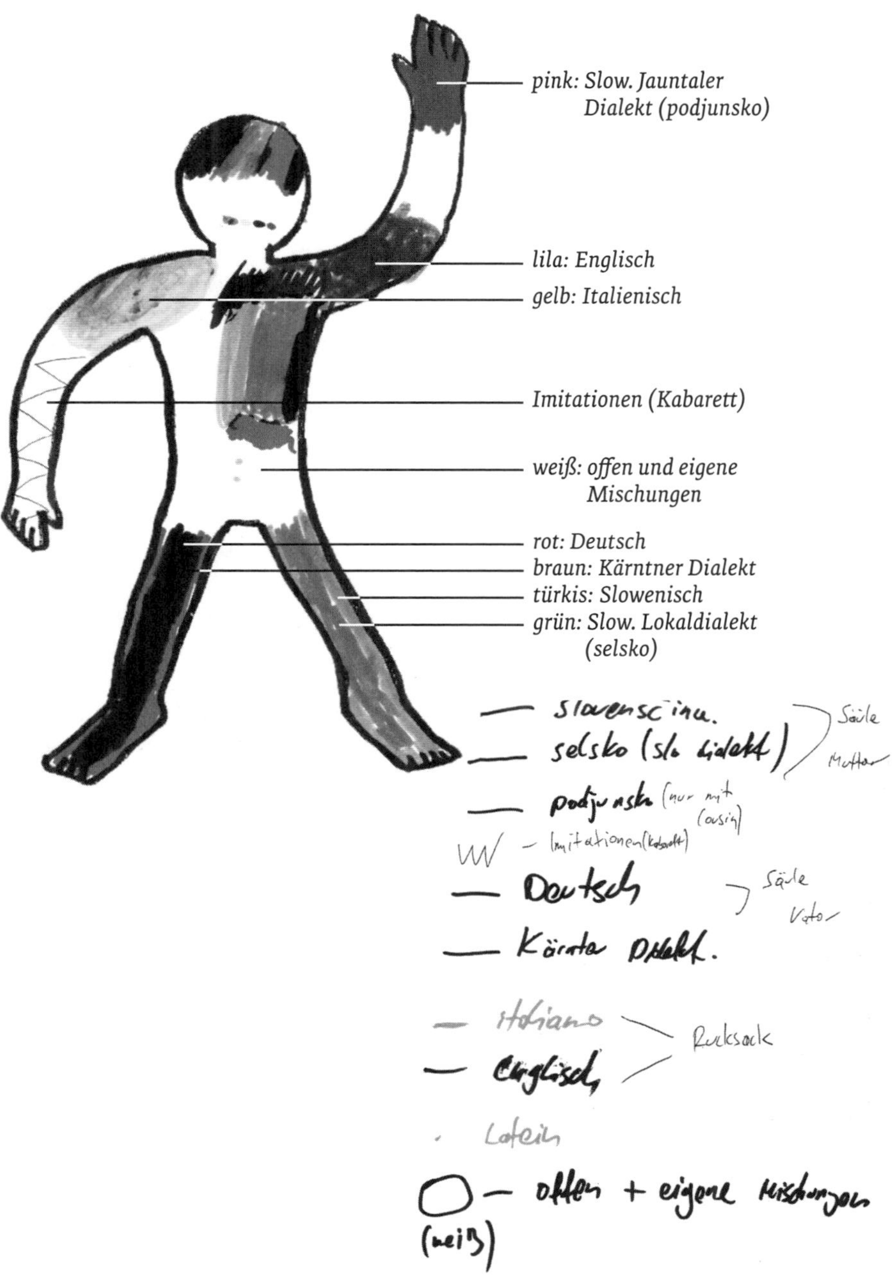

für die slowenischsprachige Seite), auch an anderen Stellen des Körperumrisses eingezeichnet hat. Sowohl im Rumpf als auch im Kopf treten diese vier Farben nicht mehr als zwei distinkte, symmetrisch angeordnete Blöcke auf, sondern verzahnen sich gleichsam ineinander zu einem Komplex unterschiedlicher Sprechweisen, die er mit verschiedenen Kontexten assoziiert, aber auch in ein Spannungsverhältnis von Emotionalität (Herz) und Rationalität (Kopf) setzt:

> *Im Herzen is eigentlich der slowenische Dialekt und der deutsche Dialekt/ und auch etwas Deutsch. Im Kopf überwiegt eigentlich die deutsche Sprache, weil in Kärnten eh ziemlich alles deutsch is, die Medien und so. Deswegen denk ich auch vorwiegend in Deutsch, leider.*

Bei den Sprachen, die Peter im Herzen ansiedelt, in dem, was als Repertoire der Vertrautheit und Intimität bezeichnet werden könnte, nimmt er eine Reihung vor, wobei der slowenische Dialekt an erster Stelle steht. Dies kann auch als Hinweis auf eine soziolinguistische Situation verstanden werden, in der die Minderheitensprache vorwiegend in private, nichtöffentliche Domänen abgedrängt wird. Unterstützt wird diese Interpretation auch dadurch, dass Peter dem intimen Charakter der Dialekte das Überwiegen der deutschen Sprache im Kopf gegenüberstellt und dies in direkten Bezug zur sprachlichen Hierarchie in Kärnten setzt (vgl. Kapitel 3.2.2), wo „eh ziemlich alles deutsch is". Er nimmt sich aus diesem vom Deutschen dominierten regionalen Sprachregime nicht aus, sondern sieht sich und sein Denken dadurch geformt. Mit dem elliptischen Kommentar „leider" bezieht er Stellung. Er betreibt eine selbstkritische Introspektion – eine Form der „Technologie des Selbst" (Foucault 2007b: 287ff.). Er misst sein Verhalten an einem (auch in seiner Schule präsenten) Volksgruppendiskurs, der von den Gruppenangehörigen die bewusste Pflege der Minderheitensprache fordert (Busch 1998). Peter kommt nun auf Sprachen zu sprechen, die er später gelernt hat:

> *Und hier auf meinen Schultern hab ich Slowenisch / äh Italienisch und Englisch getan, weil das wurde mir so ungefähr so in der Schule beigebracht. So ein Rucksack und das pack ich halt aus, wenn ich das brauch. Das ist auch eine Last so auf den Schultern.*

Die Metapher des Rucksacks legt nahe, dass er zwischen lebensweltlich erworbenen und „beigebracht[en]" Sprachen unterscheidet. Letztere sieht er als (noch) nicht ganz in den Körper eingeschrieben. Einerseits vertraut er darauf, dass er sie fast wie eine Wegzehrung „brauch[en]" kann, andererseits suggeriert das Bild der Last auf den Schultern, dass das Lernen mit Mühe verbunden ist. Dann erwähnt Peter einen weiteren slowenischen Dialekt, den er sich angeeignet hat:

> *Ja, das is äh Podjunsko, das heißt, mein Cousin ist aus dem Jauntal und ich spreche mit ihm eigentlich immer nur in seiner Sprache, und er hat, wie er klein war, meinen Dialekt nicht verstanden. Um ihm die Hand auszustrecken, hab ich das gesprochen und das hat sich halt bewährt.*

In der *accommodation theory* (Giles und Coupland 1991) wird gegenseitige Anpassung von Interaktionspartner*innen im Sprechstil als Konvergenz bezeichnet. Was Peter beschreibt, geht aber über subtile Anpassungen, die unwillkürlich erfolgen, hinaus. Aus der sprachlichen Anpassung an den jüngeren Cousin und dem Nachahmen seines Dialekts wird etwas, das er als benennbare Ressource empfindet. Der in die erhobene Hand eingezeichnete Jauntaler Dialekt hat ein Echo in der anderen Hand, in der eine Zickzacklinie der Bildlegende zufolge für „Imitationen" und „Kabarett" steht. Peter führt dies als eigene Ausdrucksmittel an, als zusätzliche Stimmen, über die er verfügen kann. Dabei geht es um das, was in Anlehnung an Bachtin als *double-voicing*[8] bezeichnet wird: das „humoristische, ironische, parodistische" Sprechen durch den Mund anderer (Bachtin 1979: 213), das spielerische, probeweise Einnehmen fremder Subjektpositionen. Ähnliches gilt für das, was Peter „eigene Kreationen" oder (in der Bildlegende) „eigene Mischungen" nennt, die er, ebenso wie zufällig unterwegs aufgeschnappte Codefragmente, zu seinem kommunikativen Repertoire zählt:

> *Und was hab ich noch? Alles, was weiß ist, is halt noch offen. Eigene Kreationen und so, wenn man auf Urlaub geht, dann hört man was Neues.*

In den knapp vier Minuten, in denen Peter seine Zeichnung erläutert, gibt er eine Darstellung seines sprachlichen Repertoires – aus aktueller Sicht und gerahmt durch den Kontext des Workshops. Zeitlich spannt er den Bogen von der Vergangenheit, dem Aufwachsen in den Sprachen der Mutter und des Vaters, zur Zukunft, im Bild symbolisiert durch die offenen, weiß gelassenen Stellen. Er durchquert unterschiedliche soziale Räume wie Familie, Dorf, Schule, erweiterte Familie, Urlaub. Er kommt auf emotionale Konnotationen zu sprechen, die er bestimmten Sprechweisen zuordnet, aber auch (was durch den Körperumriss nahegelegt wird) auf leibliches Erleben – die Säulen, die Last auf den Schultern, die ausgestreckte Hand. Und er setzt sein Repertoire in Bezug zu konkurrierenden gesellschaftlich-politisch situierten Diskursen über Sprache.

---

8 Im Deutschen als „Zweistimmigkeit" übersetzt (Bachtin 1979: 213).

1.4.2 Multilingual aufwachsen

Viele in Peters Klasse sind mehrsprachig aufgewachsen, sei es, dass ihre Eltern unterschiedliche Sprachen in die Familienkommunikation eingebracht haben, sei es, dass sie in einer Umgebung leben, in der (auch) andere Sprachen als in der Familie gesprochen werden. Milena, die sagt, Deutsch sei ihr zur „zweiten Muttersprache" geworden, nennt Serbisch, Slowenisch und Albanisch als Sprachen, mit denen sie aufgewachsen ist. Jan führt den slowenischen Dialekt von Kranj und Bosnisch an, Sam das Italienisch seiner Mutter, das Englisch seines Vaters in den USA, das Deutsch seiner früheren und das Slowenisch seiner jetzigen Umgebung.

In der Spracherwerbsforschung werden verschiedene Typologien von Bilingualismus vorgenommen. Abhängig von unterschiedlichen sprachlichen Inputs durch Eltern und Umgebung unterscheidet Suzanne Romaine (1995: 181ff.) sechs Typen bilingualer Spracherziehung: (1) Eine Person – eine Sprache: Die Eltern haben zwei verschiedene „Muttersprachen", jeder Elternteil spricht mit dem Kind die eigene Sprache. (2) Eine Sprache – eine Umgebung: Die Eltern sprechen verschiedene Sprachen, aber beide mit dem Kind die Nicht-Umgebungssprache, das Kind hört die Umgebungssprache nur außerhalb der Familie. (3) Wie (2), aber die Eltern haben dieselbe „Muttersprache". (4) Zwei Sprachen zu Hause, die beide nicht die Umgebungssprache sind. (5) Ein Elternteil beschließt, mit dem Kind eine Sprache zu sprechen, die nicht seine „Muttersprache" und nicht die Umgebungssprache ist. (6) Gemischter Typ: Eltern und Umgebung sind bilingual. Diese und ähnliche Klassifizierungen versuchen, möglichst viele Konstellationen zwischen Familien- und Umgebungssprachen zu berücksichtigen, dennoch vermögen sie die Vielzahl von Faktoren, die ins Spiel kommen, nicht zu erfassen. Auch wenn man wie Suzanne Barron-Hauwaert (2011) weitere Subkategorien wie Geschwisterkonstellationen, Schulsprachen oder die Unterscheidung zwischen Mehrheits- und Minderheitensprache einführt, so greift das dennoch oft zu kurz. Dieser Art von Typologisierung liegen mehrere stillschweigende Annahmen zugrunde, so zum Beispiel, dass jeder Elternteil eine klar definierte „Muttersprache" hat und gewissermaßen einsprachig ist, dass sich eine Familie aus Mutter, Vater und Kind(ern) zusammensetzt, dass Staats- oder Regionalsprachen die Umgebungssprachen für die Kinder sind. Aus dem Spiel der Variablen ausgespart bleiben die entscheidende Bedeutung des subjektiven Spracherlebens, das Gewicht von Sprachideologien und das Nebeneinander paralleler, untereinander verschränkter oder miteinander rivalisierender kleinräumiger Sprachregime.

Andere Typologien von Zweisprachigkeit beziehen sich auf Zeitlichkeit und sprechen von simultanem bzw. sukzessivem Erwerb von zwei oder mehr Sprachen oder von frühem bzw. spätem Bilingualismus. Debattiert wird auch, ob es eine Altersgrenze gibt, über die hinaus Kinder nicht mehr alle Fertigkeiten in einer Zweitsprache entwickeln können (Müller, Kupisch, Schmitz und Cantone 2007: 16).

Als Kriterium dafür, wer als bilingual gilt, werden sprachliche Kompetenz oder Sprachverwendung herangezogen. Sehr eng definiert Leonard Bloomfield (1933: 56) Bilingualismus als „native like control of two languages". Uriel Weinreich (1974: 73) zufolge wechselt der und die ideale Bilinguale – abhängig von Gesprächssituationen, -partner*innen und -themen – von einer Sprache zur anderen. Für Einar Haugen (1969: 6) beginnt Bilingualismus an jenem Punkt, wo Sprecher*innen einer Sprache vollständige und sinnvolle Äußerungen in einer anderen Sprache treffen können. Colin Baker (2006: 9) bezeichnet jemanden, der oder die beide Sprachen in verschiedenen Kontexten ungefähr gleich gut beherrscht, als *equilingual* oder *ambilingual* oder als *balanced bilingual*. In der deutschen Übersetzung werden die Sprecher*innen dann oft zu „balancierten" oder eben „unbalancierten" Bilingualen. Eine offene Definition von Bilingualismus bevorzugt François Grosjean (2012 [1985]: 153), für den bilingual ist, wer im alltäglichen Leben regelmäßig zwei oder mehr Sprachen verwendet. Folgt man Mario Wandruszkas (1979) Konzept der innersprachlichen Mehrsprachigkeit, kann auch, wer über unterschiedliche Varietäten verfügt, als mehrsprachig gelten. Typologien in Bezug auf Bilingualität sind insofern immer problematisch, als sie von Individuen und individuellen Sprachkompetenzen ausgehen, nicht von der intersubjektiven Dimension von Sprachlichkeit. Auch wenn sie Umgebungssprachen und andere Umgebungsfaktoren berücksichtigen, werden diese nur als Kontext gesehen, in dem die individuelle Entwicklung stattfindet. Selbst wenn eine Vielzahl von Variablen einbezogen wird, ist es kaum möglich, Voraussagen über die sprachliche Entwicklung und den Sprachgebrauch von Kindern, die in mehrsprachigen Familien oder Umgebungen aufwachsen, zu treffen. Suzanne Barron-Hauwaert (2011: 164) kommt in einer international angelegten empirischen Studie zum Sprachgebrauch in mehrsprachigen Familien zum Schluss, dass auch Kinder, die in derselben Familie und unter ähnlichen Bedingungen aufwachsen, nicht den gleichen bi- oder multilingualen Sprachgebrauch aufweisen müssen. Sie führt dafür Faktoren wie Stellung in der Geschwisterkonstellation, Altersdifferenz, Familiengröße, Gender und individuelle Persönlichkeit an.

Im letzten Jahrzehnt hat sich unter dem Namen ‚Family Language Policy' (FLP) ein Forschungszweig etabliert, der sich für sprachliche Praktiken in mehrsprachigen Haushalten interessiert. Im Vordergrund standen zunächst Themen wie sprachliche Sozialisierung, Spracherhalt und Sprachverlust, Sprachwechsel oder Sprachrevitalisierung, ein Schwerpunkt lag auf der Frage, mit welchem Input von Seiten der Eltern (und der Umgebung) welche Ergebnisse bei Kindern in mehrsprachigen Haushalten erzielt werden können. Neuere Arbeiten lösen sich von der Vorstellung von Sprachen als getrennten Einheiten und von einem westlich geprägten Fokus auf mittelständische Vater-Mutter-Kind-Familien und untersuchen verschiedene Familienkonstellationen mit ethnografischen Zugängen. Einer solchen Neuausrichtung der FLP-Forschung ist eine von Kendall King und Elizabeth Lanza (2019) herausgegebene Sondernummer des International Journal of Bilingualism verpflichtet. Sie enthält unter anderem einen Beitrag von Sarah Gallo und Nancy Hornberger (2019), in dem am Beispiel einer aus Mexiko in die USA eingewanderten und durch die Deportation des Vaters auseinandergerissenen Familie gezeigt wird, wie familiensprachpolitische Entscheidungen mit restriktiven Migrationspolitiken und der monolingualen, *English-only*-Ausrichtung des Schulsystems zusammenhängen. Judith Purkarthofer (2019) arbeitet in ihrem Beitrag heraus, wie kreative multimodale Zugänge und biografisch orientierte Methoden für FLP fruchtbar gemacht werden können, indem sie Raum für die Äußerung von Erwartungen, Hoffnungen und Wunschvorstellungen bieten.

Nimmt man Spracherleben und das sprachliche Repertoire als Ausgangspunkt, also einen Zugang, der Sprache und Spracherwerb primär als intersubjektives, soziales Geschehen versteht, so muss jeder Form von vereinfachender Dichotomisierung wie jener zwischen Herkunfts- und Zielsprache, Familien- und Umgebungssprache, Minderheits- und Mehrheitssprache Skepsis entgegengebracht werden. Auch Kinder erleben ihre verschiedenen sprachlichen Gegenüber und ihr vielschichtiges sprachliches Umfeld viel differenzierter, nicht nur als (kognitiven) Input, sondern auch und vor allem als (emotionale und machtgeprägte) Beziehungen. So können auch geringfügige sprachliche Verschiebungen und Differenzen als Irritationen oder als Auslöser für Ausschlüsse erfahren werden – als Shibboleth. In der Sprachwissenschaft versteht man unter Shibboleth eine sprachliche Differenz, die nicht bedeutungstragend ist, aber durch die jemand einer bestimmten sozialen Gruppe oder Region zugeordnet wird. Der Begriff ‚Shibboleth', das hebräische Wort für Getreideähre, bezieht sich auf das alttestamentarische Buch der Richter (12, 5–6), in dem zu lesen ist, wie dieses Wort als Kennwort verwendet wurde: Wer es als Sibboleth aussprach, wurde als flüchtender Ephraimit identifiziert und getötet, passieren durfte nur, wer das „Sch" aussprechen konnte.

Bilingual, nicht doppelt monolingual

Die Frage, ob ein mehrsprachiges Aufwachsen der sprachlichen und intellektuellen Entwicklung des Kindes förderlich ist oder ob es im Gegenteil eine Bremse und ein Hindernis darstellt, hat die Bilingualismusforschung von Beginn an in zwei Lager geteilt. Lev Vygotskijs 1934 publiziertes Werk „Denken und Sprechen" (Vygotskij 2002), in dem er sich mit der sprachlichen Entwicklung des Kindes auseinandersetzt, gilt als eine der grundlegenden Arbeiten auf diesem Gebiet der Psychologie. Er setzt sich darin von individualpsychologischen Modellen ab und betont im Gegensatz dazu den sozialen, intersubjektiven Charakter des Spracherwerbs:

> *Ursprungsfunktion des Sprechens ist die Funktion der Mitteilung, der sozialen Beziehung, der Einwirkung auf andere von Seiten sowohl der Erwachsenen als auch des Kindes. Ursprünglich ist das Sprechen des Kindes also rein sozial; es sozialisiert zu nennen wäre falsch, weil damit die Vorstellung von etwas ursprünglich nicht Sozialem verbunden ist, das erst im Prozess seiner Veränderung und Entwicklung sozial würde. (Ebd.: 94)*

Weniger bekannt ist Vygotskijs erst 2007 auf Deutsch erschienener Text „Zur Frage nach der Mehrsprachigkeit im kindlichen Alter" (geschrieben 1928/29, 1935 auf Russisch publiziert), den er vor dem Hintergrund verfasste, dass das Aufwachsen in zwei und mehr Sprachen in den Sowjetrepubliken der 1920er Jahre ein Massenphänomen darstellte. Unter Bezug auf den damaligen Stand der Forschung nimmt er die Unterscheidung in „Pessimisten" und „Optimisten" vor. Vygotskij (2007: 69) zieht den Schluss, dass es nicht zielführend ist, zu fragen, ob Zweisprachigkeit „immer, überall und unter jeglichen Umständen, unabhängig von jenen konkreten Bedingungen, unter denen die kindliche Entwicklung verläuft", ein günstiger oder hemmender Faktor ist. Vielmehr betont er die Notwendigkeit, die konkreten Situationen in Betracht zu ziehen und Mehrsprachigkeit nicht als statisch, sondern als sich dynamisch verändernd zu verstehen. Als erwiesen sieht er es aber an, „daß die zwei Sprachen, die ein Kind beherrscht, nicht mechanisch miteinander in Konflikt geraten und nicht den simplen Gesetzen der gegenseitigen Hemmung unterworfen sind“ (ebd.: 63).

Die Diskussion, ob Vor- oder Nachteile überwiegen, dauert bis heute an. Kritik wird dabei zunehmend an einer durch die Ideologie des Monolingualismus determinierten Sichtweise geübt, die lange Zeit die Debatte beherrscht hat und der zufolge Einsprachigkeit als der Normalfall, Mehrsprachigkeit als Sonderfall gewertet, von manchen sogar pathologisiert wurde (für einen Überblick siehe z. B. Pavlenko 2005, Gogolin 2009).

Eine grundlegende Kritik an einer rein individualpsychologisch orientierten Spracherwerbsforschung haben aus anthropologischer Warte Ochs und Schieffelin (2009 [1984]) formuliert. Sie kritisieren, dass Spracherwerb und Sozialisation meist als zwei voneinander getrennte Bereiche behandelt werden, wobei soziale Organisation und Wertesystem nur als Kontext wahrgenommen werden, in dem der (individuelle) Spracherwerb stattfindet. Aufgrund ihrer Studien in verschiedenen Gesellschaften kommen sie zum Schluss, dass das nordamerikanische White-Middle-Class-Modell, in dem zum Beispiel das Baby Talk genannte Register in der Mutter-Kind-Dyade eine zentrale Stellung hat, nicht das einzige Modell ist und nicht zum generellen Maßstab gemacht werden kann. Zwar haben, Ochs und Schieffelin zufolge, je nach Gesellschaft verschiedene Konstellationen in der Kommunikation mit Säuglingen und Kleinkindern einen unterschiedlichen Stellenwert, aber alle Kinder werden, unter normalen Umständen, sozial kompetente Sprecher*innen ihrer Sprache(n). Durch seine Teilnahme als Zuhörendes, Angesprochenes und Sprechendes entwickelt das Kleinkind ein Spektrum an Fähigkeiten, Intuitionen und Wissen, das es befähigt, in einer als sozial- und kulturadäquat anerkannten Form zu kommunizieren.

Was Ochs und Schieffelin (2009 [1984]) anhand empirischer Studien, die sich auf primär einsprachig aufwachsende Kinder beziehen, aufzeigen, gilt ebenso für das Aufwachsen in mehrsprachigen Lebenswelten. Der Psycholinguist und Bilingualismusforscher François Grosjean (2012 [1985]) hat bereits in den 1980er Jahren die Position vertreten, dass Zwei- bzw. Mehrsprachigkeit gesamthaft betrachtet werden muss: Bilinguale sind nicht zwei Monolinguale in einer Person, ihr Repertoire muss als integrales Ganzes gesehen werden, weshalb mehrsprachig aufwachsende Kinder auch nicht mit monolingualen Maßstäben bewertet werden dürfen. Ihre kommunikative Kompetenz (ebd.: 157) entwickelt sich – entsprechend ihren eigenen Bedürfnissen und den Alltagserfordernissen der Umgebung, die beide in ständigem Wandel begriffen sind – komplementär, je nach Gegenstand einmal eher in der einen, einmal eher in der anderen Sprache. Abhängig vom jeweiligen Gegenüber sind bilinguale Kinder in der Lage, verschiedene Modi des Sprechens anzuwenden, das heißt, ihre Sprachen entweder auseinanderzuhalten oder gleichzeitig auf beide zurückzugreifen. Wenn Veränderungen in Bezug auf Umgebung oder Gesprächspartner*innen eintreten, stabilisiert sich die Sprachkonfiguration *[language configuration]* der Betreffenden nach einer Phase der Adjustierung bzw. Restrukturierung (ebd.: 159). Wichtig ist Grosjean (ebd.: 162) zufolge daher die Berücksichtigung des Faktors Zeit, die Kinder brauchen, um sich auf neue Sprachumgebungen einzustellen.

Fälle, in denen multilingual aufwachsende Kinder eine Sprache, die nicht die dominante der Umgebung ist, vorübergehend oder auf längere Dauer nicht aktiv verwenden (wollen), werden häufig beschrieben. So notiert der Linguist Werner Leopold in seinen bereits erwähnten Aufzeichnungen zum zweisprachigen Aufwachsen seiner Tochter Hildegard, dass diese, nachdem sie ein halbes Jahr mit ihren Eltern in Deutschland verbracht hatte, gegen das Englisch der Mutter protestierte und behauptete, es nicht zu verstehen (Leopold 1949: 110). Umgekehrt verhehlt Leopold auch seine Enttäuschung nicht, dass das Deutsch der Tochter sich im amerikanischen Kontext wieder zurückbildete (ebd.: 140) oder dass sie von ihm verlangte, auf der Straße nicht Deutsch mit ihr zu sprechen (ebd.: 153).

Auf die umfangreiche und nicht nur wissenschaftlich geführte Debatte, ob oder unter welchen Umständen mehrsprachiges Aufwachsen positive oder negative Auswirkungen zeigt, ob es als konflikthaft erlebt wird oder nicht beziehungsweise wie eine positive Entwicklung am besten gefördert werden kann, kann hier nicht im Detail eingegangen werden. An dieser Stelle sei noch einmal an Vygotskij (2007) erinnert, der feststellt, dass Antworten nicht allgemein gültig sein können, sondern dass Strategien der Förderung aus der jeweiligen Situation heraus entwickelt werden müssen. Stellvertretend sollen hier zwei weniger bekannte Studien erwähnt werden, die nahelegen, dass das Aufwachsen in mehrsprachigen Lebenswelten für Kinder eine Selbstverständlichkeit darstellt, weil die spezifische Mehrsprachigkeit, die sie umgibt, sozusagen ihre Erstsprache ist. Wenn Bezugspersonen aus dem Bestreben, den Kindern den Spracherwerb zu erleichtern, ihren Input auf eine Sprache (meist die dominante) reduzieren, dann erweist sich das diesen Studien zufolge nicht als Vorteil, sondern kann sich unter Umständen nachteilig auswirken.

Mehrsprachigkeit als Erstsprache

Christer Laurén (2006) stützt sich in seinem Buch „Die Früherlernung mehrerer Sprachen. Theorie und Praxis" auf eigene Forschung im deutsch-italienisch-ladinisch dreisprachigen Grödnertal in Südtirol. Ausführlich beschäftigt er sich mit einer Gruppe von Kindern, die von Down-Syndrom betroffen sind und in mehrsprachigen Familien aufwachsen. Während in einigen Familien (so wie mit allen Familienmitgliedern) auch mit diesen Kindern in mehreren Sprachen kommuniziert wurde, verfolgten andere Eltern die Strategie, mit den von Down-Syndrom betroffenen Kindern – anders als mit den Geschwistern – eher deutsch zu sprechen als die Minderheitensprache Ladinisch zu verwenden, in der Absicht, sie auf diese Weise zu entlasten. Beobachtet wurde, dass auch jene Kinder, an die sich die Eltern vor allem in einer Sprache wandten, Kompetenzen in den anderen Sprachen ihrer Lebenswelt erwarben, was Laurén (ebd.: 144) zufolge darauf verweist, welche entscheidende Rolle dem informellen Sprachenlernen zukommt. Einige Kinder aus dieser Gruppe wurden in der Folge einsprachig eingeschult, andere dreisprachig. Bei Letzteren konnte festgestellt werden, dass sie Zweit- und Drittsprachen mit den gleichen Einschränkungen erwarben, die sie auch in ihrer Erstsprache hatten. Es gab keine Hinweise darauf, dass sie durch die Mehrsprachigkeit etwas von ihrer Erstsprachenentwicklung eingebüßt hätten, eher hatten sie dadurch gewonnen, dass sich ihre Kommunikationsmöglichkeiten breiter entwickelt hatten (ebd.: 159). „Die Mehrsprachigen mit Down-Syndrom", fasst Laurén (ebd.: 162) zusammen, „sind eine Gruppe, die auf radikale Weise zeigt, dass der Weg zu funktionierender Mehrsprachigkeit jedem offensteht. Die Bedingung ist authentische Interaktion."

In eine ähnliche Richtung weist eine Studie von Couëtoux-Jungman et al. (2010), die zeigt, dass die Reduktion familialer Mehrsprachigkeit auf eine monolinguale Kommunikation mit dem Kind problematisch sein kann. Die Autor*innen berichten über Langzeitbeobachtungen an der Abteilung für Kinder- und Jugendpsychiatrie der Pariser Klinik Salpêtrière. Ihr Interesse richtete sich darauf, ob es Hinweise auf einen Zusammenhang zwischen sprachlichen Konstellationen bzw. Kommunikationspraktiken in mehrsprachigen Familien und Entwicklungsstörungen im frühkindlichen Alter gibt. Die Ergebnisse der Studie legen unter anderem den Schluss nahe, dass bei Kindern, deren Eltern erst Französisch zu lernen begonnen haben, die aber mit den Kindern Französisch sprechen, um ihnen die Integration zu erleichtern, Störungen gehäuft zu beobachten sind.

Wenn die Eltern selbst in der Sprache unsicher sind, so die Beobachtung der Autor*innen, kann es zu einem Mangel an verbaler Interaktion in der Eltern-Kind-Beziehung kommen. Das war besonders dann festzustellen, wenn es sich bei den Erstsprachen von Eltern um Sprachen mit niedrigem Prestige handelte, die als Dialekte, Patois oder Mischsprachen abqualifiziert werden.

Beide Studien verweisen auf den hohen Stellenwert, der dem leiblichen und emotionalen Erleben des Kindes in der Sprachentwicklung zukommt. Konzeptionen, die die intersubjektive und soziale Dimension des Spracherwerbs in den Vordergrund rücken, finden in den letzten Jahren – in Abkehr von individuell-mentalistisch und universalistisch geprägten Vorstellungen der Sprachentwicklung – auch in der Psycholinguistik vermehrt Beachtung (Lüdtke 2011). Neuere Ansätze stützen sich teilweise auf die Arbeiten von Julia Kristeva, die sich gleichermaßen an der Psychoanalyse wie an der Semiotik und Linguistik orientieren. Sie trifft die Unterscheidung zwischen zwei Dimensionen, die sie der Sprache zuweist: Auf der einen Seite sieht Kristeva (2002: 101f.) die dem Kognitiven zuzuordnende sinnstiftende Verbindung von Bedeutung, Zeichen und Bezeichnetem, die sie die „symbolische Funktion" nennt. Dieser symbolischen Funktion stellt sie eine semiotische Dimension gegenüber, die durch Heterogenität gegenüber Sinn und Bedeutung, durch Unbestimmtheit oder Vieldeutigkeit charakterisiert ist. Diese mit dem Vor- oder Unbewussten, dem Leiblich-Affektiven verbundene semiotische Dimension, die Kristeva auf das frühkindliche Brabbeln und rhythmische Intonieren zurückführt, wird im Aufwachsen zunehmend von der symbolischen Funktion verdrängt, bleibt aber Kristeva zufolge in jedem Sprechen präsent. Residuen des Semiotischen macht sie unter anderem im „psychotischen Diskurs" (ebd.) aus, wenn das Subjekt durch den Zerfall der sinngebenden Funktion bedroht ist. Präsent sind diese Residuen aber auch in dem, was sie als „poetische Sprache" (ebd.) bezeichnet: das spielerisch-fantasierende Unterlaufen und Außer-Kraft-Setzen der Geregeltheit und Genormtheit von Sprache.

1.4.3 Repertoire und Lebensphasen

Spielt das intersubjektive, körperlich-emotional grundierte Erleben beim Spracherwerb des Kindes eine entscheidende Rolle, so gilt dies im Grunde auch für die daran anschließenden Lebensphasen, die dadurch gekennzeichnet sind, dass sich soziale Netze ausweiten, komplexer und vielfältiger werden. Eine erste Konfrontation mit einem neuen, auch sprachlich komplexeren Umfeld fällt oft mit dem Schuleintritt zusammen. Während Fragen von Mehrsprachigkeit in der Kindheit und im Jugendalter relativ gut erforscht sind, bleiben Studien zur Sprachentwicklung im Erwachsenenalter noch recht spärlich. Erst in jüngster Zeit wächst das Interesse an der Auseinandersetzung mit Mehrsprachigkeit in fortgeschrittenem Alter.

Schuleintritt und sprachliche Normativität

In Sprachbiografien wird der Moment des Schuleintritts immer wieder als ein Schlüsselerlebnis thematisiert, als auslösendes Moment der Irritation in Bezug auf das eigene Sprachrepertoire. Das kann sich als ein Gefühl manifestieren, *out of place*, deplatziert zu sein, sich mit der falschen Sprache am falschen Ort zu befinden. Die Konstellationen, in denen sich eine solche Irritation einstellt, können sehr vielfältig sein: Für die einen ist es die Erfahrung, im Unterricht zum ersten Mal mit der Normativität von Standardsprache konfrontiert zu werden. Für andere besteht die Herausforderung umgekehrt darin, mit einer standardnahen Familiensprache auf eine Peergroup zu stoßen, die sich beispielsweise über einen lokalen Dialekt definiert. Wieder andere werden bei Schuleintritt in eine Umgebung versetzt, in der sie so gut wie nichts verstehen und sich kaum verständlich machen können. Und einige stellen mit Erstaunen fest, dass andere Kinder nur eine Familiensprache haben, und nicht wie sie selbst eine Mutter- und eine Vatersprache.

Mit dem Schuleintritt tut sich für mehrsprachige Kinder noch ein anderes Problemfeld auf: Zweisprachigen Kindern wird meist nur die Möglichkeit zu einsprachiger Literarität geboten, das heißt, in einer der beiden Sprachen werden schriftsprachliche Kompetenzen nicht gezielt gefördert. Eine solche Spezialisierung im Repertoire geht mit einer deutlich erlebten Hierarchisierung der sprachlichen Ressourcen einher, indem eine Sprache zu einer Bildungssprache entwickelt wird, die andere nicht. Das wird besonders dann negativ erlebt, wenn im Rahmen der Schule eine Familiensprache nicht nur nicht anerkannt, sondern von anderen auch gering geschätzt wird. Obwohl es Bildungsmodelle gibt, die von einer Zwei- oder Mehrsprachigkeit der Schüler*innen ausgehen, ist im Regelfall das Schulsystem nach wie vor monolingual ausgerichtet und tendiert dazu, lebensweltlich mehrsprachige Schüler*innen zu ‚monolingualisieren', also auf eine (Bildungs-)Sprache zu reduzieren. Auf Möglichkeiten zur Förderung mehrsprachiger Literarisierung wird in Kapitel 3.5.2 eingegangen.

In diesem Zusammenhang fällt oft der Begriff ‚Halbsprachigkeit'. Obwohl die Begriffe der Halbsprachigkeit, der doppelten Halbsprachigkeit bzw. des Semilingualismus, doppelten Semilingualismus oder des Alingualismus mittlerweile als wissenschaftlich nicht haltbar gelten und mit Repertoirekonzepten kaum zu vereinbaren sind, findet man sie dennoch immer wieder in Alltags- oder auch akademischen Diskursen. Verwendet werden sie als stigmatisierendes Etikett, sie können aber ebenso Teil der Selbstwahrnehmung werden. Volker Hinnenkamp (2005) beschäftigt sich mit der Karriere des Begriffs ‚Semilingualismus' und zeigt auf, dass er im deutschsprachigen Raum in der sogenannten Ausländerpädagogik der 1970er Jahre als sprachideologisches Konzept seinen Ausgang genommen hat, das auf die Zuschreibung von Defiziten und von Nichtzugehörigkeit abzielte. Im wissenschaftlichen Bereich, so Hinnenkamp (ebd.), geht seine weite Verbreitung auf den kanadischen Bilingualismusforscher Jim Cummins (1976) zurück, der in seinen Arbeiten der 1970er Jahre Zweisprachigkeit eher aus einem individuellen als aus einem gesellschaftlichen Blickwinkel betrachtete und vom Ideal einer zweisprachigen Kompetenz, die einem doppelten Monolingualismus gleichkommt, geleitet war. Später nahm Cummins (1994: 3814, zit. nach Hinnenkamp) vom Konzept des Semilingualismus Abstand: „[I]t has no theoretical value and confuses rather than clarifies the issue." Die Kritik am Konzept des Semilingualismus bezieht sich unter anderem darauf, dass wirtschaftliche, politische und soziale Faktoren, die beim Spracherwerb eine entscheidende Rolle spielen, zu wenig berücksichtigt werden, ebenso wie der Umstand, dass Mehrsprachige ihre sprachlichen Ressourcen für verschiedene Zwecke und in unterschiedlichen Situationen benützen und weiterentwickeln. Kriterien, nach denen sprachliche Defizite attestiert werden, beziehen sich oft nur auf einen kleinen Ausschnitt des Sprachvermögens, nämlich auf Standardsprache und sprachliche Produktion im schulisch-akademischen Kontext (Baker 2000). Zusammenfassend kann deshalb gesagt werden, dass dem Konzept des Semilingualismus drei miteinander verwobene Sprachideologien zugrunde liegen: (1) ein Präskriptivismus, der die Einhaltung von (willkürlich gesetzten) Normen im Sprachgebrauch fordert; (2) sprachliche Hierarchisierungen, mit denen einer Mehrheitssprache ein höherer Wert zugesprochen wird, wie etwa im Diskurs, wonach soziale Integration durch die deutsche Sprache erfolge; (3) das essenzialistische Konzept, wonach Sprachen auch im Gebrauch als klar voneinander getrennte Entitäten betrachtet werden (Hinnenkamp 2005: 4).

Gebärdensprachen und Lautsprachen

Besonders diskriminierend wirkt sich der Normativitätsanspruch für Sprecher*innen von Gebärdensprachen aus. Zweisprachige Unterrichtsformen, in denen gehörlosen oder resthörenden Kindern Gebärdensprache und Lautsprache, letztere vor allem in ihrer schriftlichen Form, angeboten werden, sind nach wie vor eher die Ausnahme als die Regel. Gefordert wird für gehörlose und hörbehinderte Kinder eine bilinguale Bildung, die der Gebärdensprache einen zentralen Platz einräumt. Nur so, nicht durch Assimilationsdruck, ist es möglich, der Exklusion und Benachteiligung von Gebärdensprachsprecher*innen im Bildungswesen entgegenzuwirken (Krausneker 2006: 169f.). Lange Zeit wurde gehörlosen und hörbehinderten Kindern das Gebärden in den Schulen untersagt, weil man der Meinung war, dass der Gebrauch einer Gebärdensprache das Lernen der Lautsprache behindere. Internationale Studien belegen aber, dass das Gegenteil der Fall ist (ebd.: 51). Erst in den 1950er Jahren begann sich die Sprachwissenschaft systematisch mit dem Thema Gebärdensprache zu befassen und konnte aufzeigen, dass, was häufig als eine zufällige Ansammlung von Gesten diskreditiert wurde, Sprachen mit eigener Struktur sind, die sich grundlegend von jener der Lautsprachen unterscheidet. Die nationalen Gebärdensprachen werden ihrerseits in verschiedenen lokalen Varietäten gesprochen. Weltweit wurde erstmals 1981 in Schweden eine Gebärdensprache als Minderheitensprache anerkannt. Dies symbolisierte den Übergang von einem Behindertendiskurs zu einem Minderheitensprachdiskurs. Die Anerkennung der Deutschen Gebärdensprache (DGS) in Deutschland erfolgte 2002 mit dem Behindertengleichstellungsgesetz. Seit 2005, nach langer Auseinandersetzung, wird in Österreich die Österreichische Gebärdensprache (ÖGS) als eigenständige Sprache anerkannt. In der Schweiz gibt es noch keine generelle Anerkennung der schweizerischen Gebärdensprachen. Der Status allein besagt aber noch nicht, wie weit Gebärdensprachen tatsächlich gefördert werden.

In der Gebärdensprachforschung stand lange Zeit die Bilingualismusforschung im Vordergrund, die sich überwiegend der Verwendung jeweils einer Gebärden- und einer Lautsprache widmete, wie das insbesondere in

Familien der Fall ist, in denen ein Teil hörend, ein Teil gehörlos ist. Einen Überblick gibt das „Handbuch Deutsche Gebärdensprache" (Eichmann, Hansen und Heßmann 2012). Vor allem im Zuge zweier größerer internationaler Forschungsprojekte werden im letzten Jahrzehnt vermehrt auch andere, komplexere Situationen von Gebärdenmehrsprachigkeit in den Blick genommen. Das Projekt MULTISIGN (2011–2016) (Adamou et al. 2020) untersuchte so unterschiedliche Konstellationen und Praktiken wie das *cross-signing*, das spontane Entstehen von Intersprachen in Interaktionen, an denen Sprecher*innen unterschiedlicher Gebärdensprachen beteiligt sind, *sign-speaking*, die gleichzeitige Artikulation von Gebärden- und Lautsprache, das *sign-switching*, das Code-Switchen zwischen zwei oder mehr Gebärdensprachen. Das Projekt mobiledeaf[9] (2017–2022) (Kusters et al. 2017; Kusters 2019) widmet sich emergenten Praktiken Gehörloser in Kontexten von Flucht, Arbeitsmigration, beruflicher Mobilität und Tourismus. Auf Basis umfangreicher empirischer Untersuchungen schlagen Kusters et al. (2017) vor, nicht nur die sprachlichen Ressourcen oder Elemente davon (wie *mouthing*, *voicing*, Fingeralphabet) zu betrachten, sondern das gesamte semiotische Repertoire: Gebrauch von Objekten und multimedialen Geräten, Zeichnen, emblematische, ikonische und deiktische Gesten, Körperhaltung, Gerüche usw. Zwischen Gebärdenden unterschiedlicher Gebärdensprachen hat sich anlässlich internationaler Zusammenkünfte im Lauf der Zeit das *International Sign* (IS) entwickelt, „an ephemeral and variable linguistic phenomenon of which the nature is difficult to pin down" (Kusters 2020: 52).

Multiliterarität

Der Einschnitt im Spracherleben, der, wie weiter oben beschrieben, mit dem Schuleintritt verbunden ist, gestaltet sich weniger zum Bruch, wenn mitgebrachte sprachlich-kommunikative Ressourcen anerkannt werden und nicht als im Widerspruch zu schulischen Praktiken und Normen des Sprachgebrauchs und besonders der Literarität gewertet werden. Literarität wird heute als eine vielgestaltige und dynamische soziale Alltagspraxis verstanden, die in schulischen ebenso wie in nichtschulischen Kontexten stattfindet, und nicht wie Alphabetisierung im klassischen Sinn als (sta-

9 https://mobiledeaf.org.uk (6.2.2021)

tische) Fähigkeit, die man, einmal erworben, besitzt – oder eben nicht besitzt. Mit dem Ende der 1990er Jahre geprägten Terminus *multiliteracies* (Cope und Kalantzis 2000) wird ein pädagogisches Konzept umrissen, das den Ansprüchen und Erwartungen an Literarität Rechnung trägt, die sich durch Globalisierung, größere sprachliche Diversität und technologische Entwicklungen verändert haben. Angesichts dessen, dass dem Bild und dem gesprochenen Wort in der medialen, insbesondere der digitalen, Kommunikation ein immer größerer Stellenwert zukommt, wird Schrift nur als ein Modus neben anderen verstanden, in denen Bedeutung geschaffen wird. Gefordert werden pädagogische Konzepte, die auch den Umgang mit neuen Technologien, mit Multimodalität und sprachlicher Varietätenvielfalt ernst nehmen. In den letzten Jahren ist eine zunehmende Beschäftigung mit multilingualer Literarität und multimodalen Ausdrucksformen zu verzeichnen. So hat Danièle Moore (2010) den Schrifterwerb von Kindern mit Familiensprache Chinesisch untersucht, die in Kanada eine englisch-französisch bilinguale Schule besuchen und denen zu Hause oder im Rahmen außerschulischer Angebote zusätzlich chinesische Schriftzeichen vermittelt werden. Sie kommt zum Schluss, dass diese Kinder ein hohes Maß an metasprachlicher Bewusstheit zeigen, die beispielsweise darin zum Ausdruck kommt, dass sie Schriften als Systeme verstehen, die auf Vereinbarungen beruhen. Im freien Schreiben kombinieren die Kinder häufig Elemente aus ihren verschiedenen Sprachen und Schriften, die sie mit Zeichnungen versehen und zu polygrafischen Texten machen.

Nancy Hornberger (2004) entwickelte ein Continua-of-Biliteracy-Modell. In ihrem Modell bezeichnet Biliterarität alle Momente, in denen Kommunikation in zwei oder mehr Sprachen in oder verbunden mit Schrift stattfindet. Mit Kontinuum ist gemeint, dass es nicht um etwas Abgeschlossenes, Statisches geht. Biliterarität entwickelt sich Hornberger zufolge dynamisch entlang verschiedener einander schneidender Achsen wie Erstsprache–Zweitsprache, rezeptiv–produktiv, mündlich–schriftlich, standardsprachlich–umgangssprachlich. Berücksichtigt werden auch Inhalte, Medien und Kontexte, die den Rahmen für den Gebrauch von Schriftlichkeit bilden. Je mehr Lernende im Kontext von Lernen und Alltagspraxis vom gesamten Spektrum der Kontinua Gebrauch machen können, umso größer ist dem Modell zufolge die Chance, dass sie ihre Biliterarität entfalten können. Hornbergers Konzept versteht sich damit als Kritik an einer Bildungspolitik, die dazu tendiert, einen Pol eines Kontinuums gegenüber dem anderen zu privilegieren, zum Beispiel Schriftlichkeit gegenüber Oralität (ebd.: 158).

Als *grassroot literacy* werden Alltagspraktiken der Schriftlichkeit bezeichnet, die nicht den Normen von Elite-Schriftlichkeit entsprechen. Solche Texte zeichnen sich Jan Blommaert (2008b: 7) zufolge aus durch Heterografie statt Orthografie, durch das Verwenden umgangssprachlicher Varietäten und das Mischen unterschiedlicher Codes, durch den Einsatz von Genres, die nicht den präskriptiven Erwartungen entsprechen, und durch das Rekurrieren auf lokale Wissensbestände, die nicht in Bibliotheken und Datenbanken archiviert und daher für Außenstehende oft nicht zugänglich sind. Die Möglichkeit, sich mit Hilfe von Schrift- und anderen Zeichen auszudrücken, ist Teil des kommunikativen Repertoires, sie ist wie andere Ressourcen mit Spracherleben und mit Sprachideologien und deren Wirkungsweisen verbunden und sie unterliegt, abhängig vom jeweiligen Sprachregime, unterschiedlichen Bewertungen.

Aus der Beschäftigung mit Formen der Medienkommunikation wie Internetforen, webbasierten sozialen Netzwerken oder der SMS-Kommunikation über Mobiltelefon kommen neue Impulse, um über Schreiben und Literarität nachzudenken (Deumert 2014; Busch F. 2018). Das Interesse gilt vor allem dem spielerischen, kreativen und normbrechenden Umgang mit Sprache in Kombination mit anderen Zeichen. Ein von Ana Deumert geleitetes Forschungsprojekt beschäftigte sich mit Textnachrichten via Mobiltelefon im multilingualen Kontext von Kapstadt (Deumert 2014). Die im Projekt analysierten Nachrichten zeigen, dass Verfasser*innen, auch wenn sie vor allem ein Lingua-franca-Englisch verwenden, sich dabei auf multilinguale Ressourcen stützen. Elemente aus anderen Sprachen und Sprechweisen werden oft eingebaut, um etwas aus dem Kommunikationsfluss hervorzuheben, dem besondere emotionale Bedeutung oder Aufmerksamkeit zukommen soll. Der scheinbar unkonventionelle, nicht standardkonforme Charakter der Textnachrichten ist tatsächlich durchaus strukturiert und unterliegt klaren Konventionen. Das Projekt interessiert sich auch dafür, wie sich ältere Nutzerinnen in einem Kapstädter Township diese Kommunikationsform aneignen, wobei die am Projekt teilnehmenden Frauen angegeben haben, dass ihnen das Texten von *short messages* Zugang zu anderen Formen der Literarität eröffnet hat.

So wie das Konzept der Multiliterarität zielen auch seit den 1980er Jahren entwickelte pädagogische Zugänge, die unter dem Begriff *language awareness* oder Sprachbewusstheit zusammengefasst werden, darauf, unterschiedliche sprachliche Ressourcen, mit denen Kinder in die Schule kommen, wahrzunehmen, ernst zu nehmen und als gleichwertig anzuerkennen. Geht es bei Multiliterarität vor allem um die Frage, wie Bedeutung in unterschiedlichen Modi und unter Zuhilfenahme unterschiedlicher sprachlicher Ressourcen geschaffen und vermittelt werden kann, so steht in Language-Awareness-Ansätzen die Frage im Vordergrund, welches metasprachliche Bewusstsein Kinder entwickeln, also wie sie lernen, mit Sprache und sprachlicher Vielfalt bewusst umzugehen.

Jugendsprachen, *translanguaging* und Konstruktionen von Identität

Vor allem seit den 1990er Jahren ist ein anwachsendes Interesse an Jugendkulturen und Jugendsprache festzustellen. Das Handbuch „Jugendsprachen/ Youth Languages" (Ziegler 2018) gibt einen vertieften Einblick in das Forschungsfeld, der aktuellen Entwicklungen in Bezug auf mediale und computervermittelte Kommunikation Rechnung trägt. Von Beginn an wurden Sprachpraktiken – speziell unter Jugendlichen in urbanen Räumen – in den Blick genommen, die mit Begriffen wie *language crossing* (Rampton 1995a, 1995b), *translanguaging* (García 2009; Blackledge und Creese 2010; Li 2011 u. a.), *polylingual languaging* (Jørgensen 2008) oder *metrolingualism* (Otsuji und Pennycook 2010) bezeichnet werden. Das Interesse an solchen Praktiken wurde durch empirische Arbeiten von Ben Rampton (1995b) eingeleitet, in denen er die Kommunikation innerhalb „ethnisch gemischter" Gruppen von Jugendlichen in Großbritannien untersuchte. Ben Rampton (1995b: 485) definiert *language crossing* als „code alternation by people who are not accepted members of the group associated with the second language that they are using", das heißt als ein Sichbedienen aus Varietäten, die nicht als den Sprecher*innen zugehörig betrachtet werden. In Anlehnung an Michail Bachtin spricht Rampton (1995b: 505f.) im Zusammenhang mit *language crossing* von Strategien des *double-voicing*, der Zweistimmigkeit, die Bachtin (1979: 209) als Hybridisierung, Vermischung der Akzente, Verwischung der Grenze zwischen eigener und fremder Rede versteht, als *„fremde Rede in fremder Sprache*, die dem gebrochenen Ausdruck der Autorenintention dient" (ebd.: 213, Hervorhebung im Original). Rampton verwendet den Begriff, um Sprachpraktiken Jugendlicher zu beschreiben, die darin bestehen, einem Diskurs, der von sich aus eine bestimmte Intention verfolgt, eine deutlich andere, entgegengesetzte Intention unterzuschieben. Rampton zeigt das am Beispiel von Jugendlichen in England, die in bestimmten Situationen stilisiertes Asian English oder karibisches Kreol verwenden, nicht um sich mit diesen ‚*communities*' zu identifizieren, sondern um sich ironisch davon abzusetzen.

In der Beschäftigung mit *translanguaging* gilt das Interesse weniger der Frage, auf welche spezifischen Codes Sprecher*innen zurückgreifen und auf welche sozialen oder ethnischen Kategorien diese verweisen, als der Art, wie heterogene kommunikative Ressourcen genutzt und miteinander kombiniert werden, um Bedeutung zu schaffen, und welche Bedeutungen Sprecher*innen selbst diesen Praktiken geben (Rampton 2011). Li Wei (2011) legt den Fokus mit seinem Konzept von *creativity and criticality* auf die Sprechenden. Unter *criticality* versteht er die Fähigkeit von Sprecher*innen, überliefertes Weltwissen zu hinterfragen und zu problematisieren, die Wahlmöglichkeit, Regeln und Normen des Sprachgebrauchs zu befolgen oder sich darüber hinwegzusetzen. Zu *translanguaging* als pädagogisches Konzept siehe Kapitel 3.5.2.

Auch wenn unter *translanguaging* das spielerisch-kreative Kombinieren sprachlicher Elemente verstanden wird, die als nicht zusammengehörig gelten, so nimmt es – obzwar in zitierender, ironisch distanzierender oder parodierender Form – doch Bezug auf gängige soziale, ethnische oder nationale Kategorisierungen und Stereotypisierungen. Paradoxerweise werden solche Kategorien, auch wenn sie im translingualen Sprechen kritisch kommentiert werden, zugleich erneut aufgerufen. Die Macht der Identifizierung, die von solcher Art diskursiven Kategorisierungen ausgeht, wird nicht aufgehoben, wohl aber wird ein Spielraum geöffnet, in dem das sprechende Subjekt sich nicht bloß als positioniert erleben kann, sondern auch als sich selbst positionierend (Busch 2012).

Dass ‚Sprache' und ‚Identität' bzw. ‚Ethnizität' nicht statisch miteinander verknüpft sind, haben Robert Le Page und Andrée Tabouret-Keller bereits 1985 in ihrem Buch „Acts of Identity: Creole-based approaches to language and ethnicity" aufgezeigt, das auf langjährigen Feldstudien mit Kreol-Sprecher*innen in der Karibik und Einwander*innen aus dem karibischen Raum in London basiert. Ethnizität verstehen Le Page und Tabouret-Keller nicht als gegeben, sondern als sozial konstruiert, Identität als Handlungen der Selbstidentifizierung. Die Grundthese, die sie entwickeln, ist, dass Sprecher*innen sich in einer Welt bewegen, in der sprachliche Merkmale sozial markiert sind, und dass sie die vielfältigen sprachlichen Ressourcen, die ihnen zur Verfügung stehen, nutzen, um Identität zu konstruieren. Das Individuum, so Le Page und Tabouret-Keller (1985: 181), entwickelt aus eigenem Antrieb Muster der Sprachverwendung, „so as to resemble those of the group or groups with which from time to time he wishes to be identified, or so as to be unlike those from whom he wishes to be distinguished". Wie weit eine Identifikation über Sprachverwendung möglich ist, hängt von verschiedenen Faktoren ab, unter anderem davon, ob die Intention, einer Gruppe anzugehören, von dieser positiv oder reserviert beantwortet wird. Die Motivation eines Individuums kann verstärkt oder aber in ihr Gegenteil verkehrt werden (ebd.: 182). Die Arbeit von Le Page und Tabouret-Keller bildet eine der Grundlagen für das in der Folge entstandene Forschungsfeld zu Stil und Stilisierung als Mittel sprachlicher Variation, um Zugehörigkeit oder Differenz zu markieren (z. B. Androutsopoulos 2006; Beiträge in Auer 2007).

Aus der Subjektperspektive des Spracherlebens wird deutlich, dass Jugendsprachen oder Praktiken des *translanguaging* nicht nur in Bezug auf Prozesse der Selbstidentifikation eine Rolle spielen, sondern auch dafür, ob oder wie weit sich Personen als legitime Sprecher*innen einer Sprache oder Sprechweise erleben, oder anders ausgedrückt, wie weit sie sich eine zunächst als fremd erlebte Sprache oder Sprechweise zu eigen machen können. Dass Praktiken wie *translanguaging* ihren Platz im Sprachrepertoire haben, wird auch in dem in Kapitel 1.4.1 wiedergegebenen Sprachenporträt ersichtlich. In den Körperumriss zeichnet Peter, damals siebzehnjährig, nicht nur ein, was man gemeinhin als Sprachen oder Dialekte versteht, sondern er reserviert eine mit Zickzacklinie gekennzeichnete Stelle für das, was er in der Bildlegende als „Imitationen (Kabarett)" bezeichnet, sowie einen weiß belassenen Raum, der in der Legende als „offen + eigene Mischungen" definiert wird.

Eigene Kreationen, eigene Mischungen sind Bezeichnungen, die sich gerade bei Jugendlichen häufig in Sprachenporträts finden. Um sich in einer bestimmten Sprache angekommen und angenommen zu fühlen, scheint es wichtig zu sein, darin gerade auch über Nichtstandardformen des Sprachgebrauchs verfügen zu können. Das kann im Fall von Dialekten dadurch erschwert werden, dass deren Verwendung durch Personen, die nicht der Gruppe der Dialektsprecher*innen zugerechnet werden, als nicht legitim betrachtet und sanktioniert wird. In einem Interview schildert ein anderer ehemaliger Schüler, der wie Peter das Bundesgymnasium für Slowenen in Klagenfurt besuchte, aber dessen Familiensprache Deutsch war:

> *Eine Zeit lang hab ich sehr versucht, mich zu identifizieren mit dem Slowenischen. [...] – da war ich recht gern im Jauntal bei Freunden und die haben zu Hause wirklich Slowenisch geredet. Und da hab ich mir auch immer gewünscht, dass ich den Dialekt*

> *könnte und – verstehen können hab ich ihn gut, aber wenn ich probiert hab ihn zu reden, bin ich eher belächelt worden.*

Diese stillschweigende Grenzziehung verliert an Wirkungsmacht erst, als die Klasse in der Oberstufe einen eigenen Gruppenjargon kreiert:

> *Da haben wir unsere komplett eigene slowenische Sprache entwickelt. Und da hat dann Dialekt keine Rolle gespielt. Und – eeh, – also das war eine Sprache, die nirgends irgendwie gesprochen wird sonst. Das war wirklich nur für uns aus der Klasse und die Parallelklasse. Man hat problemlos code-geswitcht.*

Michail Bachtin (1979: 185) zufolge bewegt sich die Sprache „auf der Grenze zwischen dem Eigenen und dem Fremden. Das Wort der Sprache ist ein halbfremdes Wort. Es wird zum ‚eigenen', wenn der Sprecher es mit seiner Intention, mit seinem Akzent besetzt, wenn er sich das Wort aneignet, es mit seiner semantischen und expressiven Zielsetzung vermittelt." Manche Wörter, führt er weiter aus, leisten hartnäckig Widerstand, manche bleiben fremd, „klingen im Mund des Sprechers, der sie sich angeeignet hat, fremd, können seinem Kontext nicht assimiliert werden" (ebd.). Das obige Beispiel deutet darauf hin, dass ein Weg der Aneignung auch darin bestehen kann, Sprache durch Kombination im üblichen Sinn inkompatibler Stimmen kreativ zu transformieren.

Ben Rampton (2011: 288) macht darauf aufmerksam, dass die Praktiken, die er als *language crossing* oder *double-voicing* bezeichnet, sich keineswegs nur bei Jugendlichen beobachten lassen: „[...] it looks as though this style of speaking endures across the life-span." Es sei, so Rampton, daher nicht mehr angebracht, von „Jugendsprache" oder „multiethnischer adoleszenter Heteroglossie" zu sprechen, als handle es sich dabei um Praktiken, die auf eine bestimmte Altersgruppe beschränkt seien.

Sprachentwicklung als lebenslanger Prozess

Sprachentwicklung hört nicht mit der Kindheit oder dem Heranwachsen auf; das sprachliche Repertoire unterliegt – den Bedürfnissen der Sprecher*innen und ihrer Lebenswelten entsprechend – ständigem Wandel. Dennoch gibt es, im Unterschied zum Interesse an der Sprachentwicklung von Kindern und Jugendlichen, verhältnismäßig wenig Forschung zur Entwicklung des sprachlichen/semiotischen Repertoires in der Altersgruppe zwischen 18 und 55 Jahren. Zahlreicher sind lediglich Studien mit Studierenden, wobei manchmal, wie in jener von Nadja Thoma (2018), sprachbiografische Zugänge gewählt werden. Sie geht der Frage nach, wie nicht dominant positionierte Germanistikstudierende ihre Sprachbiografien konstruieren und wie sich ihre Haltungen zu Sprache(n) lebensgeschichtlich verändern. Gemeinsam ist den im Folgenden vorgestellten Forschungsansätzen zum Zweit- und Fremdsprachenlernen bei Erwachsenen, dass sie, im Unterschied zu traditionellen Konzepten, das subjekthafte Spracherleben in den Mittelpunkt des Sprachenlernens stellen und dem biografischen Erzählen demzufolge einen zentralen Platz einräumen. Sprache wird in diesen kritischen Ansätzen nicht nur als Ausdrucks- oder Kommunikationsmittel verstanden, sondern vor allem als eine Praxis, durch die Lernende als Subjekt konstituiert werden. Prägnant kritisiert Inge Schwerdtfeger (1997: 598) die einseitige Orientierung auf kognitive Aspekte des Sprachenlernens und plädiert dafür, die oder den Lernenden als Menschen zu sehen, „der Gefühle, Leib und Verstand hat und eine Sprache spricht und lernt, die immer schon emotional-leiblich verfasst ist".

Bonny Norton (2013) stellt die gemeinsame Bearbeitung von Gender- und Identitätskonstruktionen in den Mittelpunkt einer feministisch und emanzipatorisch orientierten Aktionsforschung mit Migrantinnen im Zweitsprachenunterricht. Dabei stützt sie sich auf von den beteiligten Frauen geführte Lerntagebücher. In eine ähnliche Richtung zielt Claire Kramsch (2009): Schilderungen von Sprachenlernenden verweisen ihr zufolge auf „heightened perceptions and emotions, imagined identities, projected selves, idealizations or stereotypes of the other, awareness of one's body, feelings of loss or enhanced power" (Kramsch 2006: 99). Solchen Phänomenen, die zentral für die Erfahrung des Sprachenlernens sind, werde in psycholinguistischen und in soziolinguistischen Zugängen zu wenig Beachtung geschenkt. Kramsch unterstreicht die Bedeutung des Begehrens *[desire]* im Prozess des Sprachenlernens und stützt sich dabei auf Julia Kristeva (1980), die sich aus semiotischer und psychoanalytischer Perspektive mit dem Begehren in der Sprache beschäftigt hat. Kramsch (2006: 102) definiert Begehren als von Grund auf dialogischen und intersubjektiven Prozess einer positiven oder negativen Identifikation mit dem Anderen. Positiv zum Beispiel verbunden mit Vorstellungen von Selbstermächtigung oder der Imagination, sich als Subjekt neu zu entwerfen, negativ zum Beispiel in der Ablehnung einer Identifikation mit Sprecher*innen einer anderen Sprache, was sich im Zweitsprachenlernen als Fossilisierung bemerkbar machen kann. Das Andere, demgegenüber man sich positioniert, sagt Kramsch (ebd.: 102), ist immer die Vorstellung eines Anderen, eine idealisierte, stereotypisierte Repräsentation dessen, was mit einer Sprache und ihren Sprecher*innen assoziiert wird und das Kramsch (ebd.: 104ff.) als Sprachmythos *[language myth]* bezeichnet.

Ein wachsendes Interesse ist in den letzten Jahren an Fragen der Mehrsprachigkeit im Alter festzustellen, was einerseits darauf zurückgeführt wird, dass Pflegeleistungen sehr oft von Migrant*innen erbracht werden, andererseits darauf, dass die Generation der ab den 1960er Jahren eingewanderten Arbeitsmigrant*innen nicht mehr im aktiven Erwerbsleben steht, gesellschaftlich bisher aber nicht als eine Gruppe mit eigenen Bedürfnissen wahrgenommen wird.

Einen umfassenden Überblick über das Gebiet geben Kees de Bot und Sinfree Makoni (2005) ihrem Buch „Language and aging in multilingual contexts". Sie verweisen darauf, dass es auch im Zusammenhang mit dem Alter eine Debatte darüber gibt, wie weit Mehrsprachigkeit ein Gewinn oder ein Nachteil ist beziehungsweise ob sie als Ressource im Hinblick auf kognitive Fähigkeiten genutzt wird (ebd.: 58ff.). Ebenso interessieren sich neurolinguistische und psycholinguistische Forschung dafür, ob explizit gelernte Sprachen anfälliger für Sprachverlust sind als implizit erworbene. Die Autoren kritisieren die in der Altersforschung lange vorherrschende Defizitperspektive, die eine Pathologisierung des Alters vornimmt und von einem zwingend fortschreitenden Sprachabbau ausgeht. Im Unterschied dazu schlagen de Bot und Makoni (2005) eine Sichtweise vor, die sich an einer Perspektive lebenslanger Sprachentwicklung orientiert, und stützen sich dabei auf die *Dynamic Systems Theory* (Herdina und Jessner 2002), die Sprachentwicklung als ein dynamisches System interagierender Variablen oder Subsysteme sieht, das sich durch Interaktion mit der Umwelt und durch Selbstreorganisation ständig verändert. Veränderungen im Sprachsystem treten oft in Zusammenhang mit signifikanten Ereignissen oder biografischen Diskontinuitäten auf, im Alter zum Beispiel mit dem Tod von nahestehenden Personen, dem Eintritt in ein Altenheim oder dem Knüpfen neuer Beziehungen. So wie es soziokulturell geprägte Vorstellungen über Aufwachsen und Spracherwerb gibt, gibt es ebensolche in Bezug auf das Altern, so wie es in westlichen Gesellschaften die Praxis des Baby Talk gibt, gibt es auch eine des *elder speak* (de Bot und Makoni 2005: 25). Altersbedingte körperliche Veränderungen haben nicht nur einen Impakt auf kognitive Funktionen, sondern auch und vor allem einen solchen auf die Interaktionen mit der sozialen Umwelt. Es besteht somit eine enge Wechselwirkung zwischen Sprachverfall und sozialem Eingebundensein: Weniger Partizipation führt zu Sprachverfall, Sprachverfall zu weniger Partizipation (ebd.: 135). Aus Perspektive der Sprecher*innen betrachtet, lässt sich sagen, dass auch im Alter das Spracherleben in seinen körperlichen, emotionalen und sozialen Dimensionen eine zentrale Bedeutung dafür hat, ob Mehrsprachigkeit als Ressource wahrgenommen werden kann.

1.5 Translokale Biografien

Zwei Sprachbiografien kamen bisher ausführlicher zur Sprache, um das Konzept des Spracherlebens und des Sprachrepertoires zu erläutern: die einer Studentin, die den Schulwechsel vom Dorf in die Stadt als einschneidendes Spracherleben beschreibt, und die eines Schülers, der in einer zweisprachigen Umgebung aufwächst. In diesem Kapitel wenden wir uns weiteren Sprachbiografien zu, diesmal von Personen, die sowohl im zeitlichen wie im geografischen Sinn auf einen längeren, wechselvolleren Lebensweg zurückblicken. Die translokalen Sprachrepertoires, die in diesen Texten thematisiert werden, sind geprägt von Machtbeziehungen und nationalen Diskursen, die für die Zeiten und Räume bestimmend waren, welche die Erzähler*innen durchquert haben. Den Ideologien des Monolingualismus und des sprachlichen Entweder-oder kommt in diesen Texten großes Gewicht zu. Die Rede ist von Sprachwechsel in Verbindung mit dramatisch erlebten Lebensumständen, von politisch intendiertem Verwehren von Mehrsprachigkeit und von erzwungenen sprachlichen Loyalitätsbekenntnissen. Die Texte erzählen aber nicht nur davon, wie Sprecher*innen durch Sprachideologien positioniert werden, sondern auch, wie sie ihr heteroglossisches sprachliches Repertoire als Ressource nutzen, um mit solchen Positionierungen umgehen zu können und sie in Frage zu stellen.

1.5.1 „Wenn man keine Sprache hat …" – Sprachwechsel und Sprachverlust

Im Jahr 1999 publizierte der bekannte israelische Schriftsteller Aharon Appelfeld (2005) eine literarische Autobiografie, die in deutscher Übersetzung unter dem Titel „Geschichte eines Lebens" erschien. An zentrale Stelle dieses Buchs setzt Appelfeld ein Kapitel, in dem er sich intensiv mit seiner Sprachbiografie auseinandersetzt. Anlass dazu bietet ein altes Tagebuch, das dem Autor wieder in die Hände fällt. Es stammt aus der Zeit, als er 1946 im Alter von vierzehn Jahren nach jahrelanger Flucht nach Palästina kam und zunächst in einem Lager für jüdische Kriegswaisen untergebracht wurde. Das Tagebuch, schreibt Appelfeld, zeigt ein Mosaik aus deutschen, jiddischen, hebräischen und sogar rumänischen Wörtern, „zurückgehaltene Schreie eines Vierzehnjährigen, dem alle Sprachen, die er gekonnt hatte, verloren gegangen waren, sodass er keine mehr hatte" (Appelfeld 2008: 26)[10]. Hier im Lager erlebt der Heranwachsende den totalen Kollaps seiner Sprachlichkeit, das Versagen der Sprache als Mittel, um sich auf die anderen und die Welt zuzubewegen: „Wenn man keine Sprache hat, ist alles Chaos und Durcheinander, und man hat Angst vor Dingen, vor denen man sich nicht zu fürchten braucht." (Ebd.: 26 f.) In dieser Zeit, berichtet er, hätten viele Kinder unter Sprachstörungen gelitten: „Die Vielredner unter uns wurden noch lauter, und die in sich Gekehrten verschluckten ihre Stimme. Ohne Muttersprache ist der Mensch verstümmelt." (Ebd.: 27)

Ausgelöst wird die Sprachkrise Appelfelds Schilderung zufolge durch einen Loyalitätskonflikt: Von den Kindern und Jugendlichen im Lager wird mit Nachdruck gefordert, dass sie alles, was sie an ihre Vergangenheit erinnert, hinter sich lassen. Statt ihrer früheren Sprachen sollen sie nur noch das neu erlernte Hebräisch sprechen. Trotz aller gegenteiligen Bemühungen stellt der junge Aharon fest, dass ihm die Sprache seiner Mutter, das Deutsche, immer mehr verloren geht. „Die Sprache meiner Mutter und meine Mutter wurden eins. Als nun ihre Sprache in mir verlosch, spürte ich, dass meine Mutter ein zweites Mal starb." (Ebd.: 29) Umso mehr widersetzt er sich lange Zeit der ihm „aufgezwungenen" neuen Sprache, einer Sprache, so empfindet er es zu diesem Zeitpunkt, „in der man nicht leise reden kann, eine Soldatensprache" (ebd.: 28). Den erzwungenen Sprachwechsel erlebt er als einen ideologischen Druck, als „Auslöschen der Erinnerung, ein völliges Sich-Verwandeln und Sich-Binden an dieses Stück Land" (ebd.: 36).

Im Fall von Aharon Appelfeld, wie in dem vieler Holocaustüberlebender, kommt eine weitere Komplikation hinzu: „Die Sprache meiner Mutter war die Sprache ihrer Mörder." (Ebd.: 31) Als er in Palästina ankommt, liegt hinter ihm eine Kette extrem traumatischer Ereignisse – die Vertreibung aus dem Kindheitsparadies in der Bukowina, die Einweisung ins Ghetto, die Ermordung der Mutter, die endgültige Trennung vom

10 Die nachfolgenden Seitenangaben beziehen sich auf die Wiedergabe des Kapitels in Busch und Busch (2008).

Vater, der im Lager bleibt, während dem Kind die Flucht gelingt. Jahrelang ist das Kind zwischen den Fronten allein unterwegs, muss sich als Ukrainer ausgeben und seine Sprache, die es verraten würde, geheim halten. Deutsch spricht der Junge, als er sich unbeobachtet glaubt, nur zu den Tieren auf einem Bauernhof, auf dem er vorübergehend Unterschlupf findet. Später, nach der Ankunft in Palästina, wird er davon träumen, mit Kolonnen von Flüchtlingen herumzuziehen: „[...] alle stotterten, und nur die Tiere, die Pferde, Kühe und Hunde am Wegrand, sprachen ihre Sprache fließend, als hätte sich alles verkehrt."

Obwohl Aharon Appelfeld die neue Sprache schon bald sprechen kann, zieht sich der mühevolle Prozess, das Hebräische anzunehmen und sich von der neuen Sprache angenommen zu fühlen, über Jahre (ebd.: 30). Man habe in diesen Jahren ein im Wesentlichen mechanistisches Verhältnis zur Sprache gehabt: „Lern die Wörter, dann kannst du die Sprache. Zugegeben, dieser Ansatz, der dich aus deiner Welt entwurzeln und in eine andere verpflanzen sollte, in der dich kaum etwas hielt, hat gesiegt. Aber um welchen Preis!" (Ebd.: 36)

Schon aus der knappen Zusammenfassung von Appelfelds literarisierter Sprachbiografie wird deutlich, wie vielschichtig und komplex Prozesse sein können, die mit dem Begriff ‚Sprachwechsel' bezeichnet werden. Seit der Jahrtausendwende ist ein vermehrtes Interesse an Sprachwechsel bzw. Sprachverlust *[language attrition]* festzustellen, das heißt an der Frage, wie es zu Prozessen kommt, die darin kulminieren können, dass Sprecher*innen eine Sprache zugunsten einer anderen aufgeben (für einen Überblick siehe Schmid 2011). Im Fall von Aharon Appelfeld vollzieht sich der Sprachwechsel einerseits vor dem Hintergrund leidvoller, traumatischer Erfahrungen, andererseits wird der Wechsel von einer Sprache zur anderen selbst als mit Verlusterfahrungen verbundener Prozess erlebt. Diese zwei Aspekte sollen im Folgenden diskutiert werden.

Sprachwechsel vor dem Hintergrund traumatischer Erfahrungen

Es liegen viele individuelle Zeugnisse vor, in denen Überlebende des Holocaust oder Menschen, die während der Naziherrschaft ins Exil vertrieben wurden, darüber berichten, wie sie sich von ihrer deutschen Erstsprache abwendeten oder wie sie umgekehrt versuchten, auch in der neuen Sprachumgebung daran festzuhalten (vgl. dazu z. B. Hein-Khatib 2007). Aus einer psycholinguistischen Perspektive führte Monika Schmid (2004) eine Studie zu Spracherhalt bzw. Sprachaufgabe durch, in der sie sich auf autobiografische Interviews mit 35 aus Deutschland in die USA emigrierten Personen jüdischer Herkunft stützt. Die Annahme, dass Sprachverlust oder Spracherhalt *[language attrition or maintenance]* primär von Variablen wie Alter zum Zeitpunkt der Emigration oder Bildungshintergrund abhängig seien, ließ sich laut Schmid nicht aufrechterhalten. Die quantitativ und qualitativ angelegte Untersuchung legt vielmehr nahe, dass ein direkter Zusammenhang zwischen der Aufgabe oder dem Verlust der deutschen Sprache und dem Grad der persönlich erlebten, unmittelbaren Bedrohung besteht. Es ließen sich Schmid (2004: 51) zufolge drei Gruppen unterscheiden, die unterschiedlichen Phasen des antisemitischen Terrors zwischen 1933 und 1945 entsprachen. Während jene Personen, die vor dem Inkrafttreten der Nürnberger Rassengesetze emigrierten, auch sechzig Jahre nach der Auswanderung die deutsche Sprache zu einem bemerkenswert hohen Grad erhalten hatten, war die Sprachaufgabe in der Gruppe jener Personen, die nach 1935, aber vor den Novemberpogromen von 1938 ins Exil gingen, deutlich weiter fortgeschritten. Die Personen der dritten Gruppe, deren Flucht erst 1938 oder danach stattfand, also in einer Situation, die als lebensbedrohend erlebt wurde, tendierten am stärksten dazu, die deutsche Sprache gänzlich aufzugeben; wenn überhaupt, sprachen sie deutsch mit unüberhörbarem englischen Akzent.

Zu einem ähnlichen Befund kommt Anne Betten (2010), die zwischen 1990 und 2007 sprachbiografische Interviews in Israel durchführte, zuerst mit deutschsprachigen, als Juden verfolgten Personen, die während der Zeit des Nationalsozialismus nach Palästina eingewandert waren, dann, in einer zweiten Serie, mit der zweiten Generation, die überwiegend in Israel geboren war. Für die erste Generation war die deutsche Sprache, so Betten (2010: 54), „untrennbar mit essentiellen biografischen Erfahrungen und starken Emotionen" verbunden. Sprachverlust oder Sprachaufgabe war nicht primär durch mangelnde Gelegenheit, die Sprache zu benutzen, bedingt, sondern durch emotionale Faktoren und den Bruch mit früheren Identitätspositionen. Die zweite Generation habe oft seelische Bedrückung und Traumata der Eltern gespürt, ohne darüber reden zu können. Die dritte Generation begebe sich heute unbefangener auf Spurensuche und zeige vermehrt wieder Interesse daran, Deutsch als eine verloren gegangene Familiensprache zu erlernen.

Zu Prozessen der Sprachaufgabe kam es auch bei Mitgliedern anderer Gruppen, die in der Zeit des Nationalsozialismus verfolgt wurden und bei denen Sprache als ein Merkmal für ethnische Zugehörigkeit gewertet wurde. In Bezug auf die im Burgenland lebenden Roma stellt der Sprachwissenschafter Dieter Halwachs (1999) fest, dass die wenigen, die den Genozid überlebten und wieder ins Burgenland zurückkehrten, Romani meist nicht an die nächste Generation weitergaben, sondern auf sprachliche Assimilation an die Sprache der Täter*innen setzten. Erst seit der offiziellen Anerkennung der burgenländischen Roma als Volksgruppe kommt es, wie Halwachs betont, aufgrund des wachsenden Selbstbewusstseins zu einer späten Rückbesinnung auf die verloren gegangene Sprache. Mit Entwicklungen in Kärnten, wo die nationalsozialistischen Machthaber im Zuge der Eindeutschungspolitik einen beträchtlichen Teil der slowenischsprachigen Bevölkerung deportieren ließen, setzte sich in einer bahnbrechenden Studie der Sozialpsychologe Klaus Ottomeyer (1997) auseinander. Sein Augenmerk gilt den weitreichenden psychosozialen und politischen Auswirkungen von mit uneingestandener Trauer und Scham besetzten Prozessen sprachlicher Assimilation und Überassimilation in der Nachkriegszeit. Mit transgenerationalen Auswirkungen von traumatischen Erfahrungen slowenischer Opfer des Nationalsozialismus auf die Kinder- und Enkelgeneration setzt sich Daniel Wutti (2013) auseinander. Er zeigt, wie in den untersuchten Familien die Vergangenheit ein fixer Bestandteil ihrer Identität geworden ist, den sie nicht loswerden wollen, der aber andererseits auf die eine oder andere Art und Weise ihr Alltagsleben belastet. Trotz alledem wollen sie die slowenische Sprache ihren Nachkommen weitergeben.

Aus europäischer Sicht gerät leicht in Vergessenheit, welche gravierenden Wirkungen auf das psychische und sprachliche Erleben der Kolonialismus und die kolonialen Sprachpolitiken in den betroffenen Weltregionen hatten und vielfach noch bis heute haben. Pionier auf dem Gebiet der Erforschung psychischer Leiden, die der Ausübung kolonialer und rassistischer Gewalt, bis hin zu systematischer Folter, zuzuschreiben sind, war Frantz Fanon (1952), der in seinem Buch „Peau noire, masques blancs“ (Dt.: Schwarze Haut, weiße Masken [Fanon 1980]) der komplexen Beziehung der Kolonialisierten zur Sprache der Kolonisatoren ein eigenes Kapitel gewidmet hat. Er entwickelt darin die These, dass der kolonialisierte Mensch durch den rassistischen Blick und das Sprechen der Kolonialherren zum ‚Schwarzen‘ wird: Das kolonialisierte Subjekt internalisiert das traumatische Erleben der Herabsetzung, es wird durch seine entfremdete Selbstwahrnehmung als minderwertig fixiert. Fanon lädt den Leser ein, sich vorzustellen, er sei in einem Zug, frage (im Französisch der Metropole) höflich nach dem Speisewagen und erhalte darauf in absichtlich gebrochenem Französisch zur Antwort: „Oui mon z'ami, toi y en a prendre couloir tout droit, un, deux, trois, c'est là“ [11] (1952: 28). Nicht weniger herablassend ist, wie Fanon aufzeigt, auch das Gegenstück zum ‚petit-nègre', wie die den ‚Schwarzen' zugeschriebene und ihnen gegenüber oft verwendete Sprache damals genannt wurde: der paternalistische Kommentar zum ‚schönen' Französisch des als ‚nicht weiß' eingestuften Gegenübers. Beides erfährt der Angesprochene als eine Infantilisierung und Primitivisierung, als Eingesperrtwerden und Fixierung an den Platz im sozialen Gefüge, der ihm als ‚Nicht-Weißem' zugedacht ist. Ihre Wirkung entfalten solche situierten Interaktionen dadurch, dass sie sich ständig wiederholen und jedes Mal das Paket kolonialistischer Demütigungen und Diskurse aufrufen und weiterschreiben. Fanon zeigt auch, wie schwer es ist, solchen Fixierungen zu entkommen, die selbst in Interaktionen innerhalb der ‚schwarzen Community' hineinwirken, wo das Machtgefälle zwischen Kolonisatoren und Kolonialisierten nicht unmittelbar zum Tragen kommt: Wahrgenommen werde die Art, in der man spricht, von den anderen immer als markiert – als Verweis darauf, dass man entweder zu denen gehört, die sich überangepasst und von den eigenen Leuten entfremdet haben, oder zu denen, die sich der Metropole verweigert und ihre Chance nicht genützt haben.

Sprachwechsel als Verlusterfahrung

Dass das Aufgeben oder Verlorengehen von Erstsprachen als schmerzlicher Verlust erfahren werden kann, wird durch eine Vielzahl autobiografischer und literarischer Zeugnisse, wie das besprochene von Aharon Appelfeld, dokumentiert. Thematisiert wurde diese Frage indessen bisher stärker aus psychoanalytischer als aus linguistischer Perspektive. Als Psychoanalytikerin und Linguistin, aber auch aus dem eigenen Erleben der Auswanderung von Bulgarien nach Frankreich nähert sich Julia Kristeva (1990) dieser Frage in einem mit „Tokkata und Fuge für den Fremden“ überschriebenen poetischen Text an. In eine neue Sprache einzutreten werde, so Kristeva, zunächst oft als Befreiung erlebt, als werde man „der Zügel der Muttersprache beraubt“, auf der familiäre Verbote lasten (ebd.: 26). Das neue, begehrte Idiom erweise sich aber bald als abweisend: Man wird immer als Fremder erkannt und erkennt sich selbst als solcher. Unter dem Zwang,

11 „Ja, mein Guter, du gehen Gang immer gerade, eins, zwei, drei, dann da“ (Übers. B. B.).

alles nur auf banale oder ungefähre Art sagen zu können, gerät der Fremde zwischen zwei Sprachen, er zieht sich in das zurück, was Kristeva das Schweigen des Polyglotten nennt: „Weigerung zu sprechen, Halbschlaf, der mit einer Angst verbunden ist, die stumm bleiben will [...]." Die nicht mehr gesprochene Muttersprache trage der Fremde in sich „wie eine geheime Gruft oder wie ein behindertes Kind, geliebt und unnütz" (ebd.: 24).

In eine ähnliche Richtung gehen Arbeiten des Psychoanalytikers Jacques Hassoun, der in jungen Jahren in Ägypten als jüdischer Marxist inhaftiert wurde und anschließend nach Frankreich ins Exil ging. In seinem Buch „Schmuggelpfade der Erinnerung" (Hassoun 2003) setzt er sich, teilweise anhand klinischer Fallbeschreibungen, damit auseinander, wie Migrant*innen der ersten und mehr noch der zweiten Generation sich gegenüber überlieferten Zugehörigkeiten positionieren, wobei er der Sprache eine zentrale Stellung einräumt. Die Frage der Überlieferung, so Hassoun, taucht immer dann auf, wenn es in einer Gruppe oder Gesellschaft zu Brüchen kommt (ebd.: 10). Die Situation der im Exil Geborenen sieht er von unterschiedlichen Parametern bestimmt: Ausgestoßen aus einer Heimat, die zum Mythos geworden ist, eingesperrt im Fantasieraum gescheiterter elterlicher Projekte und Träume, konfrontiert mit exorbitanten Forderungen nach Zugehörigkeitsbeweisen bei gleichzeitiger Ablehnung, erleben sie sich selbst als suspekt (ebd.: 29f.). Sie stehen vor dem Dilemma, entweder sich Generationen überspringend mit der Tradition der Vorfahren zu identifizieren, um die Trennung ungeschehen zu machen, oder sich für die Diskontinuität zu entscheiden, sich das Trauern und das Erinnern zu versagen, was umso unerwarteter als Schmerz hervorbrechen kann (ebd.: 41). Als Analytiker Lacan'scher Prägung weist Hassoun der Sprache, in der sich die Trennung des Kindes von der Mutter vollzieht, zentrale Bedeutung bei: Die vergessene, die versinkende Sprache der im Exil Geborenen lebt, ohne eine Verbindung mit der Umgangssprache einzugehen, im Untergrund fort, als eine Art ortlose, atopische Projektionsfläche zwanghafter Idealisierungen. Demgegenüber plädiert Hassoun für die List, die verdrängte Sprache auf Schmuggelpfaden aus dem Untergrund herauszuführen, um den Purismus und die Rigidität des Französischen durch eine neue Schreibweise, einen neuen Stil zu subvertieren (ebd.: 39).

Die heutigen globalen Migrationsprozesse zeitigen individuell höchst komplexe und widerspruchsvolle Muster der Sozialisation, der Kontinuität bzw. Diskontinuität zwischen den Generationen und der Möglichkeit zu Identifikationen (Bründl 2005: 8). Mit der Migration verbundene kulturelle und sprachliche Herausforderungen können, besonders wenn sie vor dem Hintergrund traumatischer Erfahrungen auftreten, Auslöser verschiedener Ängste und psychosomatischer Erkrankungen werden. Erschwert wird die Situation, wie der Traumatherapeut Klaus Ottomeyer (2011: 135) betont, durch Diskriminierungen und Schikanen, die im Land der Einwanderung oder Zuflucht erfahren werden. Fortgesetzte Belastung und Unsicherheit in Bezug auf den Aufenthaltsstatus können auch das Bemühen, die Sprache der neuen Umgebung zu lernen, erheblich beeinträchtigen (Plutzar 2016).

In ihrem Buch „Mutterland Wort: Sprache, Spracherwerb und Identität vor dem Hintergrund von Entwurzelung" setzt sich Christiane Winter-Heider (2009) mit verschiedenen psychoanalytischen Konzeptionen von Sprache auseinander, um den Konnex zwischen Migrationserfahrungen und Spracherleben auszuloten. Eines der Themen, das sie am Beispiel eigener klinischer Erfahrungen mit jugendlichen Patient*innen anspricht, ist das der gegenüber anderen geheim gehaltenen Familiensprache. Aus psychotherapeutischer Warte geht Charlotte Burck (2005) in „Multilingual Living. Explorations of Self and Subjectivity" der Frage nach, wie Personen, die mit mehr als einer Sprache aufgewachsen oder die im Lauf ihres Lebens in eine sprachlich anders geartete Umgebung gekommen sind, sich als mehrsprachige Subjekte entwerfen. Auch in einigen der von ihr mit Erwachsenen durchgeführten Interviews werden frühere traumatische Migrations- und Verlusterfahrungen thematisiert. Viele der Interviewten hätten Bilder des Zwiespalts oder der Zweiheit *[doubleness]* benutzt, um ihre Sprachlichkeit zu charakterisieren (Burck 2005: 175ff.). Zu verweisen ist im Zusammenhang mit Sprachwechsel schließlich auf das Buch „Das Babel des Unbewussten. Muttersprache und Fremdsprachen in der Psychoanalyse" von Jacqueline Amati Mehler, Simona Argentieri und Jorge Canestri (2010), das zuerst Anfang der 1990er Jahre erschienen ist. Es gilt bis heute als Standardwerk zu Mehrsprachigkeit und Psychoanalyse. Mehrsprachigkeit wird in psychoanalytischen und psychotherapeutischen Arbeiten vor allem in zeitgeschichtlichen Zusammenhängen von Krieg, Verfolgung und Flucht ein Thema (Busch und Busch 2013).

In meiner eigenen Arbeit habe ich mich in den letzten Jahren intensiv mit dem Zusammenhang von traumatischem Erleben und Spracherleben, insbesondere im Zusammenhang mit Flucht und Migration, beschäftigt. Einen Überblick über die Bedeutung von Sprache(n) im traumatischen Geschehen und im posttraumatischen Prozess bieten ein Artikel in der Sondernummer „Flucht_Punkt_Sprache" der sprachwissenschaftlichen Zeitschrift OBST (Busch 2016) sowie die Sondernummer „Language and

Trauma" von Applied Linguistics (Busch und McNamara 2020). Ein mehrsprachiges Repertoire kann aber auch Ressourcen bereithalten, die helfen können, innere Abwehrkräfte zu stärken und im Sinne von Resilienz einzusetzen (Busch und Reddemann 2013, Busch 2020b).[12]

Mehrsprachigkeit als Ressource

Aharon Appelfeld (2005), aus dessen „Geschichte eines Lebens" bereits zu Beginn des Kapitels zitiert wurde, zeigt, wie er in dem posttraumatischen und sprachlosen Zustand, in dem sich der Vierzehnjährige nach dem Ende des Zweiten Weltkriegs und nach seiner Ankunft in Palästina befand, einen bemerkenswerten Weg wählte, um wieder zur Sprachlichkeit zurückzufinden: Er versetzt sich in Gedanken in die Bukowina seiner Kindheit und entwirft sie als eine durch uneingeschränktes Sprachvermögen konstituierte Gegenwelt zur Sprachlosigkeit seiner Gegenwart. Er ruft sich deutsche Wörter in Erinnerung, die im Mund seiner Mutter wie „exotische Glasglöckchen" (Appelfeld 2008: 27) klangen, das Jiddisch der Großmutter, das den Geschmack von Kompott aus Trockenpflaumen hatte.

> *Vier Sprachen umgaben uns, lebten in uns auf merkwürdige Weise zusammen und ergänzten sich. [...] Die Wörter aus den uns umgebenden vier Sprachen flogen uns zu, ohne dass wir es merkten, und bildeten ein Sprachengemisch, das ungeheuer reich an Schattierungen, Gegensätzen, Humor und Ironie war. In dieser Sprache gab es viel Raum für Empfindungen, feinste Gefühlsnuancen, für Phantasie und Erinnerung. (Ebd.: 27 f.)*

Spontan tut der junge Aharon, was in der Situation vermutlich am hilfreichsten ist: Er mobilisiert innere Widerstandskräfte, indem er sich in die Kindheit zurückimaginiert, Kontakt mit dem „inneren Kind" (Reddemann 2001: 112) aufnimmt und mit der damaligen Sprachumgebung verbundene synästhetische Wahrnehmungen evoziert, die ihm die Vorstellung eigener Sprachmacht vermitteln. Interessanterweise ruft Appelfeld sich nicht die Muttersprache als etwas Monolithisches, Homogenes in Erinnerung, sondern als ein in sich differenziertes, heterogenes Sprachengemisch, aus dem man unbeschwert schöpfen kann, um zu interagieren und Bedeutung zu schaffen. Solche Prä-Babel-Fantasien, die ein in der frühen Kindheit

---

12 Das interdisziplinäre Projekt „Mehrsprachigkeit, Trauma und Resilienz", durchgeführt von Martin Aigner, Brigitta Busch und Luise Reddemann, siehe http://heteroglossia.net/Resilienz-und-Mehrsprachigkeit.121.0.html

angesiedeltes Verstehen- und Sich-verständigen-Können trotz unterschiedlicher Sprachen evozieren, lassen sich in Sprachbiografien nicht selten gerade im Kontext konflikthaften Spracherlebens finden (Busch 2010a). „Heute leben diese Sprachen nicht mehr in mir", fährt Appelfeld (2008: 27f.) fort, „doch ich spüre ihre Wurzeln. Manchmal genügt ein einziges Wort, um wie mit einem Zauberspruch Bilder, ja Szenen wachzurufen."

Im Fall von Aharon Appelfeld verläuft die Aussöhnung mit der neuen Sprache, dem Hebräisch, das ihm zur Sprache seines Schreibens wird, über einen Umweg: Auf der Universität inskribiert er das Fach Jiddisch. Diese Sprache, die im damaligen Israel über keinerlei Prestige verfügt, wird ihm dabei helfen, den Graben zwischen seiner alten und seiner neuen Sprachwelt zu überbrücken. Erst indem er das Judentum und mit ihm die hebräische Sprache als etwas in sich Plurales, Fragmentiertes begreifen lernt (ebd.: 32ff.), vermag er sich der Welt gegenüber wieder zu öffnen. So kann Aharon Appelfelds Erinnerungstext auch als Argument gelesen werden, wie simplifizierend und wenig zielführend es ist, komplexe heteroglossische Repertoires auf simple Dichotomien wie jene zwischen Herkunftssprache und Zielsprache, zwischen Erstsprache und Zweitsprache, zwischen Minderheiten- und Mehrheitssprache reduzieren zu wollen.

1.5.2 „Wenn ich in einer Sprache bin, habe ich immer die andere auch im Blick" – Subjektpositionen und Sprachideologien

In diesem Kapitel geht es um den Zusammenhang von Sprachen und Identitätskonstruktionen. Den Ausgangspunkt bildet wieder ein Sprachenporträt, diesmal eines, das von einem Mann um die fünfzig gezeichnet und erläutert wurde, den wir im Folgenden Pascal nennen. Sein Sprachenporträt, das im Rahmen eines Workshops mit Lehrer*innen aus dem saarländisch-lothringischen Grenzgebiet entstand, habe ich hier ausgewählt, weil darin besonders deutlich wird, welche Macht Sprachideologien ausüben können, durch welche Sprecher*innen in nationale Kategorien eingeteilt und an nationale Identitäten gebunden werden. Mit dieser Thematik schlagen wir bereits den Bogen zum zweiten Teil des Buches, in dem es um Diskurse über Sprache und Sprechen gehen wird. Pascals Sprachenporträt wird ein zweiter Text gegenübergestellt: „Die Einsprachigkeit des Anderen" *[Le monolinguisme de l'autre]* von Jacques Derrida (1997).

Abbildung 3: Pascals zweigeteiltes Sprachenporträt (Farbdarstellung im Anhang)

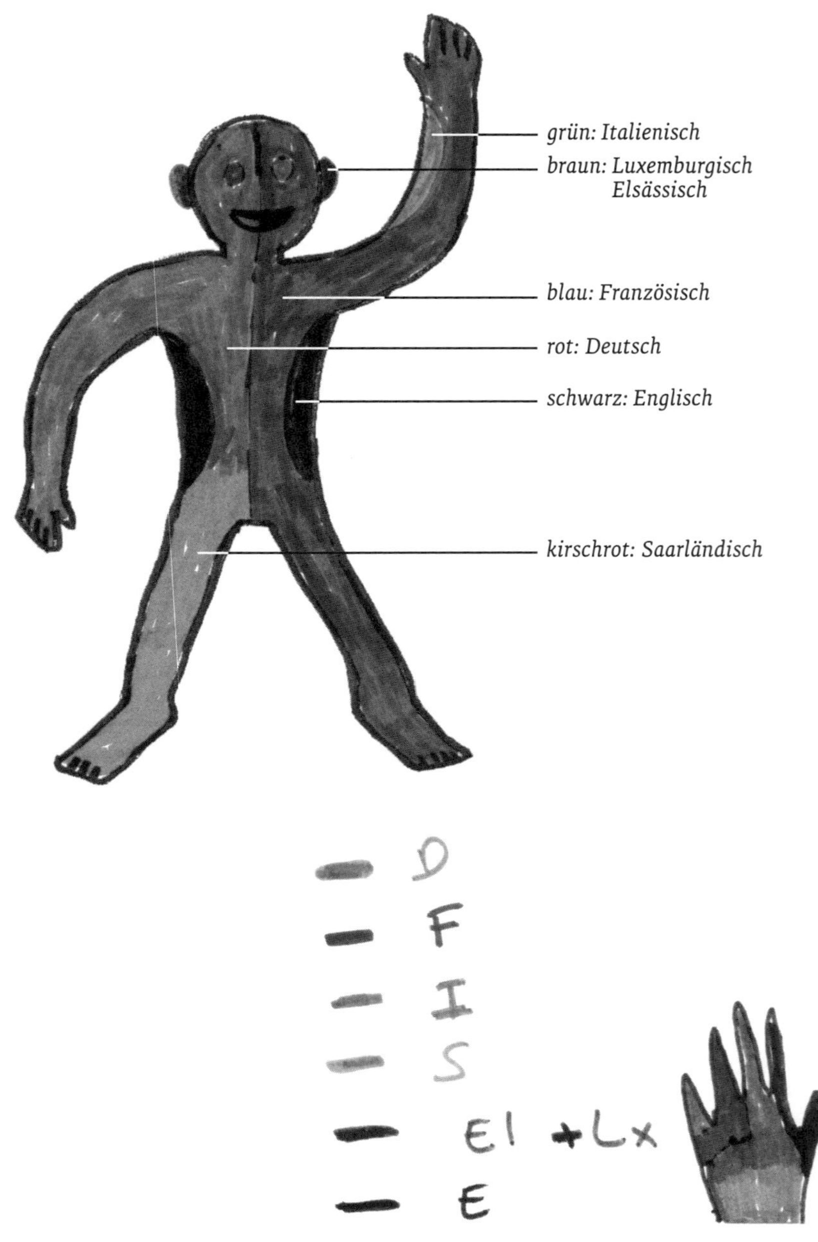

Konkurrierende Konstruktionen nationaler Identität

Pascals Sprachenporträt wird von den zwei Farben Rot und Blau dominiert, wodurch der Körper in der Mitte in zwei Hälften geteilt wird. Dem vorgegebenen Körperumriss hat er zwei Ohren sowie am unteren Bildrand eine Hand beigefügt (siehe Abbildung 3). Seine Erläuterung des Bildes beginnt er so:

> *Was ich bei dieser Zeichnung zeichnen wollte: Blau ist halt die Farbe für Frankreich, Französisch, ich bin halt Franzose. Aber nicht soo gern, obwohl ich dort lebe, wie ich/ wie meine andere Hälfte, also Saarländisch-Deutsch.*

Damit eröffnet er ein erstes Themenfeld: das Gefühl, zwei konkurrierenden, einander ausschließenden nationalen Identitätsdiskursen unterworfen zu sein. Die Zweiteilung der Zeichnung, die auf einen Konflikt deutet, wird durch ein blaues Auge in der roten und ein rotes Auge in der blauen Hälfte durchbrochen:

> *Und es überkommt doch einem oft, man ist doch nie wirklich – das eine oder das andere. Und selbst, wenn ich jetzt Franzose bin, in Frankreich, so hab ich doch immer ein deutsches AUGE. Und seh nicht nur auf die anderen, sondern auf mich selbst auch. Wenn ich jetzt in Deutschland bin, so wie heute, so überkommt es mich doch auch, überfällt es mich, das ist wie ein Reflex, der Franzose in mir wehrt sich doch auch. [...] Wenn ich in der einen Sprache bin, habe ich immer die andere auch im Blick. Es ist nie so scharf getrennt. [...] Auch die anderen haben einem immer im Blick.*

Pascal sieht sich als zweisprachig, seine beiden Sprachen versteht er als Nationalsprachen, die ihm unterschiedliche Identitäten zuweisen. Dennoch ist die jeweils andere Sprache, die Sprache des Anderen, immer kopräsent – im Sichbeobachten, im Beobachten anderer und im Beobachtetwerden. Pascal stellt sich als jemand dar, der zwei Sprachwelten angehört, aber nie ganz. Etwas bleibt immer fremd und als solches suspekt.

Pascals Geschichte ist eine Grenzgeschichte, eng verwoben mit der wechselhaften Geschichte des Saarlandes im 20. Jahrhundert, dessen staatliche Zugehörigkeit zu Deutschland oder Frankreich nach beiden Weltkriegen über lange Jahre umstritten war. Pascals Mutter ist Saarländerin, sein Vater ist bei der Geburt des Kindes als französischer Soldat im Saarland stationiert und wird bald darauf nach Algerien versetzt. Als er nach drei Jahren von dort zurückkommt, erkennt ihn der Sohn nicht und versteht auch seine Sprache nicht. Wiederholt wechselt die Familie in den folgenden Jahren zwischen Deutschland und Frankreich hin und her, jedes Mal verbunden mit einem neuerlichen Wechsel der Sprachumgebung. In Deutschland wird Pascals Mutter die Verbindung zu einem fremden

Soldaten vorgeworfen, in Frankreich dem Vater seine Beziehung zu einer *boche*.[13] Schließlich zieht die Familie nach Frankreich, die Mutter spricht mit Pascal weiter deutsch, andere Kinder machen sich oft über ihn lustig: *„J'étais toujours le fils de la boche"*[14], sagt er, wobei er in dem auf Deutsch geführten Gespräch für diesen Satz ins Französische wechselt.

Mit achtzehn Jahren stellt sich für Pascal die Frage, für welche Staatsbürgerschaft er optieren wird. Er muss seinen Militärdienst leisten und er will den Lehrerberuf ergreifen. Beides zwingt ihn, sich in den Dienst eines Staates zu stellen, sich als dessen Subjekt zu bekennen. Seine Hoffnung, die doppelte, französisch-deutsche Staatsbürgerschaft annehmen zu können und damit eine Anerkennung seines bilingualen Selbstverständnisses zu erreichen, scheitert – trotz der von Kanzler Schmidt und Präsident Giscard d'Estaing proklamierten deutsch-französischen Freundschaft – an der damaligen Gesetzeslage in Frankreich. Pascal wird Franzose, anerkannt und zugleich verkannt:

> *Und da hätte ich fast binational werden können, das war mein großer Traum, da wollte ich Deutsch-Franzose werden. [...] Aber bei den Franzosen hat's geheißen „non, vous devez choisir"*[15]*. Das war, das ist bis jetzt meine größte Frustration geblieben.*

Nach Rudolf de Cillia und Ruth Wodak (2009) werden nationale Identitäten sowohl diskursiv hergestellt als auch durch institutionelle oder sozioökonomische Strukturen definiert. Eine wichtige Strategie in Diskursen über nationale Identität ist das Postulieren „innernationaler Gleichheit beziehungsweise Differenz zu anderen Nationen" (Wodak et al. 1998: 485). Die Staatsbürgerschaft ist eines der Mittel, um die Trennung von Innen und Außen zu institutionalisieren: „Ein Teil der diskursiven Praxis gerinnt zu Gesetzen. Als institutionell verfestigte diskursive Praxis setzen Gesetze einen verbindlichen rechtlichen Rahmen für die Praxen der politischen Inklusion und Exklusion von Personen." (Ebd.: 70f.)

Die Einsprachigkeit des Anderen

In „Die Einsprachigkeit des Anderen" untersucht der Philosoph Jacques Derrida an seinem eigenen ‚Fall', durch welche Mechanismen der Macht er als ein sprechendes Subjekt konstituiert wurde, das von sich sagt: „Ich

---

13 Französisches Schimpfwort für Deutsche.
14 Dt.: „Ich war immer der Sohn der *boche*."
15 Dt.: „Nein, Sie müssen wählen."

habe nur eine Sprache, und es ist noch nicht einmal meine." (Derrida 1997: 15) In einem ersten Schritt charakterisiert er seine Sprachgeschichte als einen doppelten Ausschluss, eine zweifache Untersagung. Als Kind einer jüdischen Familie in Algerien wächst er einzig mit der Sprache der französischen Kolonialherren auf, weil er „um jede Sprache gebracht ist und er keine andere Zuflucht mehr hat – weder das Arabische noch das Berberische, noch das Hebräische, noch irgendeine andere Sprache, die seine Vorfahren gesprochen haben" (ebd.: 34). So ist seine Einsprachigkeit zunächst eine vom Anderen durch koloniale Gewalt verordnete Einsprachigkeit, „die immer dazu tendiert, die Sprachen auf das Eine und auf die Hegemonie des Homogenen zu reduzieren" (ebd.: 28). Das Französisch, das er spricht, sieht er dennoch nicht als seine Sprache. Es ist die durch Assimilation auferlegte Sprache, aus der er ausgeschlossen bleibt. Diesen Ausschluss erfährt er zur Zeit des Vichy-Regimes am eigenen Leib: Den algerischen Jüdinnen und Juden wird durch einen Staatsakt die französische Staatsbürgerschaft aberkannt, die ihnen zuvor kollektiv zuerkannt wurde. Er selbst wird aufgrund seiner jüdischen Herkunft aus der Schule ausgeschlossen. Darüber hinaus bleibt ihm, dem „Franco-Maghrebiner", einem mit Bindestrich, wie er betont (ebd.: 17), der Zugang zu einer eindeutigen Identifikation für immer versperrt. Als Sprache der Metropole kann Französisch für ihn nie mehr sein als eine Ersatzmuttersprache. Er wird nicht als ihr legitimer Sprecher anerkannt, sie bleibt die Sprache des Anderen – was, wie Derrida (ebd.: 36) ausführt, in einem weiteren Sinn auch für die Sprache insgesamt gilt.

Der zweite Schritt der Dekonstruktion, den Derrida in diesem Text skizziert, besteht darin, Spuren des Ausgeschlossenen wieder in die dominante Sprache einzuschreiben, sich die Sprache des Anderen anzueignen, indem man sie transformiert. Das Ausgeschlossene, dessen Nichtvorhandensein sich wie ein Phantomschmerz bemerkbar macht, wirkt Derrida (ebd.: 34) zufolge „als Begehren nach Rekonstruktion, nach Restauration, aber in Wirklichkeit als Begehren nach dem Erfinden einer *ersten Sprache [première langue]*, die vielmehr eine vorerste Sprache *[avant-première langue]*" ist. Diese Sehnsucht nach Aufhebung der ursprünglichen Entfremdung kann aggressivem Nationalismus ebenso den Boden bereiten wie „monokultureller Hegemonie". Demgegenüber plädiert Derrida dafür, der Heterogenität im scheinbar Homogenen Geltung zu verschaffen:

> *Weil es die vor-erste [avant-premier] Zeit der vorursprünglichen Sprache nicht gibt, muß man sie erfinden – und das ist eine andere Schrift. Vor allem aber muß man sie im Inneren der Sprachen, wenn man so sagen kann, schreiben. Man muß sie im*

Inneren der gegebenen Sprachen wachsen lassen. Für mich wird diese Sprache von der Geburt bis zum Tod das Französische gewesen sein. (Ebd.: 37)

Binäre Polarisierungen unterlaufen

Auch Pascal sucht nach Wegen, die Entweder-oder-Logik der zwei konkurrierenden Sprachideologien, die sein Spracherleben bestimmen, zu unterlaufen, und entwickelt eigene Strategien, um die Macht diskursiver Kategorien, die ihn zugleich vereinnahmen und ausgrenzen, zu dekonstruieren. In seinem Sprachenporträt weist er die Rolle des Agierens und Reagierens vor allem dem Mund zu, den er, ähnlich wie schon die Augen, spiegelverkehrt zu kolorieren versucht (siehe Abbildung 3). Das bedeute, sagt er,

> *dass ich dementsprechend auch reagieren kann, aktiv werden kann. Das heißt, ich kann auch mich selbst zum Beispiel bespötteln. Ich habe manchmal selbst auch Reaktionen in der einen oder anderen Kultur. Und dann versuch ich halt, das mit Distanz zu nehmen, denk dann, ja du hast jetzt reagiert, du hast überreagiert und die andere Hälfte von dir, die hätte das vielleicht anders gesehen. [...] Dann ist es oft sinnvoller halt, man hält halt den Mund.*

Pascal beschreibt hier zwei Formen des Reagierens: die ironische Distanznahme und das selbstauferlegte Schweigen. Beides dient ihm dazu, die Konstruiertheit der Kategorien, durch die er als ‚doppeltes' Subjekt definiert wird, in Frage zu stellen – einmal mit dem Mittel der Selbstkarikatur, einmal durch Verstummen, mit dem er sich jeder Zuordnung entzieht.

Die braunen Ohren, die er dem Körperumriss hinzugefügt hat, stehen für Luxemburgisch und Elsässisch, die er nach eigenen Angaben versteht, aber nicht spricht. Im Unterschied zu den Primärfarben, die er für Deutsch und Französisch gewählt hat, verwendet er dafür eine sekundäre Mischfarbe. Beides, Elsässisch und Luxemburgisch, sind Grenzsprachen, die sich in seiner Wahrnehmung der Polarität von Deutsch und Französisch entziehen. Sie bilden eine Art Dazwischen, zu dem er sich hingezogen fühlt: Nach der Schule studiert er im Elsass, er findet eine Lebensgefährtin, deren Familie aus Luxemburg stammt, er ergreift den Beruf eines Deutschlehrers, lässt sich in Frankreich unweit der Grenze zum Saarland nieder und ist bemüht, Deutsch an seine in Frankreich aufwachsenden Kinder weiterzugeben.

Auch Italienisch und Englisch sind Teil von Pascals sprachlichem Repertoire. Englisch, das er in der Schule gelernt hat, beschreibt er als schwarzes Korsett. Demgegenüber zeichnet er Italienisch mit grüner Farbe in die zum Gruß erhobene Hand. Diese Sprache, in der er sich mit

Händen und Füßen zu verständigen gelernt hat, assoziiert er nicht nur mit seiner ersten großen Ferienreise, sondern generell mit einem Raum, der sich jenseits der deutsch-französischen Polarisierung auftut. Und schließlich gibt es in Pascals Sprachenporträt eine weitere Farbe, die sich erst bei genauerem Hinsehen zu erkennen gibt: Die rote – deutsche – Körperhälfte ist nicht einheitlich eingefärbt, sondern in sich differenziert. Das im Bein eingezeichnete Kirschrot, sagt Pascal, steht für Saarländisch, eine Sprache der Vertrautheit, in der seine Mutter zu ihm gesprochen hat und die in ihm Erinnerungen an die frühe Kindheit wachruft: „meine glücklichste Zeit, ich war von Tanten umgeben und habe Saarländisch gesprochen". In der Schule wird das Saarländisch mit einem Verbot belegt, dort „durfte ich es nicht mehr sprechen und habe also Deutsch gelernt", das er an anderer Stelle als eine Fremdsprache bezeichnet. Das ‚verbotene' Saarländisch wird hier, ähnlich der phantomatischen vorersten Sprache, von der Derrida spricht, *ex negativo* zu einer idealisierten Sprache des Begehrens und der Vereinigung, die der Entzweiung voranging. Eine Entsprechung dazu ließe sich auch auf soziolinguistischer Ebene finden: Erst durch die Unterdrückung von Dialekten wie Saarländisch oder Elsässisch, die im Gebiet beiderseits der Grenze verstanden wurden, wurde die Staatsgrenze zu einer Sprachgrenze des gegenseitigen Nichtverstehens.

In der Darstellung seines sprachlichen Repertoires präsentiert sich Pascal nicht nur als jemand, der darunter leidet, dass er im Netz diskursiv konstruierter Sprachkategorien gefangen ist, sondern er bringt – wie das in Sprachenporträts multilingualer Sprecher*innen häufig der Fall ist – das Bestreben zum Ausdruck, diese binären Kategorien zu unterlaufen und aufzuweichen. Er findet dafür eine Reihe entlastender, wenn man so will, dekonstruierender Strategien: distanzierende Ironie und Selbstironie, selbstgewähltes Schweigen und vor allem das Begehren nach einem Sprechen, das sich der deutsch-französischen Polarisierung entzieht – einer Sprache *dazwischen* (Elsässisch, Luxemburgisch), einer Sprache *jenseits* davon (Italienisch) oder einer Sprache *davor* (das Saarländisch der frühen Kindheit). In der ausgestreckten Hand, die Pascal am unteren Bildrand hinzugefügt hat, sind alle Farben, die er gewählt hat, vereint. Gewissermaßen miteinander versöhnt, dienen sie, wie er erklärt, als Ressourcen der Interaktion:

> *Man wird ja nur zum Menschen, wenn man in einem Umfeld mit anderen Menschen lebt, sonst ist man/ sonst könnte man ja keine Sprache gebrauchen für die Kommunikation. [...] Damit wollte ich zeigen, dass ich mich in den verschiedenen Sprachen mehr oder weniger gut äußern kann, je nachdem, wie er oder sie mich anspricht.*

Deutlich wird sowohl in Pascals Sprachenporträt als auch in Derridas Darstellung seiner Spracherfahrung, dass das sprachliche Repertoire nicht als bloß synchrones Nebeneinander verschiedener Sprachen und Sprechweisen begriffen werden kann, über die eine Sprecherin oder ein Sprecher in einem gegebenen Moment verfügt. Die Art, wie Menschen sich selbst als sprechende Subjekte wahrnehmen, kann wesentlich von spezifischen Momenten geprägt sein, in denen sie die definitorische Macht politischer Kategorisierungen erfahren haben, Momente, in denen sie sich selbst als von diskursiven Konstruktionen der Zugehörigkeit oder Nichtzugehörigkeit fremdbestimmt erlebt haben. Für Pascal war ein solcher Moment zum Beispiel das Verwehren der doppelten Staatsbürgerschaft zur Zeit der Präsidentschaft von Giscard d'Estaing, für Derrida die Aberkennung der französischen Staatsbürgerschaft durch das Vichy-Regime. Wenn man von einer zeiträumlichen, chronotopischen Schichtung des sprachlichen Repertoires spricht (siehe Kapitel 1. 2), muss man sich bewusst sein, dass jede Zeit und jeder Raum, in denen Spracherleben stattfindet, mit spezifischen, historisch und räumlich lokalisierbaren Diskursen und Formen der Macht verknüpft ist.

2 Sprachideologien – eine Diskursperspektive

Kapitel 1 hat zur Sprache gebracht, in welchem Ausmaß Einstellungen, die Sprecher*innen zu ihren sprachlichen bzw. kommunikativen Ressourcen oder zu Sprachen anderer entwickeln, von sprachideologischen Vorstellungen beziehungsweise von Diskursen über Sprache und Sprachlichkeit geprägt werden. Selbst die Art und Weise, in der sie sich selbst als sprechende Subjekte wahrnehmen und wie sie ihr eigenes sprachliches Repertoire bewerten, orientiert sich in einem hohen Grad an gängigen Ideologien und Diskursen. Daher werden metasprachliche Diskurse und Sprachideologien thematisiert, wenn es beispielsweise um Sprachwahl in konkreten Interaktionssituationen (Li 2011: 1124), um Fragen von Spracherhalt und Sprachaufgabe (Lanza und Svendsen 2007: 11) oder um Wahrnehmungen und Bewertungen von sprachlichen Ressourcen geht (Gal 2005: 15). Sprachideologien lassen sich in metalinguistischen bzw. metapragmatischen Diskursen, in Spracheinstellungen, in Sprachpraktiken oder in der raumspezifischen Reglementierung von Sprachgebrauch (Sprachregime) festmachen. Kapitel 3 wird sich damit beschäftigen, welche sprachlichen Praktiken für bestimmte soziale Räume charakteristisch sind und wie sprachliche Praktiken dazu beitragen, solche Räume zu schaffen. Auch in dieser Betrachtung wird Sprachideologien und Diskursen über Sprache eine zentrale Rolle zukommen, denn sie geben die (in Form von Gesetzen oder Sprachregelungen) niedergeschriebenen Regeln ebenso wie die ungeschriebenen (auf Konventionen oder Machtverhältnissen beruhenden) und deswegen nicht minder wirksamen Regeln vor, nach denen sprachliche

Interaktionen verlaufen sollen, die dem jeweiligen Raum entsprechend als ‚normal' und adäquat gelten. Dem vorliegenden Kapitel fällt gewissermaßen die Aufgabe zu, die Verbindung zwischen den sprechenden Subjekten mit ihrem je eigenen Sprachrepertoire auf der einen Seite und den sozialen Räumen mit ihren je eigenen Sprachregimen auf der anderen Seite herzustellen. Während es verhältnismäßig leicht fällt, sich sprechende Menschen und Orte, wo gesprochen wird, vorzustellen, sind Ideologien und Diskurse abstrakte Begriffe, die nicht ohne Weiteres zu ‚begreifen' sind, zumal sie ihre Macht nicht zuletzt dem Umstand verdanken, dass sie den Anschein von Offensichtlichkeit und Selbstverständlichkeit wecken. Louis Althusser (2008 [1970]: 47) zufolge ist es ein Spezifikum der Ideologie, etwas unbemerkt als Evidenz zu etablieren, die anzuerkennen wir nicht umhinkommen, da sie ja evident zu sein scheint. Sprache ist nicht nur in der Lage, Ideologien zu produzieren und zu transportieren, sie kann, wenn sie dem lebendigen Dialog entzogen und so gewissermaßen heiliggesprochen und eingefroren wird (Bakhtin 1986b), selbst zu einer ideologischen Kategorie werden.

Die kritische Analyse von Diskursen setzt also bei dem an, was als so selbstverständlich erscheint, dass es sich auf den ersten Blick nicht in Zweifel ziehen lässt, und sie macht, wenn sie ernsthaft betrieben wird, auch vor dem, was das eigene Denken leitet, nicht Halt.

Ein zentrales Anliegen der Beschäftigung mit Sprachideologien, um die es in diesem Kapitel geht, ist es von daher, die Grundannahmen und etablierten Lehrmeinungen der eigenen sprachwissenschaftlichen Disziplin selbstreflexiv in Frage zu stellen. Das betrifft zum Beispiel die Annahme, wonach Monolingualismus als Normalfall, Mehrsprachigkeit als Sonderfall zu betrachten sei, eine sich hartnäckig haltende Position, die als monolingualer Habitus seit einiger Zeit einer kritischen Revision unterzogen wird. Dies ebenso wie die Tendenz, Sprachen nicht mehr als voneinander klar abgrenzbare Einheiten zu sehen, deuten darauf hin, dass in der Mehrsprachigkeitsforschung ein Paradigmenwechsel im Gang ist. Als wissenschaftliches Paradigma gelten nach Thomas S. Kuhn allgemein anerkannte wissenschaftliche Leistungen, die für eine gewisse Zeit einer Gemeinschaft von Fachleuten sowohl maßgebende Problemstellungen als auch Lösungen liefern. Ein Paradigma gibt vor, was in einer Disziplin zu einem gegebenen Zeitpunkt als die „normale Wissenschaft" (Kuhn 1976: 25) gilt. Ganz ähnlich versteht Michel Foucault (1977) die Wissenschaftsdisziplin als ein Kontrollprinzip der Produktion des Diskurses, das die jeweils gültigen Grenzen absteckt, innerhalb derer Aussagen den Anspruch erheben können, als erlaubt, normal und wahr zu gelten: „Es ist immer möglich, daß man im Raum eines wilden Außen die Wahrheit sagt; aber im Wahren ist man nur, wenn man den Regeln einer diskursiven ‚Polizei' gehorcht, die man in jedem seiner Diskurse reaktivieren muß." (Foucault 1977: 25)

Die zunehmend an Bedeutung gewinnende Forschung zu Sprachideologien nährt sich wissenschaftshistorisch gesehen aus zwei Wurzeln: einer kulturanthropologisch geprägten amerikanischen (Kapitel 2.1) und einer ideologiekritisch und diskursanalytisch orientierten europäischen (Kapitel 2.2). Beide Stränge können dem übergeordneten Paradigma interpretativer sozial- und kulturwissenschaftlicher Zugänge zugerechnet werden, und auch ohne von denselben Prämissen auszugehen, befruchten sie sich in der wissenschaftlichen Praxis wechselseitig.

Nach diesem theoriehaltigen Einstieg geht es in diesem Teil des Buchs mit Beispielen aus der Praxis weiter, indem Sprachideologien ‚in Aktion' untersucht werden, also so, wie sie sich im Terrain als Sprachenpolitiken manifestieren und materialisieren. Ob es um Kategorisierungen von und mittels Sprache geht (2.3.1), um das historische Konstrukt ‚Nationalsprache' (2.3.2), um sprachliche Hierarchien, wie sie durch den Kolonialismus etabliert wurden (2.3.3), um die Instrumentalisierung von Sprache als Kriterium für Zugang zu oder Ausschluss von Rechten (2.3.4) oder um die Frage, wie Sprachenrechte zeitgemäß konzipiert werden können (2.3.5), immer wird es auch darum gehen, lange Zeit dominante Grundannahmen der eigenen sprachwissenschaftlichen Disziplin einer kritischen Prüfung zu unterziehen.

2.1 Zum Konzept ‚Sprachideologien'

Im Zusammenhang mit quasi unhinterfragten Annahmen über Sprache wird manchmal auch der Begriff des Mythos verwendet, so von Charles Ferguson (1983: vii), der von „the linguistic set of professional myths about language" spricht, oder später von Alan Davies (2003), der sich mit dem Mythos des *native speaker* beschäftigt. Ein wichtiger ideologiekritischer Impuls kommt von der Kritischen Diskursanalyse (CDA), die sich unter anderem damit auseinandersetzt, wie nationale oder ethnische Identitäten diskursiv konstruiert (z. B. Wodak et al. 1998) oder wie diskriminierende und rassistische Diskurse produziert und reproduziert werden (z. B. van Dijk 1991; Reisigl und Wodak 2001). In beiden Fragestellungen spielen Diskurse über Sprache(n) eine Rolle, sei es als Element von Identitätskonstruktionen, sei es als Rechtfertigung für Ausgrenzungen und Ausschlüsse. Expliziter mit metasprachlichen und metapragmatischen Diskursen, sowohl in der wissenschaftlichen Diskussion als auch in öffentlichen Debatten, setzt sich aus diskurslinguistischer Warte Jürgen Spitzmüller (2005 und 2019) auseinander.

Der Beginn einer systematischen Beschäftigung mit Sprachideologien in der amerikanischen *Linguistic Anthropology* wird im Allgemeinen mit dem Beitrag von Michael Silverstein (1979) „Language structure and linguistic ideology" angesetzt. Er definiert Sprachideologien als „sets of beliefs about language articulated by users as a rationalization or justification of perceived language structure and use" (Silverstein 1979: 193) und versteht sie als eine selbstreflexive, metapragmatische Ebene, die in jeder sprachlichen Handlung präsent ist: Indem Sprecher*innen Sprache verwenden, setzen sie sich indexikalisch zu sozialen Kontexten in Bezug bzw. stellen solche sozialen Bezüge her. Silversteins Verständnis von Sprachideologie hat eine konzeptuelle und methodologische Basis gelegt, die für die Sprachideologieforschung bis heute maßgebend ist. Sein Zugang zeichnet sich dadurch aus, dass er Sprachideologien konzeptuell von beobachtbaren Strukturen der Sprache und ihrer Verwendung unterscheidet, nicht als losgelöstes ‚Hirngespinst', sondern als dem kontextualisierten Sprechen inhärent (für eine ausführlichere Diskussion siehe Busch 2019).

Arbeiten, die sich mit Sprachideologien auseinandersetzen, liegen, wie Kathryn Woolard (1998) in einem Überblicksartikel ausführt, unterschiedliche Konzepte von Ideologie zugrunde, die von „neutral" bis „kritisch" reichen: Im neutralen Verständnis werden Ideologien als kulturell bedingte Weltsichten verstanden, im kritischen als Strategien der Verschleierung und Legitimierung von sozialer Ungleichheit. Gemeinsam ist den unterschiedlichen Konzepten, dass Sprachideologien als soziohistorisch bedingt verstanden werden und dass ein Forschungsinteresse der Frage gilt, wie sie mit gesellschaftlichen Strukturen verknüpft sind.

Überblicksartikel stammen von Paul Kroskrity (2010, 2005), der darauf verweist, dass Ideologien von einem marginalen zu einem zentralen Thema innerhalb der angewandten Sprachwissenschaft geworden sind. Kroskrity (2005: 4) insistiert, dass Sprachideologien immer im Plural zu sehen sind, weil es sich um ein Cluster-Konzept handelt, in dem gleichzeitig unterschiedliche Dimensionen zusammenwirken. Um diese Dimensionen herauszuschälen und analytisch zu betrachten, schlägt er vier einander überlappende Ebenen vor:

1) Sprachideologien repräsentieren eine Sichtweise auf Sprache und Diskurs, die im Interesse einer bestimmten sozialen oder kulturellen Gruppe konstruiert ist. Was innerhalb einer Gruppe als wahr, moralisch richtig oder ästhetisch gefällig erscheint, ist oft an politisch-ökonomische Interessen gebunden. Sprache dient als Feld, auf dem solche Wertungen und Interessen verfolgt, geschützt und legitimiert werden. Kroskrity bezieht sich dabei unter anderem auf Rosina Lippi-Greens (1997) Buch „English with an Accent: Language, ideology, and discrimination in the United States", in dem sie sich mit der Standardsprachideologie auseinandersetzt. Sie definiert sie als

   a bias toward an abstracted, idealized, homogenous spoken language which is imposed and maintained by dominant block institutions and which names as its model the written language, but which is drawn primarily from the speech of the upper, middle class. (Lippi-Green 1997: 64, zit. nach Kroskrity 2005: 5)

   Lippi-Green spricht dabei von einem Sprachunterwerfungsprozess, der zu einer Mystifizierung führt, wodurch Standardsprachen aufgewertet und Nichtstandardformen abgewertet werden.

2) Sprachideologien müssen als multipel begriffen werden, weil auch innerhalb einer soziokulturellen Gruppe unterschiedliche soziale Zugehörigkeiten wie Klasse, Gender oder Elite unterschiedliche Perspektiven auf Sprache hervorbringen können, die oft als Indices für Gruppenzugehörigkeit wirksam werden. Als Beispiel für eine Debatte, in der divergierende ideologische Perspektiven auf Sprache und Diskurs aufeinandertreffen, führt Kroskrity eine Untersuchung von Alexandra Jaffe (1999) an, die sie unter dem Titel „Ideologies in Action: Politics on Corsica" publiziert hat. Sprachaktivist*innen setzten auf eine Aufwertung des Korsischen, nachdem jahrzehntelang die französische Politik darauf abgezielt hatte, das Korsische zurückzudrängen. Unter Sprachaktivist*innen kam es aber zu einem Streit, ob die Übersetzung von Werken der französischen Literatur ins Korsische dazu geeignet wäre, das Korsische zu stärken. Die einen vertraten die Position, dass dies zu einem Ausbau und einer Aufwertung der Sprache führen könne, die anderen vertraten die gegenteilige Position und sahen in der Übersetzung von französischen Werken die Fortschreibung einer von Frankreich kolonialisierten Identitätspolitik.

3) Bis zu welchem Grad Sprachideologien bewusst werden, hängt Kroskrity zufolge einerseits von den einzelnen Mitgliedern einer Gruppe ab, andererseits vom Typus der Räume, in denen Ideologien produziert und kommentiert werden. Je umstrittener eine Sprach-

ideologie ist, umso mehr tritt sie ins Bewusstsein, während solche, die in hohem Maß unumstritten, ‚naturalisiert' und dominant sind, vor allem in verinnerlichten Sprachpraktiken zum Ausdruck gebracht werden. Stärker als zum Beispiel in familialen Räumen, wo Sprachideologien eher implizit produziert und reproduziert werden, treten diese in institutionalisierten Räumen wie Gerichten oder Schulen, wo Sprache zu einem Gegenstand der Verhandlung werden kann, nicht nur implizit, sondern auch explizit und mit Metakommentaren versehen ins Bewusstsein. Bewusstsein ist auch abhängig von sprachlichen Phänomenen, auf die Bezug genommen wird. So machen ‚Lai*innen' Theorien über Sprache und Sprachgebrauch eher am Lexikon fest, an Hauptwörtern, die Dinge benennen, als an anderen grammatikalischen Formen. Die in der Linguistik diskreditierten *folk beliefs*, die Vorstellungen von Lai*innen über Sprache, rücken damit verstärkt ins Zentrum des Interesses und werden als potenzieller Faktor für Sprachwandel erkannt.

4) Sprachideologien vermitteln zwischen sozialen Strukturen und Sprechweisen. Mit Hilfe von Ideologien verknüpfen Sprecher*innen ihre soziokulturellen Erfahrungen mit sprachlichen und diskursiven Ressourcen, indem sie einen indexikalischen Verweis herstellen zwischen bestimmten Formen des Sprachgebrauchs und bestimmten Arten, gesellschaftliche Beziehungen zu erfahren und wahrzunehmen. Kroskrity verweist dabei auf ein von Judith Irvine und Susan Gal (2000) entwickeltes, semiotisch inspiriertes Instrumentarium, mit dem sich Muster sprachideologischer Interpretationen von gruppen-, raum- und zeitbezogener sprachlicher Variation identifizieren lassen, die sowohl auf der Ebene sprachlicher Unterscheidung als auch auf jener der Sprachbeschreibung wirksam werden.

Sprachideologische Strategien

Dieses Instrumentarium beschreiben Judith Irvine und Susan Gal (2000) in ihrem Beitrag „Language Ideology and Linguistic Differentiation". Sie unterscheiden drei sprachideologische Strategien, die zur Anwendung kommen: *iconization, fractal recursivity* und *erasure*. Unter Ikonisierung *[iconization]* verstehen sie, dass bestimmte sprachliche Erscheinungen als Verbildlichung von Eigenschaften, die Gruppen zugeschrieben werden, interpretiert werden. So haben europäische Linguist*innen im 19. Jahrhundert die für Khoisprachen im südlichen Afrika charakteristischen Klicklaute nicht als phonologische Einheiten betrachtet, sondern rassistischen Theorien folgend als tierische Laute interpretiert.

Fraktale Rekursivität *[fractal recursivity]*, ein aus der Mathematik entlehnter Begriff, bezeichnet die auf über- bzw. untergeordneten Ebenen wiederkehrende Erzeugung von Selbstähnlichkeit. Irvine und Gal verstehen darunter die Projektion eines Gegensatzpaares, das auf einer Ebene, zum Beispiel in der Beziehung zwischen Gruppen, wirksam wird, auf eine andere, also zum Beispiel auf Beziehungen innerhalb einer Gruppe. Als Beispiel dient ihnen ein Erklärungsversuch, wie Klicklaute aus den Khoisprachen in die Ngunisprachen Eingang gefunden haben. Angenommen wird, dass Klicklaute, die in den phonologischen Registern der Sprachen der Welt selten vorkommen, auch den in das Khoi-Siedlungsgebiet eingewanderten Sprecher*innen von Bantusprachen fremd waren. Vieles spricht dafür, so Irvine und Gal, dass die Klicklaute von den Eingewanderten nicht nur als fremd wahrgenommen, sondern von ihnen sprachideologisch als Marker für Fremdheit bzw. Distanz identifiziert wurden. In der Folge wurden sie zunächst in das Respektregister der eigenen Sprache transponiert, um ehrerbietige Distanz zum Beispiel gegenüber Älteren zu markieren. Später fanden Klicklaute Eingang in die Alltagssprache. Was als emblematisch für die Differenz gegenüber der ‚anderen Gruppe' konstruiert wurde, wird herangezogen, um Differenz innerhalb der eigenen Gruppe zu signalisieren.

Mit dem Begriff ‚Ausblendung' *[erasure]* bezeichnen Irvine und Gal ein sprachideologisches Verfahren, das mittels Vereinfachung des soziolinguistischen Feldes bestimmte Personen, Handlungen oder soziolinguistische Phänomene ausblendet. Da Sprachideologien durch eine totalisierende Sicht auf die soziale Welt gekennzeichnet sind, werden Elemente, die nicht in die interpretative Struktur passen, ignoriert oder transformiert. Wenn das ‚problematische' Element als für die eigene Weltsicht und für eigene Interessen bedrohend identifiziert wird, dann kann der Ausblendungsprozess auch in praktische Handlungen münden, die darauf gerichtet sind, das als bedrohlich Wahrgenommene zu entfernen. In ihrer Studie zur europäischen Wahrnehmung der Sprachensituation in Senegal im 19. Jahrhundert dokumentieren Irvine und Gal (2000), wie Praktiken der Mehrsprachigkeit negiert wurden, um die Situation dem europäischen Modell sprachlich homogener Territorien anzupassen: Aus einem Spektrum multilingualer Praktiken wurden Einzelsprachen isoliert und auf solcherart konstruierte monolinguale ethnolinguistische Gruppen projiziert.

Die Kritik am Verständnis von Sprachen als voneinander getrennte, zählbare, reifizierte Einheiten ist eines der zentralen Themen in der Beschäftigung mit Sprachideologien. Bezug genommen wird dabei vielfach auf Alexandra Jaffe (1999), die sich in ihrem Buch „Ideologies in Action: Language Politics on Corsica" mit den historischen Wurzeln dessen auseinandersetzt, was sie als essenzialistische Perspektive auf Sprache und Identität bezeichnet. Das kann sich, so Jaffe (1999 und 2008), auch in einer biologistischen Sichtweise äußern, in der Sprachen wie Lebewesen eine eigene Identität zugesprochen wird. Sprachpurismus sieht sie als Teil dieser Ideologie, weil es in dieser Sichtweise nur einen wahren, echten Code geben kann, der mit einem authentischen Volk verbunden ist. Richard Bauman und Charles Briggs (2003) haben zu dieser Thematik mit ihrem Buch „Voices of Modernity: Language Ideologies and the Politics of Inequality" beigetragen, wobei sie sich dafür interessieren, wie Sprache und Tradition zu Gegenständen der Wissenschaft geworden sind. Ein zentrales Anliegen des Buches ist es, die Schlüsselrolle der Sprache im Projekt der Moderne herauszuarbeiten und der Frage nachzugehen, wie Ideologien über Sprache und Tradition seit dem 17. Jahrhundert dazu beigetragen haben, soziale Ungleichheiten fortzuschreiben. Damit, wie Sprachen im westlichen Denken ‚gemacht' und wie dadurch kulturelle Identität und Gemeinschaft konstruiert werden, hat sich bereits in den 1980er Jahren Roy Harris in seinen Büchern „The Language-makers" (1980) und „The Language Myth" (1981) beschäftigt, in denen er für eine Entmythologisierung der Sprachwissenschaft eintritt. Sinfree Makoni und Alastair Pennycook (2007: 1) beginnen das Vorwort zum Sammelband „Disinventing and Reconstituting Languages" mit dem Statement, dass Sprachen, Konzeptionen von Sprachlichkeit und die Metasprache, mit der diese beschrieben werden, Erfindungen sind, die eng mit christlich-kolonialen und nationalistischen Projekten verknüpft sind. Parallel dazu hat sich, wie sie darlegen, die Ideologie von Sprachen als getrennte und zählbare Kategorien entwickelt, eine Betrachtungsweise, die durch die Produktion von Grammatiken und Wörterbüchern begünstigt wurde. Diese Erfindungen haben, so Makoni und Pennycook, bis in die Gegenwart handfeste reelle und materielle Auswirkungen.

In seinem Überblicksartikel zu „Language Ideology" betont Jan Blommaert (2006) die Bedeutung des Sprachideologiezugangs für die Linguistik, um etablierte sprachwissenschaftliche Annahmen selbstreflexiv zu hinterfragen. Dies betrifft sowohl die Konzeption von Sprachen als voneinander getrennte ‚Objekte' als auch die Auseinandersetzung mit Konzepten wie Text oder Sprech- bzw. Sprachgemeinschaft. Spezifisch für

Blommaerts Zugang ist, dass er sich für die Rolle diskurssteuernder Akteur*innen interessiert, die er als *ideology brokers* bezeichnet. Wichtig ist ihm dabei, dass die einzelnen Sprecher*innen sich in ihrem sprachlichen Handeln an institutionellen Zentren *[centring institutions]* orientieren, die von der Familie bis zum Staat oder zu transnationalen Zusammenschlüssen reichen können. Blommaert ist bestrebt, den semiotisch-anthropologischen Zugang zu Sprachideologien mit Elementen der Diskurstheorie anzureichern, und erinnert an die traditionsreiche europäische Auseinandersetzung mit Ideologien, wie sie, in der Weiterentwicklung grundlegender Arbeiten von Karl Marx und Émile Durkheim, von Autoren wie Antonio Gramsci, Michail Bachtin, Valentin Vološinov, Michel Foucault oder Pierre Bourdieu geleistet wurde.

2.2 Ein Exkurs zu Ideologie, Hegemonie und Diskurs

Das Konzept der Sprachideologie stammt, wie im vorangehenden Kapitel skizziert, aus der amerikanischen linguistischen Anthropologie und orientiert sich an der semiotischen Theorie von Charles S. Pierce. Die europäische Tradition der Beschäftigung mit Ideologie und Diskurs, die sich zunächst in einer Auseinandersetzung mit der Marx'schen Theorie, später (in poststrukturalistischen Zugängen) in Abgrenzung zu ihr entwickelte, hat bisher eher bruchstückhaft Eingang in aktuelle Sprachideologiekonzepte gefunden. Das ist insofern erstaunlich, als diese Diskussion von Anfang an stark sprachphilosophisch geprägt war. Im Folgenden soll dieser europäische Diskussionsstrang skizzenhaft nachgezeichnet werden, wobei es hier vor allem darum geht, inwieweit diese Konzepte im Hinblick auf Sprachideologien und metasprachliche Diskurse fruchtbar gemacht werden können. Was diese Konzepte für linguistische Fragestellungen und die Mehrsprachigkeitsforschung interessant macht, ist, dass sie es – bei aller Unterschiedlichkeit – ermöglichen, die Konstitution des (erlebenden und sprechenden) Subjekts mit (sozialen und räumlichen) Praktiken zu verknüpfen. Ausgangspunkt der Auseinandersetzung mit Ideologie bildet, explizit oder implizit, in den meisten Fällen eine Leerstelle im marxistischen Gedankengebäude: Weder die von Marx und Engels (1969 [1845–1846]) in den früheren Schriften getroffene Apostrophierung von Ideologie als vom realen Leben losgelöste „Hirngespinste" noch die spätere Verwendung des Begriffs im „Kapital" vermögen eine befriedigende Erklärung für den Charakter, die Eigengesetzlichkeit, die gesellschaftliche Wirkungsmacht und die Funktion ideologischer Phänomene für Individuen zu liefern (vgl. Althusser 2008 [1970]: 34).

Die Vieldeutigkeit des Zeichens

Die Bedeutung des Beitrags zur Ideologiediskussion, der in den 1920er und 1930er Jahren von der in der Sowjetunion isolierten Leningrader Gruppe um Michail Bachtin geleistet wurde, wurde erst Jahrzehnte später mit der langsam einsetzenden internationalen Rezeption erkannt. In seiner Schrift „Marxismus und Sprachphilosophie" aus dem Jahr 1929 entwirft Valentin Vološinov (1975) einen sprachphilosophisch begründeten Zugang zur Ideologiefrage. In dezidiertem Gegensatz zu Ferdinand de Saussures Verständnis von Sprache *[langue]* als in sich geschlossenes, normatives System stellt er Sprache als lebendige, sich ständig verändernde Form der Kommunikation und Interaktion zwischen sozial agierenden und sozial organisierten Menschen in den Mittelpunkt seiner Überlegungen (Vološinov 1975: 120 ff.). Jede konkrete Äußerung „antwortet auf etwas und ist auf eine Antwort hin gerichtet. Sie ist nur ein Glied in der kontinuierlichen Kette sprachlicher Handlungen" (ebd.: 129).

Vier Punkte scheinen im Zusammenhang mit Sprache und Ideologien von besonderem Interesse zu sein. Erstens entwickeln sich ideologische Phänomene Vološinov (ebd.: 70) zufolge gewissermaßen dezentriert, aus gruppenspezifischen Formen (Genres) und Themen der alltäglichen sprachlichen Kommunikation. Diese typischen, mehr oder weniger stabilisierten kommunikativen Formen und Themen geben vor, welche Gegenstände in einer bestimmten Epoche der gesellschaftlichen Aufmerksamkeit zugänglich sind. Nur diese Gegenstände gewinnen Bedeutung, formen sich zu Zeichen und werden zu Objekten der Zeichenkommunikation (ebd.: 69). Zweitens stellt Vološinov Ideologie, Zeichen und Bedeutung in eine Linie: Zeichen haben einen ideologischen Charakter, sie widerspiegeln und brechen die Wirklichkeit, die sie repräsentieren, sie verleihen ihr Bedeutung, indem sie sie in den Kontext anderer bekannter Zeichen einschließen. Gegenstände, Laute, Bilder werden zu Zeichen, indem ihnen Bedeutung verliehen wird, indem sie interpretiert und verstanden werden. Verstehen ist eine Erwiderung auf Zeichen mit Zeichen, ein Zeichen kann nur mit Hilfe eines anderen erhellt werden (ebd.: 57 und 88). Drittens sind Zeichen, weil sie der Interpretation bedürfen, grundsätzlich vieldeutig. Die gesellschaftlich gegebene Multiakzentualität ist, so Vološinov (ebd.: 71 f.), ein wesentliches Charakteristikum des Zeichens, durch das es sich vom Signal unterscheidet. Die jeweils herrschende Ideologie ist bestrebt, den im Zeichen stattfindenden Kampf der gesellschaftlichen Wertungen zu unterdrücken und es dadurch eindeutig zu machen. Viertens stellt Vološinov dar, wie das (gesellschaftlich organisierte) Individuum durch das ideologische Zeichen mit der Außenwelt verbunden wird. Etwas wird zum Erlebnis, indem ihm Bedeutung verliehen wird, indem es mit Hilfe eines ideologischen Zeichens ausdrückbar wird. Das ideologische Zeichen muss in die innere Welt eindringen, um seine Zeichenbedeutung zu verwirklichen. Im Gegensatz zum biologisch gefassten Einzelwesen ist das sozial kommunizierende Individuum schon ein „in ideologische Zeichen gefasstes" (ebd.: 85).

Obwohl diese Überlegungen formal innerhalb eines Marx'schen Basis-Überbau-Modells entwickelt werden, nehmen sie im Ansatz einiges von dem vorweg, was später Grundelemente des poststrukturalistischen Denkens bilden wird: die grundsätzliche Unabschließbarkeit von Zeichenketten, den Fokus auf kommunikative Alltagspraktiken, die diskursive Eingrenzung dessen, was in einer Epoche wahrnehmbar, denkbar und sagbar ist, und schließlich die diskursive Konstitution des Subjekts. Eine Besonderheit des von Bachtin und dem Leningrader Kreis in den 1930er Jahren entwickelten Ansatzes ist, dass das Schaffen von Bedeutung als sozialer, intertextueller und dialogischer Prozess verstanden wird, in dem jede Äußerung (zustimmend oder ablehnend) auf bereits Gesagtes Bezug nimmt, sich (mögliche Repliken antizipierend) an ein Gegenüber richtet und, um Bedeutung zu gewinnen, des aktiven, antwortenden Verstehens bedarf. Dezidiert setzte sich der Bachtin-Kreis damit von jeder mechanistischen Vorstellung von Ideologie ab, die einen kausalen Zusammenhang zwischen Basis und Überbau postulierte. Die Betonung liegt weniger auf der Vorstellung von Homogenität und Geschlossenheit sozialideologischer Phänomene als auf deren Heterogenität, Vieldeutigkeit und ständiger Wandelbarkeit.

Die einheitliche Sprache als ein in sich geschlossenes System sprachlicher Normen ist Bachtin (1979: 163 ff.) zufolge nicht gegeben, sondern immer ein Projekt jener Kräfte, die auf eine Vereinheitlichung und Zentralisierung der verbal-ideologischen Welt zielen. Ihr entgegen wirken zentrifugale Kräfte, die Bachtin als ununterbrochene Prozesse verbal-ideologischer Dezentralisierung und Differenzierung charakterisiert. Das geheiligte, autoritäre Wort, das dem Dialog entzogen und „eingefroren" wurde, kann, so Bachtin (1986b: 133) an anderer Stelle, nur mit Hilfe parodistischer Antikörper ins Leben und in den Dialog zurückgeholt werden.

Kulturelle Hegemonie und ideologische Anrufung

Ungefähr zur gleichen Zeit wie Bachtin und Vološinov beschäftigte sich Antonio Gramsci in seinen Gefängnisheften mit ähnlichen Fragestellungen, gewissermaßen aber mit entgegengesetzter Blickrichtung. Sein Interesse galt der sprachlichen „Zersplitterung", die sich in einer unbegrenzten Zahl „spontaner Grammatiken" ausdrückt, die „unzusammenhängend, diskontinuierlich, auf lokale Gesellschaftsschichten und auf lokale Zentren beschränkt" sind. Er stellt die Frage, wie diese „Zersplitterung" unter dem Einfluss einer anerkannten führenden Schicht in einem national-kulturellen Akt „sowohl hinsichtlich des Territoriums als auch der Kultur" vereinheitlicht wird (Gramsci 1999a: Q29 §2, 2242). Der Gramsci-Forscher Franco Lo Piparo (2010) vertritt die These, dass Gramscis Theorie der kulturellen Hegemonie sich weniger aus dem Marxismus als aus seiner frühen und lebenslangen Beschäftigung mit linguistischen Fragen speist. Vor dem Hintergrund der auf halbem Weg stecken gebliebenen nationalen Einigung Italiens geht Gramsci der Frage nach, wie es einer herrschenden Schicht oder Klasse gelingen kann, einen über die eigene Gruppe hinausgehenden gesellschaftlichen Konsens *[senso comune]* herzustellen, um die zerstreuten, auseinanderstrebenden Partikularismen zu einem kollektiven Willen zusammenzufassen. Dazu ist es für den modernen Staat erforderlich, die Zustimmung auch „subalterner" gesellschaftlicher Gruppen zu gewinnen, sie einzubinden, ihre Selbständigkeit zu beschränken und sie so zu kontrollieren (Gramsci 1999b: Q25 §5, 2194 f.). Um Staat zu werden, genügt es Gramsci zufolge nicht, Macht über den (repressiven) Staatsapparat zu gewinnen, sondern es muss auch die kulturelle und intellektuelle Hegemonie innerhalb der „Zivilgesellschaft" gesichert werden, die über eigene Institutionen wie Kirchen, Schulen, Kammern, Gewerkschaften usw. verfügt. In ihnen werden Weltauffassungen produziert und reproduziert, mittels derer man sich bestimmten Gruppierungen zuordnet, deren Denk- und Handlungsweisen man teilt: „Man ist Konformist irgendeines Konformismus, man ist immer Masse-Mensch oder Kollektiv-Mensch." (Ders. 1994: Q11 §12, 1376). In dem Maß, wie die eigenen Weltauffassungen inkohärent und unterschiedlichen geschichtlichen Epochen zugehörig sind, „gehört man gleichzeitig zu einer Vielzahl von Masse-Menschen, die eigene Persönlichkeit ist auf bizarre Weise zusammengesetzt" (ebd.).

Aus (neo)marxistischer Warte setzte sich auch der französische Philosoph Louis Althusser in seiner 1970 publizierten Schrift „Idéologie et appareils idéologiques d'État" (Dt.: „Ideologie und ideologische Staatsapparate") mit dem Ideologiebegriff auseinander und entwickelte ein Konzept, das auf die Cultural Studies ebenso wie den poststrukturalistisch-feministischen Zugang von Judith Butler beträchtlichen Einfluss ausübte. Althusser (2008 [1970]) schließt unmittelbar an Gramsci an, indem er Ideologie in relativ autonomen Institutionen verortet, die er als ideologische Staatsapparate bezeichnet und die sich vom (repressiven) Staatsapparat insofern unterscheiden, als man sich ihnen „freiwillig" unterwirft. Die zentrale Frage für Althusser ist, auf welche Weise eine Ideologie ihre Gefolgschaft „rekrutiert", und die Antwort, die er darauf findet, ist: durch Anrufung *[interpellation]*, wobei er die Metapher des Polizisten nimmt, der einen Passanten mit „He, Sie dort!" *[hé, vous, là-bas!]* anruft (Althusser 2008 [1970]: 49). Erst durch die ideologische Anrufung wird das Individuum (das augenblicklich weiß, dass es gemeint ist) zum Subjekt: Es wird als unverwechselbar identifiziert, wird (im Sinne Hegels) „anerkannt" – wobei Verkennung *[méconnaissance]* nur die Kehrseite der ideologischen Anerkennung bildet (ebd.: 47) – und unterwirft sich sozusagen aus freien Stücken. Die Verwandlung eines Individuums in ein ideologisch konstituiertes Subjekt beginnt, wie Althusser meint, schon vor und mit der Geburt, wenn dem „erwarteten" Kind ein Name gegeben wird, und mit ihm auch ein Geschlecht und alle daran geknüpften Erwartungen.

Die Konstitution des Subjekts durch die Ideologie und – umgekehrt – die Konstitution der Ideologie im Subjekt (ebd.: 46) sind der eigentliche Angelpunkt von Althussers Konzept. Die Ideologie existiert nur im und durch das Subjekt, das sich vermittels „ideologischer Praktiken" in Form ritualisierter Handlungen oder Zeremonien, die innerhalb ideologischer Apparate wie Familie, Kirche, Schule praktiziert werden, als ideologisch erkanntes zu erkennen gibt. Damit die vielen Subjekte sich in ihr „spiegeln" können, muss die Ideologie um ein Zentrum gruppiert sein, das von einem (stets unerreichbaren) Absoluten, Einzigen, Anderen Subjekt *[un Autre Sujet Unique, Absolu]* eingenommen wird – für die Gläubigen, wie Althusser es am Beispiel der Religion exemplifiziert, von Gott (ebd.: 53f.). In ‚Seinem' Namen werden die Rituale der gegenseitigen Anerkennung praktiziert, die der Vergewisserung der eigenen Identität dienen: die Anerkennung zwischen den Subjekten und ,Dem' Subjekt, zwischen den Subjekten untereinander und des Subjekts durch sich selbst (ebd.: 56).

In Bezug auf Sprachideologien erweist sich Althussers Verständnis von Ideologie als ausgesprochen produktiv. Wenn die einheitliche, standardisierte, zu einer allgemein gültigen Norm erhobene Sprache im Sinn von Vološinov, Bachtin und Gramsci eine ideologische Kategorie ist, dann kann mit Hilfe von Althussers Konzeption die ideologische Wirkungsmacht untersucht werden, die eine Sprache (im Grunde jede verdinglichte Vorstellung von Sprache) im Hinblick auf die sprechenden Subjekte entfaltet. Auch Sprachen, so lässt sich argumentieren, verfügen über eigene ideologische Apparate – Akademien, Philologien, Lexika, Grammatiken, Schulen –, in denen sie als ideologische Praktiken zelebriert und gelehrt werden. Sie ,rufen' die Subjekte an, identifizieren sie als zugehörig oder stoßen sie aus und fordern ihre (freiwillige) Gefolgschaft ein. Und sie haben, um in Althussers Bild zu bleiben, ein imaginäres (stets unerreichbares) Zentrum, auf das alle Fantasien von Authentizität, Reinheit und Korrektheit projiziert werden.

Von Ideologie zu Diskurs

Der Schritt von Althusser zu Foucault, von Ideologie zu Diskurs, von neomarxistischen zu poststrukturalistischen Theorien könnte sehr vereinfachend damit umschrieben werden, dass die Idee der ideologischen Verfasstheit auch auf jene Zonen ausgedehnt wird, die im marxistischen Verständnis als der materiellen gesellschaftlichen Basis zugehörig davon ausgenommen waren. Gesellschaftliche Klassen zum Beispiel werden – wie sich dies in den besprochenen Werken bereits abzuzeichnen beginnt – nicht mehr als objektiv gegeben essenzialisiert, sondern als diskursive Konstrukte begriffen, als Kategorien, die die Weltsicht in einer gegebenen historischen Epoche und in einem gegebenen geografischen Raum prägen. Eine systematischere Auseinandersetzung mit poststrukturalistischen Theorien gewinnt in der angewandten Sprachwissenschaft vermehrt an Bedeutung, wie MacNamara (2012) in seiner Einleitung zu einer Sondernummer von Applied Linguistics zum Poststrukturalismus und seinen Herausforderungen für die Linguistik feststellt.

Einige Konzepte, die im Hinblick auf Sprachideologien beziehungsweise auf Metadiskurse über Sprache und Sprachlichkeit von besonderem Interesse sind, sollen hier thesenartig skizziert werden:

- Weil Zeichen immer auf andere Zeichen verweisen, kann Bedeutung niemals endgültig fixiert werden. Diskurs ist der Versuch, den Fluss der Differenzen zum Stillstand zu bringen, eine temporäre Schließung herbeizuführen. Jede diskursiv etablierte Kategorie beruht auf dem Ausschluss eines Anderen, das gerade dadurch für die Etablierung der Kategorie konstitutiv ist. Kategorien basieren auf binären Oppositionen, wobei diese zueinander in einer hierarchischen Beziehung stehen. Dekonstruktion besteht darin, die bestehende Hierarchisierung umzukehren und das in den Blick zu nehmen, was durch die Konstruktion der binären Opposition (zum Beispiel zwischen männlich/weiblich) ausgeblendet wurde. Ziel der Dekonstruktion kann nicht die Aufhebung diskursiver Fixierungen sein, wohl aber deren sukzessive ‚Verflüssigung' (vgl. die Ausführungen zu Jacques Derrida in Kapitel 1.5.2).
- Diskursive Formationen bilden kein in sich geschlossenes Ganzes, sondern sind dezentriert, kontingent, heterogen, diskontinuierlich. Diskurse, die einer gleichen Formation angehören, geben vor, was in einer bestimmten Epoche, einer bestimmten Kultur oder symbolischen Ordnung als Ding wahrgenommen, benannt, gedacht, (kontrovers) debattiert werden kann. Sie tauchen auf, breiten sich aus, transformieren sich und verschwinden wieder. Sie gewinnen Macht, indem Aussagen wiederholt werden und indem auf sie Bezug genommen wird, und sie können ein über das gesprochene Wort hinausgehendes Machtdispositiv entwickeln: „ein entschieden heterogenes Ensemble, das Diskurse, Institutionen, architekturale Einrichtungen, reglementierende Entscheidungen, Gesetze, administrative Maßnahmen, wissenschaftliche Aussagen, philosophische, moralische oder philanthropische Lehrsätze, kurz: Gesagtes ebensowohl wie Ungesagtes umfasst" (Foucault 1978: 119f.).
- Mit dem Begriff der Subjektivierung wird ausgedrückt, dass es kein prädiskursives Subjekt geben kann. Subjektivität wird durch Diskurse konstituiert und geformt, in heutigen Gesellschaften besonders durch die Machtform der Kategorisierung, der auf Unterscheidung und Teilung ausgerichteten Praktiken: „Diese Machtform gilt dem unmittelbaren Alltagsleben, das die Individuen in Kategorien einteilt, ihnen ihre Individualität zuweist, sie an ihre Identität bindet und ihnen das Gesetz einer Wahrheit auferlegt, die sie in sich selbst und die anderen in ihnen zu erkennen haben. Diese Machtform verwandelt die Individuen in Subjekte." (Foucault 2007a: 86) Die für die

Verknüpfung von Diskurs und Subjekt wichtigen Arbeiten von Judith Butler und Jacques Derrida wurden in Kapitel 1.2 (Butler) bzw. 1.5.2 (Derrida) besprochen.

Während die anthropologisch orientierte Forschung ihr Augenmerk auf Prozesse wechselseitiger metapragmatischer Bewertungen in alltagsweltlichen Kommunikationssituationen richtet, interessieren sich diskursanalytisch geprägte Ansätze primär für die (produktive und Zensur ausübende) Macht öffentlich gemachter, diskursiv verfestigter sprachideologischer Einstellungen, Normen und Kategorisierungen. In einem biografisch orientierten Zugang wiederum steht die Erlebensperspektive des diskursiv verfassten, körperlich-emotional erlebenden und agierenden Subjekts im Vordergrund, das sich gegenüber wechselnden, einander oft widersprechenden Sprachideologien auszurichten hat. Eine Möglichkeit, die drei Sichtweisen zusammenzuführen, liegt im Konzept der sozialen Positionierung, das danach fragt, wie Subjekte sich anhand ihres Sprachgebrauchs gleichzeitig zueinander, gegenüber verfestigten Sprachideologien und – mittels ‚Techniken des Selbst' – zur eigenen Erfahrungswelt positionieren (Busch 2019).

2.3 Sprachenpolitik: Sprachideologien in Aktion

Fand Beschäftigung mit Sprachenpolitik zunächst vor allem im nationalstaatlichen Rahmen statt und verstand man sie primär als von oben gesetzte Maßnahmen, so wurde der Begriff in der Folge ausgeweitet auf „jede öffentliche Beeinflussung des Kommunikationsradius von Sprachen", wie Rudolf de Cillia (2003: 14) festhält. Sie umfasst ihm zufolge sowohl politische Initiativen ‚von unten' als auch solche ‚von oben', die darauf abzielen, den Status, die Funktion und die Verbreitung von Sprachen zu beeinflussen. Während mit dem Begriff ‚Sprachpolitik' im Allgemeinen politische Planungen und Maßnahmen innerhalb einer Sprache bezeichnet werden, umfasst der Begriff ‚Sprachenpolitik' Maßnahmen, die auf das Verhältnis zwischen verschiedenen Sprachen zielen. Er findet in diesem Sinn auch als Oberbegriff Verwendung. Heute konzentriert sich sprachenpolitische Forschung zunehmend darauf, freizulegen, dass Sprachenpolitiken sprachideologisch geleitet sind (Shohamy 2006 und Ricento 2006). Das Interesse gilt ebenso expliziten Gesetzen, Verordnungen und Regeln, die sprachenpolitisch wirksam werden, wie Machtmechanismen, die dazu dienen, implizite De-facto-Politiken zu implementieren und fortzuschreiben. Bernard Spolsky (2012), einer der Hauptvertreter auf diesem Gebiet, sieht aus heutiger Warte drei Komponenten, die Sprachpolitik prägen: die tatsächlichen gesellschaftlichen Sprachpraktiken; die Werte, die bestimmten Varietäten und Varianten zugeschrieben werden und sich in Sprachideologien niederschlagen; Bestrebungen, die darauf abzielen, bestehende Sprachpraktiken zu verändern – seitens jener, die über Macht bzw. Autorität verfügen oder zu verfügen glauben. Er schlägt vor, dafür nicht mehr den Begriff der Sprachplanung zu verwenden, sondern Sprachmanagement. In den folgenden Kapiteln wird anhand konkreter Fragestellungen und Beispiele gezeigt, wie Sprachideologien sich in Sprachenpolitiken niederschlagen.

2.3.1 Kategorisierungen von Sprachen und Sprecher*innen

In der Beschäftigung mit gesellschaftlicher Mehrsprachigkeit wird Fragen der Zahl und des Zählens von Sprachen und Sprecher*innen auf wissenschaftlicher wie auf politischer Ebene ein hoher Stellenwert beigemessen, besonders wenn es um die Gewichtung von Minderheiten-Mehrheit-Verhältnissen geht. Zählen aber setzt eine Einteilung in Kategorien voraus. Aus kultur- und sozialanthropologischer Sicht wurden Arjun Appadurai (2009: 65) zufolge die Techniken des Zählens und Klassifizierens von Bevölkerungen zum Zweck der politischen Teilhabe mit der Verbreitung des modernen Nationalstaats zu universellen Vorstellungen und bildeten die Voraussetzung für die Bestimmung von Minderheiten und Mehrheit. Angesichts wachsender Flüchtlingsströme und rasanter Migration, so Appadurai (2009: 18), droht die Frage, wie viele Personen dieser oder jener Kategorie tatsächlich in einem gegebenen Territorium leben, folgendermaßen neu interpretiert zu werden: „Wie viele von ‚den Anderen' sind schon unter uns?"

In seiner wissenschaftsgeschichtlichen Abhandlung „Die Ordnung der Dinge" beschäftigt sich Michel Foucault (1974) mit der grundsätzlichen Problematik jeglicher Taxonomie oder wissenschaftlichen Klassifizierung. Sein Buch verdanke, schreibt Foucault (1974: 17) im Vorwort, seine Entstehung dem Lachen über einen Text von Borges[16], den dieser einer chinesischen Enzyklopädie zuschreibt und der, so Foucault, „alle Vertrautheiten unseres Denkens aufrüttelt" und die in unserem Raum herrschende „tau-

16 Jorge Luis Borges (1966: 212): Die analytische Sprache John Wilkin's. In: Ders., Das Eine und die Vielen. Essays zur Literatur, München.

sendjährige Handhabung des Gleichen und des Anderen schwanken läßt". In diesem Text heißt es, dass „die Tiere sich wie folgt gruppieren: a) Tiere, die dem Kaiser gehören, b) einbalsamierte Tiere, c) gezähmte, d) Milchschweine, e) Sirenen, f) Fabeltiere, g) herrenlose Hunde, h) in diese Gruppe gehörige, i) die sich wir Tolle gebärden" usw. Die Verstörung rührt daher, wie die einzelnen Rubriken zueinander in Beziehung gesetzt werden. Die Art, wie kategorisiert wird, wie Gleichsein und Anderssein konstruiert werden, bestimmt nicht nur die Art, wie Dinge in einer bestimmten soziokulturellen Formation wahrgenommen werden. Kategorien entfalten ihr Eigenleben und gewinnen Macht über die Dinge.

Sprachen und Sprecher*innen werden zu verschiedenen Zwecken und in verschiedenen Kontexten gezählt, so zum Beispiel im schulischen Rahmen, um den Bedarf an Lehrkräften zu bestimmen, oder im Rahmen von demografischen Erhebungen. Im Jahr 2007 publizierte die Statistik Austria eine Tabelle zu „Bevölkerung nach Umgangssprache"[17], die auf der Volkszählung 2001 beruht. Im Folgenden sollen uns weniger die ausgewiesenen Zahlen interessieren als die Art und Weise, in der Kategorien gebildet (siehe Tabelle 1) und Sprecher*innen diesen zugeordnet wurden. Die Liste wird angeführt von der Mehrheitskategorie ‚Ausschließlich Deutsch'. Dahinter folgen alle anderen Sprachkategorien, die ihrerseits in übergeordneten Gruppen zusammengefasst werden.

Tabelle 1: Die den einzeln angeführten Sprachen oder Sprachgruppen übergeordneten Kategorien der österreichischen Bevölkerungsstatistik (Quelle siehe Fußnote 14)

Bevölkerung 2001 nach Umgangssprache
Ausschließlich Deutsch
Sprachen der anerkannten österr. Volksgruppen
Sprachen des ehem. Jugoslawien und der Türkei
Englisch, Französisch, Italienisch
Sonstige europäische Sprachen
Afrikanische Sprachen
Asiatische Sprachen
Andere Sprachen, unbekannt

17 Statistik Austria (2007). Bevölkerung 2001 nach Umgangssprache, Staatsangehörigkeit und Geburtsland. https://www.statistik.at (Suchbegriff ‚Umgangssprache') (27.5.2021).

Aus der Liste der Obergruppen kann man schließen, dass es hier um eine Kategorienbildung geht, die sowohl den Sprachstatus (z.B. anerkannte Volksgruppensprachen) als auch den historischen Kontext der Migrationsgeschichte („Sprachen des ehem. Jugoslawien und der Türkei"), aber auch die Position auf dem österreichischen Sprachmarkt spiegelt. Unübersehbar ist der Einfluss von Sprachideologien auf die Kategorienbildung. Nur damit und nicht aus der numerischen Größe oder der geografischen Lage lässt sich die von den „sonstigen europäischen Sprachen" abgesetzte Kategorie der prestigereichen und in Österreich als Fremdsprachen beliebten Sprachen „Englisch, Französisch, Italienisch" erklären. Weitere Obergruppen werden durch die geografische Zuordnung zu einem Kontinent gebildet, wobei sich die Problematik dieser Einteilung zum Beispiel daran zeigt, dass Spanisch ausschließlich dem europäischen Kontinent zugeordnet wird und Arabisch dem afrikanischen. Auf der untersten Ebene finden sich Einzelsprachen, die teilweise geografisch definiert sind, wie beispielsweise „Indisch", aber auch zu einer Gruppe zusammengefasste Sprachen wie „Russisch, Ukrainisch, Weißrussisch" und schließlich Restkategorien. Deutlich wird, dass man es mit historisch gewachsenen, aus bestimmten Weltsichten heraus geleiteten Kategorien zu tun hat, die bei Bedarf veränderten politisch-gesellschaftlichen Verhältnissen und Wahrnehmungen angepasst werden, aber zugleich ein Beharrungsvermögen aufweisen, weil Statistik fortgeschrieben werden soll.

Als Nächstes stellt sich die Frage, wie die gezählten Einwohner*innen den einzelnen Kategorien in einer Weise zugeordnet werden, die Eindeutigkeit suggeriert, da jede*r Gezählte immer nur in einer davon aufscheint. Im Erhebungsbogen zur Volkszählung war explizit die Möglichkeit zu Mehrfachnennungen in Bezug auf Umgangssprachen gegeben. Wie also wird die erhobene Mehrsprachigkeit in der Statistik zum Verschwinden gebracht? Eine erste Erklärung findet sich in einer Fußnote zur publizierten Statistik, die besagt, dass alle Kategorien außer der Kategorie ‚Ausschließlich Deutsch' auch Doppelangaben mit Deutsch umfassen. Das heißt, Personen, die neben Deutsch weitere Umgangssprachen angegeben haben, wurden den entsprechenden „nichtdeutschen Umgangssprachen" zugeschlagen. Eine zweite Erklärung liefert das Verfahren, mit dem Personen, die mehrere ‚nichtdeutsche Umgangssprachen' nannten, einer einzigen ‚nichtdeutschen' Kategorie zugeordnet wurden. Die Entscheidung darüber, welche das sein sollte, konnte nicht von den Befragten selbst getroffen werden, sondern sie erfolgte auf der Basis einer hierarchischen Rangordnungstabelle der Statistik Austria, in der Umgangssprachen von 1 für

‚Deutsch' bis 54 für ‚Weltsprachen sonstige' durchnummeriert werden (siehe Tabelle 2[18]).

Wurden mehrere ‚nichtdeutsche Umgangssprachen' angegeben, so wird nur eine davon ausgewertet, nämlich jene, die weiter oben in der Liste steht. Die Rangordnung der einzelnen Sprachkategorien entspricht der Reihenfolge, in der Umgangssprachen in der Auswertungstabelle aufscheinen.

Nehmen wir nun das hypothetische Beispiel einer Person, die in Mali geboren, mit Bambara und Französisch aufgewachsen ist und heute in Österreich lebt. Hat sie beim Zensus Bambara, Französisch und Deutsch als Umgangssprachen angegeben, so wird Bambara der Kategorie ‚westafrikanische Eingeborenensprachen' (Nr. 37 in der Rangordnung) zugeordnet. Französisch befindet sich mit Nummer 16 weiter oben in der Liste, also wird Bambara in der Auswertung fallengelassen, und die Person wird mit dem verbleibenden Sprachenpaar Französisch-Deutsch der Kategorie Französisch zugeschlagen. Die statistische Bereinigung erfolgt in Richtung europäischer Sprachen, die die Liste anführen. Da Sprecher*innen afrikanischer Sprachen meist auch eine ehemalige Kolonialsprache wie Englisch oder Französisch sprechen, hat dieses Verfahren zur Folge, dass afrikanische Sprachen aus der Statistik nahezu verschwinden.[19]

Die hierarchische Liste, nach der Sprachen ausgeschieden werden, ist geprägt durch Sprachideologien, denen zufolge einzelne Sprachen auf einer Achse zwischen nah und entfernt, vertraut und fremd, relevant und weniger relevant verortet werden. Die zu statistischen Zwecken vorgenommene Reduktion entspricht dem weiter oben beschriebenen sprachideologischen Mechanismus des Ausblendens *[erasure]* (Irvine und Gal 2000): Sie trägt dazu bei, dass jede individuelle Mehrsprachigkeit, die über einen mit Deutsch verbundenen Bilingualismus hinausgeht, ebenso aus der öffentlichen Wahrnehmung ausgeblendet wird wie Sprachen, die als wenig relevant bewertet werden. Beides ist gleichbedeutend mit einer Marginalisierung bestimmter Gruppen von Sprecher*innen. Von rassistischem Sprachgebrauch zeugende Bezeichnungen wie ‚westafrikanische Eingeborenensprachen' oder ‚Indianersprachen', die in der Rangordnungstabelle als Nr. 37 bzw. Nr. 53 figurieren, verdeutlichen, wie durch die Macht des Benennens nicht nur Kategorien geschaffen, sondern diese auch ideologisch aufgeladen werden.

---

18 Statistik Austria (2007). Volkszählung 2001: Benutzerhandbuch. Wien, S. 209. Als PDF herunterzuladen unter: https://www.statistik.at (27.5.2021).

19 Für eine ausführlichere Diskussion siehe Busch 2010d.

Tabelle 2: Auszug aus der Rangordnungstabelle, nach der die statistische Bereinigung von Mehrfachnennungen erfolgt (Quelle siehe Fußnote 17)

Umgangssprache: Grundgliederung	
1	Deutsch
2	Burgenland-Kroatisch
3	Romanès [sic!]
…	
15	Englisch
16	Französisch
…	
35	Arabisch
36	Suaheli
37	Westafrikanische Eingeborenensprachen
38	Afrikanische Sprachen sonstige
…	
53	Indianersprachen
54	Weltsprachen sonstige

Das Beispiel, wie die Erhebung und die Auswertung von Umgangssprachen in Österreich bis zur Volkszählung 2001 gehandhabt wurden[20], wurde gewählt, weil dabei gezeigt werden kann, welche Sprachideologien zum Tragen kommen, wenn Sprachen und Sprecher*innen klassifiziert oder kategorisiert werden. Zum einen legt die Art der Auswertung und der Darstellung – zumindest in einer oberflächlichen Rezeption – die Gleichsetzung ‚eine Person, eine Sprache' nahe, es kommt zu einer Reduktion von Komplexität, multilinguale Sprecher*innen werden gewissermaßen monolingualisiert. Zum anderen spiegelt die Kategorisierung der Sprachen in den Listen eine Gleichsetzung von Sprache und Territorium, manchmal auch von Sprache und Ethnizität oder Nation und leistet so der Idee Vorschub, dass von Sprache auf ethnische oder nationale Zugehörigkeit geschlossen werden kann.

20 In Österreich, wie in verschiedenen anderen Ländern, war die Volkszählung zur Jahrtausendwende die letzte flächendeckende. Zurückgegriffen wird nun vor allem auf Daten des Melderegisters, die Umgangssprache wird nicht mehr erhoben.

Praktiken des Zählens

Von den 47 Mitgliedsstaaten des Europarats sammelt etwas mehr als die Hälfte, vor allem solche in Zentral- und Osteuropa, Daten zum Sprachgebrauch. Eine wachsende Zahl von europäischen Ländern stützt sich inzwischen, unter Verzicht auf eine flächendeckende Volkszählung, auf so genannte Registerzählungen. Diese greifen auf Daten aus administrativen Quellen zurück (z. B. Einwohnermeldeamt) und werden durch Mikrozensuserhebungen ergänzt. Das ist sowohl in Österreich wie auch in Deutschland und der Schweiz der Fall. In Österreich ist laut Registerzählungsgesetz das Erheben von Sprache und Religionsbekenntnis nur mehr dann erlaubt, wenn es dringend notwendig erscheint. Dennoch werden von der Statistik Austria weiterhin Zahlen zur Kategorie ‚Schülerinnen und Schüler mit nicht-deutscher Umgangssprache' ausgewiesen, die auf Erhebungen in den Schulen basieren.[21] Mit der kollektiven Qualifizierung als nicht-deutsch wird eine Kategorie geschaffen, die der stillschweigend als Norm gedachten Kategorie der Schüler*innen mit deutscher Erstsprache entgegensteht. Diese Daten werden in Medien und Politik häufig insofern missinterpretiert, als außer Acht gelassen wird, dass viele Schüler*innen, für die eine andere Umgangssprache als Deutsch angegeben wird, zweisprachig aufwachsen. In Deutschland, wo seit dem Zweiten Weltkrieg in den Volkszählungen nicht mehr nach Sprache gefragt wurde, hat sich – im Zusammenhang mit der so genannten Flüchtlingskrise 2015 und der Integrationsdebatte – eine Frage nach der zu Hause gesprochenen Sprache in die Mikrozensuserhebung eingeschlichen (Adler 2019). Adler kritisiert insbesondere, dass nur eine Antwort aus einer geschlossenen Liste ausgewählt werden kann. Damit, wie in unterschiedlichen Ländern Fragen zum Sprachgebrauch formuliert und Daten dazu erhoben werden, beschäftigt sich eine von Alexandre Duchêne und Philippe N. Humbert (2018) herausgegebene Sondernummer des International Journal for the Sociology of Language.

Zensus und Ethnisierung

Die Frage nach Sprachgebrauch bzw. nach sprachlicher Zugehörigkeit in Zensuserhebungen geht, wie Dominique Arel (2002) darlegt, auf das 19. Jahr-

21 https://www.statistik.at (Suchbegriff ‚Umgangssprache'): Schülerinnen und Schüler mit nicht-deutscher Umgangssprache im Schuljahr 2019/20 (27. 5. 2021).

hundert zurück. Auf dem internationalen Statistikkongress in Wien im Jahr 1857 wurde die Frage, ob ethnische/nationale Identität erhoben werden sollte, erstmals breiter diskutiert. Eine direkte Frage nach Selbstzuschreibungen wurde verworfen und Sprache wurde als verlässlichster ‚objektiver' Marker für Zugehörigkeit identifiziert. Daraus resultierte die Empfehlung, eine Frage nach der Umgangssprache (*„langue parlée"*, französisch im Original) in den Zensus aufzunehmen (Arel 2002: 95). Ausgehend von der Annahme, dass für jeden Menschen eine einzige Sprache die dominante sei, vermied man hybride Kategorien und reihte auch Personen, die zwei oder mehr Sprachen nannten, als monolingual ein (ebd.: 98)[22]. Das Zählen und Klassifizieren begann in den nachmaligen Kolonien mit der Ankunft der ersten Abenteurer und Ethnografen und intensivierte sich mit der tatsächlichen Kolonisierung, schreibt Peter Uvin (2002: 149) in seinem Beitrag „On counting, categorizing, and violence in Burundi and Rwanda" im selben Sammelband. Für die flächendeckende Bevölkerungserhebung zum Zweck der Steuereintreibung zur Finanzierung des kolonialen Systems wurden Soldaten und Polizisten eingesetzt. Die Bevölkerung reagierte häufig mit Misstrauen und Angst. Im kolonialen System wurden die Zensuskategorien nicht – wie in Europa bereits üblich – mit den sozialen Gruppen ausgehandelt, sondern aus europäischer Warte konstituiert, aufgezwungen und mit Rassenideologien aufgeladen. Das koloniale Projekt, die Bevölkerung in essenzialisierte Gruppen aufzuspalten – im Fall von Ruanda und Burundi in Hutu, Tutsi und Twa –, simplifizierte und verfestigte, was zuvor flüssigere, komplexe und sozial eingebettete Kategorien gewesen waren. Durch ihre Benennung *[naming]* wurden Kategorien und soziale Identitäten erst als solche geschaffen, soziale Durchlässigkeit und Mobilität dagegen reduziert oder blockiert (ebd.: 160).

Ohne Kategorien kommt man nicht aus, aber Kategorisierungen sind nie neutral oder ‚unschuldig', sie sind stets Ausdruck bestimmter ideologischer Sichtweisen auf die Welt. Klassifizierungskämpfe sind, um mit Pierre Bourdieu (1990: 95) zu sprechen, „Kämpfe um das Monopol auf die Macht über das Sehen und Glauben, Kennen und Anerkennen, über die legitime Definition der Gliederung der sozialen Welt und damit über die *Bildung und Auflösung sozialer Gruppen*" (Hervorhebungen im Original).

---

22 Zur Frage der Spracherhebung zu statistischen Zwecken siehe auch Kapitel 2.3.5.

2.3.2 Nationalsprachen — Das Making-of

Sprachenpolitik und Sprachideologien wurden immer dazu gebraucht und missbraucht, um Differenz zu konstruieren und ethnische oder nationale Abgrenzungen zu legitimieren. Die ‚europäische Erfindung' von Nationalsprachen zielte darauf ab, eine nationale und territoriale Einheit zu begründen. In der jüngeren europäischen Geschichte kamen solche Prozesse mit dem Ende der Ost-West-Logik zum Tragen, als neue Staaten proklamiert wurden und neue Grenzen gezogen wurden. Das war auch im Raum der früheren Sozialistischen Föderativen Republik Jugoslawien der Fall, wo nicht nur das gemeinsame Staatsterritorium, sondern auch eine bis dahin gemeinsame Standardsprache aufgeteilt wurde (vgl. Busch 2010b und Busch und Kelly-Holmes 2004). Der Auflösungsprozess begann 1990 mit dem Ausbruch von bewaffneten Konflikten und führte zur Bildung neuer Staaten, die ihre Unabhängigkeit erklärten: Slowenien, Kroatien, Makedonien, Bosnien und Herzegovina (BiH), Serbien, Montenegro und Kosovo. Während Serbokroatisch bzw. Kroatoserbisch zuvor die offizielle Sprache in den Teilrepubliken Kroatien, BiH, Serbien und Montenegro gewesen war, erklärten die neu gebildeten Staaten Kroatisch (1990), Serbisch (1992) und Montenegrinisch (2007) zu den offiziellen Staatssprachen; in Bosnien-Herzegovina wurden mit Bosnisch, Kroatisch und Serbisch drei offizielle Sprachen festgelegt.

Sprachwissenschaftlich wird der südslawische Raum als Sprachkontinuum beschrieben, das sich von den Alpen bis zum Schwarzen Meer erstreckt. Die Segmentierung in unterschiedliche Sprachen war in Abhängigkeit von den jeweiligen politischen Zentren durch extralinguistische Faktoren bestimmt (Neweklowsky 2000), Phasen der Divergenz und der Konvergenz wechselten einander ab. Die gemeinsame Norm für die serbokroatische/kroatoserbische Standardsprache wurde Mitte des 19. Jahrhunderts von Vuk Karadžić in Wien ausgearbeitet. Von Anfang an wurde Variation auf der lexikalischen, syntaktischen und phonetischen Ebene zugelassen. Die Geschichte des südslawischen Raums ist gekennzeichnet von einem sensiblen, manchmal fragilen Gleichgewicht zwischen zentralisierenden und föderalistischen Kräften. Das hatte zur Folge, dass die Definition, was als Sprache, was als Varietät oder Dialekt gesehen wurde, entsprechend den politischen Kräfteverhältnissen variierte. Bis zum Zweiten Weltkrieg waren es drei anerkannte Sprachen (Slowenisch, Serbokroatisch und Bulgarisch), mit der Gründung der Teilrepublik Makedonien im Jahr 1944 kam eine vierte dazu. Die Zusammenfassung der dort gesprochenen Varietäten zu einer offiziellen Standardsprache, die als Makedonisch bezeichnet wurde, war ein Kompromiss zwischen der serbischen Seite, welche die makedonischen Dialekte als serbisch, und der bulgarischen, die sie als bulgarisch beanspruchte (Bugarski 2004). Heute sind es sieben südslawische Standardsprachen; zählt man Burgenlandkroatisch, das in Österreich den Status einer anerkannten Volksgruppensprache hat, dazu, sind es acht.

Der Trennungsprozess wurde eingeleitet und begleitet von politischen und wissenschaftlichen Diskursen, die, was die Sprachfrage anbelangt, den Topos des Kontinuums zugunsten der Idee reifizierter Sprachgrenzen aufgaben. Ab Mitte der 1980er Jahre war, so Milena Dragičević-Šešić (2001: 72), eine wahre Obsession in Bezug auf Grenzen aller Art (linguistisch, ethnisch, religiös, historisch, wirtschaftlich usw.) und ihre Repräsentation auf Karten zu verzeichnen. Gleichzeitig wurde die Existenz der serbokroatischen Sprache in Frage gestellt; sowohl in Kroatien als auch in Serbien wurde argumentiert, dass getrennte Nationalsprachen ‚schon immer' existiert hätten und deren Gebrauch durch den jugoslawischen Staat verhindert worden sei. Die Konstruktion von Differenz fand in Serbien vor allem über die Betonung der kyrillischen Schrift statt. Die Verfassungsreform von 1989 hob die bisherige Gleichwertigkeit im Gebrauch der beiden Schriftsysteme, des lateinischen und des kyrillischen, auf und dekretierte die Cirilica – ausgenommen in den ethnisch gemischten Gebieten – als die einzig zulässige Schrift in allen öffentlichen Domänen. Medien und intellektuelle Kreise machten sich für das Kyrillische stark, so wurde an der Universität Belgrad eine Gesellschaft für die Verteidigung des Kyrillischen gegründet (Jakšić 2001: 14). In Kroatien wurde die Trennung vor allem über Sprachreinigungsprozesse vorangetrieben. Schon ab den 1980er Jahren erschien in hohen Auflagen eine Reihe von populären Handbüchern für den ‚richtigen' Sprachgebrauch und von Unterscheidungswörterbüchern, welche die Unterschiede zwischen Kroatisch und Serbisch akzentuierten. Zwischen den einzelnen Unterscheidungswörterbüchern bestehen erhebliche Unterschiede, sowohl was die Zahl der Einträge als auch was ihre allgemeine Orientierung betrifft. Einige vertreten einen extremen Purismus und lehnen sich an die Sprachreform unter dem faschistischen Ustascha-Regime an, andere sind moderater (Okuka 1998: 88). Als Ziel dieser Wörter- und Handbücher nennen ihre Autoren die Pflicht, „Zeugenschaft abzulegen über die Existenz einer eigenständigen kroatischen Sprache" (Brodnjak 1991), oder die Unterstützung der Menschen, die „danach streben, gutes Kroatisch im Alltagsleben zu sprechen, um ihre nationale Gesinnung auch im Sprachgebrauch zu demonstrieren" (Pavuna 1993, beide zit. nach

Langston 1999: 180ff.). Etwas später erschienen ähnliche Handbücher und Wörterbücher auch in Bosnien, die Turzismen als genuin bosnisch forcierten und eine Orthografie propagierten, die sich von den in Kroatien und den in Serbien vorgeschriebenen Schreibweisen abhob. Im Vorwort zu dem an ein breites Publikum gerichteten Ratgeber heißt es: „Wir erwarten von dir, dass du deine Sprache kennst und sie pflegst." (Halilović 1996: 7)[23]

Solche Diskurse der Differenz sind zugleich ein Mittel, auf diskursivem Weg Nähe zu weiter entfernten ideologischen Zentren, die mit unterschiedlichen Weltsichten verbunden werden, herzustellen: mit der kyrillischen Schrift die Nähe zu den slawischen Ostkirchen, mit Turzismen zur Welt des Islam, mit der Sprachreinigung, die danach trachtet, das Kyrillische und die Turzismen auszuschließen, die Verbundenheit zu einer christlich-abendländischen Schicksalsgemeinschaft. Mit einer Abgrenzung nach außen korrespondiert auch eine Grenzziehung nach innen, die definiert, wer als legitime* Sprecher*in anerkannt wird. Der Prozess der Herstellung von Differenz nach außen ist mit einem solchen der internen Homogenisierung verknüpft, der seinerseits Ausschlüsse zur Folge hat. ‚Schön und richtig' zu sprechen wird im Sinne Althussers (2008 [1970]) zu einer ideologischen Praxis, mit der man sich als der ideologischen Gemeinschaft zugehörig zu erkennen gibt und von dieser als zugehörig erkannt wird. Jedes Wort kann zu einem Shibboleth, zu einem Marker von Zugehörigkeit oder von Differenz werden. In den 1990er Jahren wurden beispielsweise die zwei Varianten für das Wort Tausend, die vorher weitgehend unmarkiert nebeneinander in Verwendung waren, ideologisch akzentuiert: *tisuća* galt nun als Index für Loyalität zum kroatischen Staat, *hiljada* als solcher zum serbischen. Sich dem Bekenntnis zur einen oder zur anderen Seite zu entziehen wurde quasi unmöglich.

Implementierung von Sprachenpolitik

Mit der Ausrufung der neuen Nationalstaaten entstanden politische Machtzentren, die über die Mittel verfügten, zur Staatsdoktrin gehörende Sprachideologien als Sprachenpolitiken zu implementieren. Generell geschehen Statusverleihung und Korpusplanung einerseits über Gesetze und Verordnungen, die Wodak et al. (1998: 70f.) als geronnene diskursive

23 Alle Übersetzungen in diesem Abschnitt B. B.

Praxis verstehen, andererseits über das *policing*, die ständige gegenseitige Überwachung und Selbstüberwachung. Der Krieg auf dem Territorium des früheren Jugoslawien verstärkte die Position der staatlichen Autoritäten, die angesichts der Bedrohung von außen einen nationalen Konsens beschwören und per Notverordnung regieren konnten. Eine besondere Rolle kam dabei den staatsnahen Medien zu, die nicht nur aktive Promotoren der neuen Sprachregelungen waren, sondern auch Metasprachdiskurse über den richtigen und konformen Sprachgebrauch verbreiteten (Okuka 1998; Langston 1999). Andere wichtige ideologische Apparate in der Implementierung der nationalen Sprachenpolitiken waren Schule und Kirche. Obwohl die Politik der sprachlichen Trennung mit massivem Druck, großem Aufwand an Mitteln und über lange Zeit betrieben wurde, scheinen die tatsächlichen sprachlichen Veränderungen, wie einige Studien zeigen (Langston 1999), in der Alltagssprache eher gering zu sein, ein Auseinanderdriften ist vor allem in der politisch-administrativen Terminologie festzustellen. In jedem Moment der nationalsprachlichen Zentralisierung nach dem Zerfall Jugoslawiens waren auch Gegenkräfte am Werk. So setzten sich beispielsweise regionalistische Bewegungen in Istrien oder der Vojvodina für die Aufwertung regionaler Dialekte bzw. die Anerkennung regionaler Mehrsprachigkeit ein. Herausgefordert wurden die nationalen Zentren auch durch Initiativen, die aus unterschiedlichsten Motiven – wie zivilgesellschaftlichen, kommerziellen, künstlerischen – darauf hinarbeiteten, die zerstörten Kommunikationsnetze im Raum des ehemaligen Jugoslawien wieder neu zu knüpfen (Busch 2004). Bezogen auf Prozesse sprachlicher Vereinheitlichung und sprachlicher Differenzierung sagt Bachtin (1979: 165f.), dass in jedem Moment der Geschichte neben den zentripetalen Kräften, die eine verbal-ideologische Zentralisierung anstreben, gleichzeitig auch zentrifugale Kräfte der Dezentralisierung und sprachlichen Differenzierung wirksam werden. Was in einem bestimmten Moment zentripetal und was zentrifugal ist, lässt sich nur in Relation zueinander bestimmen, denn sobald sich zentrifugale Kräfte zusammenziehen, entsteht potenziell ein neues Zentrum. Am Beispiel des südslawischen Raums lässt sich nachvollziehen, wie zentrifugale Prozesse der Dezentralisierung umschlagen und zu solchen einer neuen Zentralisierung werden können: Subzentren, die sich in Abgrenzung zu einem ursprünglichen Zentrum herausbilden, werden zu neuen Zentren der sprachlich-ideologischen Vereinheitlichung und diese werden ihrerseits wieder durch entgegengesetzt wirkende Kräfte in Frage gestellt.

2.3.3 Sprachhierarchien — (Post-)Kolonialismus

1492, also im selben Jahr, in dem Columbus nach Indien aufbrach, erschien Elio Antonio de Nebrijas „Gramática Castellana", die als die erste gedruckte Grammatik einer Volkssprache in Europa gilt (Burke 2006: 107). Der Autor widmete sie Königin Isabella und bemerkte im Vorwort, dass die Sprache stets die Gefährtin des Reichs gewesen sei und dass Reich und Sprache zusammen wachsen und gedeihen, aber auch welken würden. Das Besondere an Nebrijas Vorhaben war, dass er, wie Ivan Illich (1980) herausarbeitet, in der Herausgabe der Grammatik nicht die Mission sah, Menschen das Lesen und Schreiben beizubringen, sondern vielmehr, ihr Sprechen und Lesen dadurch zu kontrollieren, dass die Menschen nicht wie gewohnt ihre Vernakularsprachen in der Kommunikation miteinander weiterentwickelten, sondern dafür auf eine Sprache angewiesen waren, die sie ‚von oben' aufoktroyiert bekamen. Illich verweist darauf, dass beide, Columbus und Nebrija, sich als Promotoren königlicher Expansionspolitik sahen, wobei der künstlich vereinheitlichten Sprache die Rolle zukam, Kontrolle über das Alltagsleben der Untertanen zu gewinnen, die mit *armas y letras*, Waffen und Worten, nicht nur in Spanien, sondern weltumspannend unterworfen werden sollten.

Ein erster Schub der europäischen Beschäftigung mit außereuropäischen Sprachen zu Beginn des 19. Jahrhunderts ist mit der wirtschaftlichen und politischen Expansion und den christlichen Missionen, die der kolonialen Inbesitznahme das Terrain bereiteten, verbunden. Terence Rangers Auseinandersetzung mit der Erfindung (Ranger 1983) bzw. der Imagination von Tradition (Ranger 1994) im kolonialen Afrika nahm die Rolle von Missionaren, Kolonialbeamten und Wissenschaftern in der Definition und Kategorisierung von ethnischen Gruppen in den Blick. Er betont den Kontrast zwischen vorkolonialer Fluidität und der Rigidität kolonialer, auf Eindeutigkeit abzielender Klassifizierungen, zwischen flexiblen Alltagspraktiken und statischen hegemonialen Traditionskonstrukten, warnt aber gleichzeitig davor, in einen zu vereinfachenden ahistorischen Dualismus zu verfallen (ebd.: 27).

Judith Irvine (2008) setzt sich mit der Geschichte der kolonialen afrikanischen Linguistik und den sie bestimmenden Sprachideologien auseinander, deren Auswirkungen bis heute zu spüren sind: Die unmittelbar vorkoloniale und die erste Phase der kolonialen Zeit waren der Moment, in dem ethnische und sprachliche Kategorisierungen durch oft arbiträre Abgrenzungen geschaffen und die so konstruierten Gruppen benannt wurden. Das geschah nicht nur für die Zwecke der eurozentrischen Wissenschaft oder der kolonialen Verwaltung, sondern auch mit der Absicht, Menschen als Mitglieder ethnisch-sprachlicher Gruppen zu identifizieren. Ungeachtet, welche Gestalt und sprachlichen Praktiken afrikanische Gesellschaften vor der europäischen Intervention hatten, wurden ihnen ethnische Identitäten und benennbare Sprachen als Marker für eben jene Identitäten übergestülpt. Irvine (2008) zeigt, wie Sprachideologien und die Bedingungen, unter denen Sprachdaten zusammengetragen wurden, Beschreibungen und Abgrenzungen zwischen Sprachen beeinflussten. Das Sammeln von Sprachdaten durch die europäischen Forscher*innen stieß nicht unbedingt auf das Verständnis und die Einwilligung der Beforschten, europäische ‚Entdecker' bevorzugten dafür oft Orte wie Gefängnisse, Missionsschulen oder Diaspora-Situationen. Freetown (Sierra Leone) wurde im 19. Jahrhundert zu einem Zentrum der Beschäftigung mit afrikanischen Sprachen, denn es war auch Zentrum der anglikanischen westafrikanischen Mission und der Abolitionsbestrebungen, wo sich freigelassene Sklav*innen aus den USA aufhielten, ebenso wie Menschen aus unterschiedlichen Gegenden Afrikas, die aus Sklavenschiffen befreit worden waren. Ein Inventar aus der damaligen Zeit vermerkt ca. 100 in Freetown gesprochene Sprachen. Die Beschreibung von Sprachen basierend auf Angaben weniger Informant*innen, die oft weit weg von zu Hause waren, jahrelang nicht mehr ihre erste(n) Sprache(n) gesprochen hatten oder noch im Kindesalter waren, führte zu Reduktionen und bestätigte die europäischen Erwartungen, ‚primitive' Sprachen vorzufinden (Irvine 2008: 329ff.). Ein Ziel der Sprachfixierung seitens der europäischen Missionar*innen und Linguist*innen war die Verschriftung zum Zweck der Herausgabe religiöser Texte. Verwendet wurde die lateinische Schrift, wobei frühere Schriftsysteme ignoriert wurden, wie beispielsweise in Madagaskar, wo aus vorkolonialer Zeit schriftliche Aufzeichnungen vorhanden waren, die adaptierte arabische Schriftzeichen, die Sorabe, verwendeten. Die Dichotomie zwischen ‚mündlichen' und ‚schriftlichen' Sprachen kann ebenso als ein Konstrukt verstanden werden, das Überlegenheiten und Dominanzen festigen sollte, wie auch andere konstruierte Gegensätze, zum Beispiel die Unterteilung von Sprachen in solche, die nur für die Benennung von Naturerscheinungen geeignet sind, und andere, die abstraktes Denken ermöglichen. Wie unhaltbar solche Annahmen sind, zeigen auch die Forschungen zu den Bibliotheken von Timbuktu, wo wissenschaftliche Texte in afrikanischen Sprachen und adaptierten arabischen Schriftzeichen bewahrt werden, von denen einige bis ins 13. Jahrhundert zurückdatiert werden können.

SIL und Ethnologue

Ganz in der Tradition der Sprachdaten sammelnden Missionar*innen bewegt sich das 1934 gegründete Summer Institute of Linguistics (SIL)[24], nach Eigendefinition eine „faith-based nonprofit organization“ mit Sitz in Dallas (USA). Es beschreibt seine Mission so:

> *SIL's service with ethnolinguistic minority communities is motivated by the belief that all people are created in the image of God, and that languages and cultures are part of the richness of God's creation.*

Laut eigenen Angaben beschäftigt SIL weltweit rund 5500 Personen aus 60 verschiedenen Ländern für die Sammlung und Verarbeitung von Sprachdaten und die Verschriftung von ‚nicht dokumentierten‘ Sprachen. Hauptpartner von SIL ist, so ist auf der Website zu lesen, die Wycliff Global Alliance[25], die sich die Übersetzung der Bibel in eine möglichst große Zahl von Sprachen zum Ziel gesetzt hat. Vor allem in Bezug auf seine Tätigkeit in Südamerika ist SIL heftig kritisiert worden (Menezes de Souza 2007; Calvet 1987). Problematisch ist nicht nur die kirchlich-religiöse Ausrichtung, sondern auch die paternalistische Haltung, die hinter den Aktivitäten steckt, in denen sich SIL mit Hilfe der von außen hineingebrachten Spezialist*innen als die Bewahrerin bedrohter Kultur und indigenen Wissens sieht, als eine Instanz rationalistischer Modernität, die Sprache und Kultur durch Beschreibung, Fixierung und Kategorisierung aus dem Dunkel ans Licht führt. Speziell bekannt ist in sprachwissenschaftlichen Kreisen eine Satellitenorganisation von SIL, nämlich die Onlinedatenbank Ethnologue[26], die sich stolz als „the most authoritative resource on world languages“ bezeichnet und „a total of 7,117 living languages worldwide“ auflistet. Dem gegenüber steht ein Inventar von über 40 000 „alternativen Sprachnamen oder Dialektnamen“, die als Suchbegriffe dienen können. Schon allein aus der auf die letzte Einerstelle genauen Angabe der Zahl der Sprachen und der Diskrepanz zwischen der ersten und der zweiten Zahl lässt sich ablesen, dass Ethnologue fest in jenem Paradigma verankert ist, das Sprachen als eindeutige, zählbare Kategorien sieht und die Macht des Benennens eher dem ‚Entdecker‘ als den Sprecher*innen zuschreibt.

---

24 http://www.sil.org (7.1.2021)

25 http://www.wycliffe.net (7.1.2021)

26 http://www.ethnologue.com (7.1.2021)

Südafrika – afrikanische Sprachen aufwerten

Welche Nachwirkungen kolonialistische und rassistische Sprachideologien und Sprachenpolitiken bis in die Gegenwart haben, soll hier kurz am Beispiel von Südafrika illustriert werden. In der demokratischen Verfassung, die sich Südafrika nach dem Ende der Apartheid Mitte der 1990er Jahre gab, werden elf offizielle Sprachen als gleichberechtigt anerkannt. In der Reihenfolge der statistisch erhobenen Erstsprachen sind das isiZulu, isiXhosa, Afrikaans, Nord-Sotho, Englisch, Setswana, Süd-Sotho, XiTsonga, Siswati, Tshivenda und isiNdebele. Mit dem Bekenntnis zur sprachlichen Vielfalt wurde eine dezidiert andere Politik gewählt als in vielen anderen afrikanischen Staaten, die sich mit dem Argument, keine lokale Sprache gegenüber der anderen bevorzugen zu wollen, für eine ehemalige Kolonialsprache als offizielle Sprache oder Staatssprache entschieden haben. Die verfassungsmäßige Verankerung von elf offiziellen Sprachen, die als konstitutives Element in der Bildung der *Rainbow Nation,* also der Ideologie einer auf kultureller Vielfalt beruhenden staatlichen Einheit, verstanden wird, stellte einen Kompromiss zwischen unterschiedlichen gesellschaftlichen und politischen Gruppen dar.

Trotz dieses Bekenntnisses und trotz sprachenpolitischer und sprachplanerischer Anstrengungen kommt dem Englischen, das von der Zahl der L1-Sprecher*innen her statistisch an vierter Stelle rangiert, de facto eine unangefochten dominante Position zu. Deutlich wird das zum Beispiel im Bildungswesen, wo seitens der Eltern eine anhaltende Tendenz besteht, Kinder in Klassen bzw. (oft ehemals ‚weißen') Schulen mit englischer Unterrichtssprache anzumelden, auch wenn in der Familie bevorzugt andere Sprachen gesprochen werden. Dies wird in mehrfacher Hinsicht als problematisch betrachtet. Der Umstand, dass die Erstsprache der Kinder nicht in ausreichendem Maß als Unterrichtssprache herangezogen wird, wird als einer der entscheidenden Faktoren für schulischen Misserfolg und die hohe Zahl an Schulabbrecher*innen gesehen. Wie Heike Niedrig (2000: 300f.) zeigt, sind ‚schwarze Kinder' in ‚weißen Schulen' in einer ähnlichen Position wie Kinder zugewanderter Familien in Schulen in europäischen Ländern; sie werden als *LEP (Limited English Proficient) Students* bezeichnet und so über Sprach- und Sozialisationsdefizite definiert. Neville Alexander (2000) bringt das Dilemma der südafrikanischen Sprach- und Bildungspolitik auf die griffige Formel „English unassailable but unattainable" – Englisch unumstritten, aber unerreichbar – und er warnt davor, dass Bildung in englischer Sprache zu einem gesellschaftlichen Distinktionsmerkmal wird und dass „ein Sprachgraben den Rassengraben ersetzt" (Alexander 2001: 112).

Dass den afrikanischen Sprachen trotz der rechtlichen Gleichstellung mit Englisch in Bereichen wie der Bildung ein weit geringerer Wert beigemessen wird, hat nicht nur damit zu tun, dass Englisch als die Sprache gilt, die am ehesten zu Jobs und sozialem Aufstieg verhilft, sondern auch mit verinnerlichten sprachideologischen Diskursen. Die historischen Wurzeln dieser Diskurse reichen weit zurück. So haben europäische Linguist*innen im 19. Jahrhundert die für sie ungewohnten Klicklaute in Khoi- und Ngunisprachen als tierische Laute bezeichnet, um diese Sprachen und ihre Sprecher*innen als minderwertig abzuqualifizieren (siehe Kapitel 2.1).

Einen Höhepunkt erreichte die Verknüpfung von Rassen- und Sprachideologie in Südafrika zur Zeit der Apartheid. Der Population Registration Act von 1950 teilte die Bevölkerung in die Kategorien ‚White', ‚Indian', ‚Coloured' und ‚Native', wobei der Begriff ‚Native' in der Folge durch die Bezeichnung Bantu bzw. African ersetzt wurde. Das unmenschliche System verschiedenartiger Mechanismen, mit deren Hilfe eine ‚weiße' Minderheit die große Mehrheit der Bevölkerung von allen Rechten ausschloss, und die Gewalt, mit der diese Politik durchgesetzt wurde, können hier nicht im Einzelnen dargestellt werden. Die Gleichsetzung von Rasse und Sprache aber kam vor allem in der Bildungspolitik zum Ausdruck, die auf eine Zementierung der Trennung und der Machtverhältnisse zielte. Im Bantu Education Act von 1953, der das Schulwesen für die ‚schwarze' Bevölkerungsmehrheit neu reglementierte, wurden die Schüler*innen – unabhängig davon, wie sie tatsächlich im Alltag sprachen – einzelnen Sprachkategorien zugeschlagen, die weitgehend territorial definiert waren. Der Unterricht in diesen Sprachen beschränkte sich auf ein absolutes Minimum, jede Bildung darüber hinaus war nur in Afrikaans oder Englisch zugänglich. Hendrik Verwoerd, damals Minister of Native Affairs, begründete dies in einer Parlamentsrede 1953 folgendermaßen:

> *What is the use of teaching the Bantu child mathematics when it cannot use it in practice? That is quite absurd. Education must train people in accordance with their opportunities in life, according to the sphere in which they live.*[27]

Neville Alexander (1989: 21f.), der zu einem der wichtigsten Promotoren der Post-Apartheid-Sprachenpolitik werden sollte, kritisierte die Sprachenpolitik des Apartheidregimes, die darauf zielte, die ‚schwarze' Bevölkerung in eine große Zahl von untereinander rivalisierenden ‚ethnischen Gruppen'

27 Zit. nach Brian Lapping (1987): Apartheid – A History. London: Grafton/Collins.

aufzusplittern, und sich dabei einer der deutschen Romantik entliehenen Rhetorik in Bezug auf kulturelle und sprachliche Gruppenrechte bediente. Der durch Schüler*innen ausgelöste Soweto-Aufstand von 1976 wurde vom Regime mit brutaler Gewalt niedergeschlagen, sechshundert junge Menschen wurden getötet. Der Aufstand richtete sich nicht nur gegen den Plan, Afrikaans im Bildungswesen gegenüber dem Englischen aufzuwerten, sondern auch gegen die Benachteiligung durch das Bantu-Schulsystem. Mehr und mehr erhielt Englisch so die Konnotation einer Sprache der Befreiung.

Diese historischen Entwicklungen machen verständlich, warum den afrikanischen Sprachen bis heute das negative Image anhaftet, Bildung nicht adäquat vermitteln zu können und nicht allen Anforderungen einer modernen Gesellschaft gewachsen zu sein. Das führt nach wie vor nicht selten dazu, dass Sprache als Argument instrumentalisiert wird, um Zugang zu Bildung, Berufen oder Arbeitsplätzen zu gewähren oder zu verwehren. In manchen Fällen tritt die unverfänglichere Kategorie ‚Sprache' dabei an die Stelle der vormaligen Kategorie ‚Rasse'. Zu einem Kriterium kann nicht nur werden, welche Sprache jemand spricht, sondern auch, wie, also in welcher Varietät eine Sprache gesprochen wird. Abbildung 4 zeigt ein Banner, mit dem ein Callcentre in Cape Town neue Mitarbeiter*innen wirbt. Melden sollen sich Studierende, die fließend Englisch oder Afrikaans sprechen können und die – das rangiert sogar über den Sprachkenntnissen und steht als einziges Wort in Großbuchstaben – über einen „neutralen" Akzent verfügen. Im südafrikanischen Kontext ist die Botschaft unmissverständlich: Mit „neutral" ist der Akzent der ‚weißen' Mittelklasse gemeint.

Tatsächlich besteht trotz der Anerkennung afrikanischer Sprachen als gleichwertige Bildungssprachen nach wie vor ein großer Bedarf zum Beispiel im Hinblick auf Lehr- und Lernmaterialien oder Terminologieentwicklung. Besonders hartnäckig halten sich Ideologien von der Überlegenheit der ‚modernen' Sprachen gegenüber den ‚traditionellen' im Bildungssektor, wo weiterhin der monolinguale Habitus sprachlicher Abgrenzung und Reinheit vorherrscht. In Bezug auf isiXhosa plädieren Ana Deumert und Nkululeko Mabandla (2018) für eine dekoloniale Form von Standardisierung, die im Gegensatz zur Idee einer monolithischen Norm Diversität und Vielstimmigkeit zulässt. In anderen Bereichen ist ein Aufbrechen und eine Transformation der Diskurse über Sprache hingegen deutlich zu erkennen, so zum Beispiel im Fernsehen, wo mehrsprachige Serien im Hauptabendprogramm hohe Popularität genießen (Busch 2004), oder in der SMS- und Twitterkommunikation, die quer durch die Generationen unter Zuhilfenahme aller zur Verfügung stehenden sprachlichen Ressourcen praktiziert werden (Deumert und Mbandla 2018). Deumert und Mabandla (2009) legen dar, dass eine ‚Lösung' der Sprachenfrage keinesfalls darin bestehen kann, dass man von den 40 Prozent der südafrikanischen Bevölkerung, die Englisch nicht oder kaum sprechen und verstehen, verlangt, diese Sprache zu lernen, sondern dass es vielmehr darum geht, Anstrengungen zu unternehmen, damit alle Einwohner*innen in der Lage sind, mehrsprachig miteinander zu kommunizieren, Englischsprecher*innen also auch afrikanische Sprachen lernen.

Abbildung 4: Jobausschreibung in Cape Town. Das Konstrukt „NEUTRALER Akzent" enthält im südafrikanischen Kontext eine versteckte, aber unmissverständliche Botschaft.

2.3.4 Der Integration-durch-Sprache-Diskurs

Um die Jahrtausendwende setzte – im Vorfeld der bevorstehenden Osterweiterung der Europäischen Union im Jahr 2004 – in vielen europäischen Staaten eine Neuordnung in der Migrationspolitik ein. Im Vorwort zum Sammelband „Discourses on Language and Integration" stellen Gabrielle Hogan-Brun, Clare Mar-Molinero und Patrick Stevenson (2009: 3) fest, dass im Zuge dieser Wende dem Nachweis von Kenntnissen in den Staatssprachen eine Schlüsselrolle in der Kontrolle von Zuwanderung, Aufenthalt und Staatsbürgerschaft zugewiesen wurde. Begründet wurde diese Neuausrichtung nicht zuletzt mit sicherheitspolitischen Argumenten, die – beginnend mit 9/11 – zunehmend Migration mit Gewalt, Sprachpolitik mit *securitization* in Verbindung bringen (Khan 2016; Rampton und Charalambous 2020). Um verschärfte Sprachreglementierungen durchzusetzen, wurden in vielen Staaten Testmechanismen eingeführt, die die Rolle des *gate keeping* übernehmen. Zwischen den 1970er und 1990er Jahren pendelten Migrationspolitiken in den westeuropäischen Staaten je nach Konjunkturlage zwischen solchen der Assimilation, der Integration oder der Stimulierung zur Rückkehr. Demgegenüber spricht Paul Mecheril (2010: 58) in Bezug auf die Entwicklungen in Deutschland nach der Jahrtausendwende (die in Österreich und der Schweiz ganz ähnlich verliefen) von einer „Dekade der Disziplinierung", in der die Themen ‚Sprache' und ‚Religion' die Debatte bestimmten. Ein weiterer Einschnitt im Migrationsdiskurs kann im Zusammenhang mit der so genannten Flüchtlingskrise 2015 festgemacht werden (Rheindorf 2017; Niehr 2020).

Diskurse über Migration und Sprache

Das Paradigma von Disziplinierung und *securitization* in der westeuropäischen Migrationspolitik ist gekennzeichnet durch die Herausbildung von Machtdispositiven, die im Sinne von Michel Foucault (1978) Diskurse und die (freiwillige) Unterwerfung unter diese ebenso umfassen wie rechtliche Regelungen, institutionelle Praktiken und angedrohte Sanktionen oder Ausschlüsse. Bezogen auf die neuen Migrationspolitiken finden rechtliche Regelungen ihren Ausdruck zum Beispiel in (gesetzlich) normierten Sprachanforderungen für Zuzug, Aufenthalt und Staatsbürgerschaft. Umgesetzt werden diese durch institutionelle Praktiken wie das Testen von Sprachkenntnissen. Ihre Macht erlangen sie nicht zuletzt durch angedrohte Sanktionen, die bis zum Entzug der Aufenthaltsberechtigung und zur Ausweisung reichen können.

Auf diskursiver Ebene findet eine Verschiebung statt, indem zwei Diskursstränge, die zuvor nur in bestimmten Bereichen miteinander verknüpft waren, zusammengeführt werden: zum einen ein Migrationsdiskurs, der durch Metaphern von Bedrohung und Abwehr geprägt ist, zum anderen ein Metasprachdiskurs, der an *folklinguistics*, also an weitverbreitetes ‚Laienwissen' über Sprache(n) und Sprachverwendung anknüpft.

War im ausgehenden 20. Jahrhundert Sprachverfall durch Jugendjargon und Anglizismen zentrales Thema öffentlich geführter Sprachdebatten, so fokussieren diese nun auf der ‚Migrationsbevölkerung' kollektiv zugeschriebene sprachliche Defizite. Dabei handelt es sich, wie Niku Dorostkar (2014) zeigt, zu einem großen Teil um Stellvertreterdebatten, in denen soziale Konflikte über Sprache ausgetragen werden und Diskurse über Sprache und ‚Sprachigkeit' als Surrogat, das heißt als Ersatz für gesellschaftlich problematisierte oder tabuisierte Konzepte wie Rasse, Volk oder Kultur fungieren. Adrian Blackledge (2006) spricht in diesem Zusammenhang von „racialisation of language". Die politischen Debatten ebenso wie die Diskurse und Dispositive, in die sie eingebettet sind, haben zwei unterschiedliche Adressat*innengruppen. Vordergründig richten sie sich an die Gruppe der ‚Migrant*innen', wobei diese Kategorie und die Zugehörigkeit zu ihr erst durch politische Diskurse und Reglementierungen als solche definiert und konstituiert werden. Die Beherrschung der Staatssprache, so wird argumentiert, ist im eigenen Interesse der Betroffenen, sie sichert den Zugang zu Bildung, beruflichem Aufstieg und sozialer Teilhabe. Dorostkar zufolge wird der sprachenpolitische Diskurs in Österreich geprägt von einem linguistischen Paternalismus, der auf folgender paradoxen Vorstellung beruht: Migrant*innen sollen Deutsch lernen und sprechen *wollen* (Dorostkar 2014). Rheindorf (2017: 182) weist darauf hin, dass dieser paternalistische Diskurs eine neue Wendung erfahren hat, die ‚Integrationsunwilligkeit' thematisiert und auf den Begriff „Integration durch Strafe" gebracht werden kann.

Mindestens ebenso sehr wie an ‚die Migrant*innen' richten sich diese Politiken an die Mehrheitsbevölkerung als Mithörende, die in gewissem Sinn die eigentlich gemeinten Hauptadressat*innen sind. Der Integration-durch-Sprache-Diskurs auferlegt die Bringschuld im Sinn des Neoliberalismus einseitig denen, die sich ‚integrieren' sollen, und suggeriert, dass die Maßnahmen dazu dienen, die nationale Identität und das bestehende Wertesystem zu wahren. Anstatt die reale gesellschaftliche Mehrsprachigkeit anzuerkennen und die Sprachenpolitik den geänderten gesellschaftlichen Vorzeichen anzupassen, wird – als Reaktion auf den globalisierungsbedingten Verlust nationalstaatlicher Souveränität – auf das Ideal des monolingualen Nationalstaats zurückgegriffen (Hogan-Brun, Mar-Molinero und Stevenson 2009: 11). Sprachliche und kulturelle Homogenität werden als Garanten für Stabilität und gegen zentrifugale Kräfte, die den gesellschaftlichen Zusammenhalt bedrohen, dargestellt. Die politischen Debatten haben ein Pendant im wissenschaftlichen Diskurs. In mehreren Disziplinen wurde die alte Debatte, ob Zweisprachigkeit individuell und gesellschaftlich Vorteile bringt oder nicht, wieder auf die Tagesordnung gesetzt und sorgte zum Beispiel in Deutschland unter dem Titel „Streitfall Zweisprachigkeit" (Gogolin und Neumann 2009) für vehemente Auseinandersetzungen. Seit der Einführung der periodischen PISA-Schulleistungstests im Jahr 2000 ist in den europäischen Ländern und darüber hinaus eine wachsende Tendenz zum häufigen Messen sprachlicher Kompetenzen feststellbar, was – auch wenn dies nicht unbedingt beabsichtigt ist – auf ein Feststellen von Defiziten hinausläuft. Marion Döll und İnci Dirim (2011 und Döll 2021) haben demgegenüber eine dialogische Sprachstandsdiagnostik für mehrsprachige Kinder ausgearbeitet, die auf eine Förderung und sinnvolle Begleitung des Lernprozesses abzielt und sich auf das Beobachten unterschiedlich gestalteter Interaktionen zwischen dem Kind und den an seiner Lebenswelt beteiligten Personen stützt. Eine solche Sprachanalyse darf nicht nur Sprachkompetenz berücksichtigen, sondern muss auch einbeziehen, wie weit gewisse Sprachpraktiken in einem bestimmten, hierarchisch strukturierten Raum als legitim anerkannt werden (Dirim und Mecheril 2010: 102).

Sprachtests als Zugangsbeschränkung

Sprachtests, so hält Elana Shohamy (2006: 95) fest, sind nicht nur sprachideologisch geprägt, sondern sind auch mächtige Instrumente, mit denen Sprachenpolitik in drei Richtungen gelenkt wird: Festlegen von Status und Prestige einzelner Sprachen; Standardisieren und Fortschreiben von Sprachkorrektheit; Unterdrücken sprachlicher Diversität. Sprachtests als Vorbedingung für Zuzug, Aufenthalt oder Staatsbürgerschaft wurden seit der Jahrtausendwende in einer wachsenden Zahl von Staaten eingeführt, wobei die gestellten Anforderungen immer wieder nach oben geschraubt werden, um Zuzug zu beschränken. Im Rahmen des europäischen Forschungsprojekts „Testing regimes" wurden die diesbezüglichen staatlichen Regulierungen vergleichend erhoben. Der 2001 beschlossene „Gemeinsame europäische Referenzrahmen für Sprachen"[28] wird europaweit als Maßstab bei den Tests herangezogen, wobei die Frage, welches Sprachniveau im Test erreicht werden muss, von den einzelnen Staaten ganz unterschied-

28 https://www.coe.int/en/web/language-policy/home (28.5.2021)

lich gehandhabt wird. Für Zuzug reichte die Bandbreite zum Untersuchungszeitpunkt von Kompetenzstufe A1 bis B1+, für Aufenthaltstitel von A1 bis B2 und für Staatsbürgerschaft von A2 bis B2 (Van Avermaet 2009). Diese beträchtliche Bandbreite ist ein Indiz dafür, wie willkürlich die Anforderungen festgelegt werden. Ungleichheiten und Hierarchien kommen auch dadurch zum Ausdruck, welche Gruppen sich den Tests unterwerfen müssen und welche davon ausgenommen sind. Von Tests zum Erwerb eines festen Aufenthaltstitels ausgenommen sind in Österreich beispielsweise neben Bürger*innen aus EU- und EWR-Staaten auch sogenannte Schlüsselarbeitskräfte, die nach ihrem Einkommen definiert werden.

Tim McNamara (2009), einer der anerkannten Experten in der Sprachtestforschung, führt solche Inkonsistenzen darauf zurück, dass dieser Typus von Sprachtest nicht von fachlichen, sondern von politischen Kriterien bestimmt wird, nämlich der Regulierung von Zuwanderung und Einbürgerung. Der Europäische Referenzrahmen, ursprünglich zur Förderung des Sprachlernens im Hinblick auf europäische Mehrsprachigkeit konzipiert, wird durch diese Anwendung zweckentfremdet. Die politische Entscheidung aber wird der Kritik entzogen, indem sie in eine Expertendomäne ausgelagert und mit einer wissenschaftlichen Rhetorik der Objektivität verbrämt wird. Solche Tests genießen oft auch unter Gruppen, denen dadurch gravierende Nachteile erwachsen können, eine hohe Akzeptanz, schreibt Elana Shohamy (2006), die wie McNamara zum Kreis der führenden Expert*innen auf dem Gebiet der Sprachtestforschung gilt. Kritik richtet sich, so McNamara (2009), in vielen Fällen gegen die mangelhafte Qualität und Fairness der Tests und nicht gegen die Politik, die dahintersteht. Er zeigt auf, dass es in diesen Tests nicht um praktische kommunikative Fähigkeiten geht, sondern dass das Messen von Sprachkompetenz als Verschiebung eines anderen Messens zu verstehen ist, nämlich des Messens von Konformität mit einer nationalen Ideologie. Das heißt, bei der Forderung nach dem Nachweis von Sprachkenntnissen geht es nicht primär um die kommunikative Funktion von Sprache, sondern um ihre symbolische, es geht nicht primär um das Wohlergehen von Migrant*innen, sondern um den Ausdruck einer Ideologie, die Sprachgebrauch und kulturelle Werte verknüpft (ebd.: 158).

Sichtbar wird das an einem Paradoxon, das Mi-Cha Flubacher (2014) anhand der 2008 in der Schweiz novellierten Gesetzgebungen herausarbeitet. Auf Bundes- wie auf kantonaler Ebene wird im Sinne von Integration die Notwendigkeit des Erwerbs von Sprachkenntnissen in der „lokalen Sprache“ stipuliert, es wird allerdings nicht spezifiziert, welche Varietät des Deutschen – Standardsprache oder Dialekt – gemeint ist. Das hat insofern eine spezielle Relevanz, als die Schweiz als der ‚klassische' Fall von Diglossie gilt, anhand dessen Charles Ferguson (1959) das Diglossie-Konzept erläutert hat. Grob gesagt wird demzufolge die Standardvarietät vor allem in gewissen offiziellen Situationen und im schriftlichen Gebrauch verwendet, schweizerdeutsche Dialekte in informellen und mündlichen Interaktionen. In Kursen für Migrant*innen wird unhinterfragt die Standardvarietät angeboten, nicht Schweizerdeutsch. De facto werden Migrant*innen dadurch auf Distanz gehalten, denn Zutritt zum inneren „Wir-Kreis" haben nur jene, die als Sprecher*innen des Schweizerdeutschen identifiziert werden. Flubacher zeigt auf, dass hinter der weit verbreiteten Meinung, man könne Schweizerdeutsch nicht lernen, auch eine Weigerung sichtbar wird, Migrant*innen am „inneren sozialen Kreis" teilhaben zu lassen. Im Alltag, beispielsweise in der im Dialekt ablaufenden Kommunikation am Arbeitsplatz, erworbene Sprachkenntnisse werden offiziell nicht anerkannt, obwohl sie tatsächlich eine wichtige kommunikative Funktion haben. Dialektsprechen ‚mit Akzent' wird zudem von den ‚authentischen' Dialektsprecher*innen tendenziell als illegitime sprachliche Praxis empfunden. In Summe können Nachweis von Sprachkenntnissen und Sprachtests im Sinn von Louis Althusser (2008 [1970]) als ideologische Praxen verstanden werden, als ein Initiationsritual, durch das sich ‚Fremde', um den geforderten Beweis ihrer Integrationswilligkeit zu erbringen, als Subjekte einer nationalen Ordnung unterwerfen, die durch die Normativität der (Standard-)Sprache symbolisiert wird.

Sprachtests als Herkunftsnachweis

Um Exklusion und Inklusion geht es auch bei rechtlich-administrativen Verfahren, in denen bestimmte Formen des Sprechens als Nachweis für Herkunft, also für ethnische oder nationale Zugehörigkeit gewertet werden. In Deutschland wurde 1996 eine Art Sprachtest eingeführt, mit dem ermittelt wird, ob Antragsteller*innen zur Gruppe der Spätaussiedler*innen gezählt werden und demnach zur Einwanderung nach Deutschland berechtigt sind. Als „deutscher Volkszugehöriger" gilt laut Bundesvertriebenengesetz von 1953, „wer sich in seiner Heimat zum deutschen Volkstum bekannt hat, sofern dieses Bekenntnis durch bestimmte Merkmale wie Abstammung, Sprache, Erziehung, Kultur bestätigt wird". Zwischen 1950 und 1987 wurden rund zwei Millionen Aussiedler*innen in die Bundesrepublik Deutschland aufgenommen, mit der beginnenden Ostöffnung waren es allein im Jahr 1988 über 200 000 (Schüpbach 2009: 79). Als Reaktion auf den sprunghaften Anstieg der Zuwanderung vor allem aus dem Territorium der ehemaligen Sowjetunion wurde die Hürde für die Anerkennung als (Spät-)Aussiedler*in mehrfach angehoben. Seit 1996 wird auch ein Nachweis über Kenntnisse der deutschen Sprache verlangt. Ermittelt wird in zwei Richtungen: Einerseits geht es darum, in einem mündlichen Gespräch auf einer deutschen Botschaft im Ausland die Herkunft nachzuweisen, wobei das Sprechen eines Sprachinsel-Dialekts als Beweis für Authentizität gewürdigt wird. Als authentisch gilt eine Sprache, in die man sozusagen hineingeboren wurde; daher darf dieser Sprachtest auch nicht wiederholt werden. Andererseits müssen sich einreisewillige Angehörige von Aussiedler*innen seit 2005 demselben Sprachtest unterziehen wie andere Migrant*innen aus Drittstaaten, um ihr ‚Integrationspotenzial' unter Beweis zu stellen. In diesem Test muss das A1-Niveau des Europäischen Referenzrahmens erreicht werden, es geht also zentral um schriftliche und mündliche Kenntnisse in der Standardsprache. Vorbereitungskurse und Tests werden von Goethe-Instituten vor Ort angeboten. Dem rückwärts weisenden Konstrukt von Identität und Zugehörigkeit steht eine in die Zukunft projizierte Leistungserwartung gegenüber. In beiden Fällen wird ein bestimmtes Sprechen – der authentische mündliche Dialekt oder die messbare Standardsprachkompetenz – als Maßstab herangezogen. Was im einen Fall honoriert wird, zählt im anderen nicht (Schüpbach 2009).

Die hier diskutierten Verfahren fußen auf der Prämisse, dass eine eindeutige Korrelation zwischen Sprachen bzw. bestimmten Sprechweisen und ethnischer oder nationaler Zugehörigkeit besteht. Fokussiert wird auf Herkunftssprache und Zielsprache, außer Acht gelassen wird nicht nur, dass individuelle sprachliche Repertoires aufgrund der Biografie und politischer Umwertungen ständigen Veränderungen unterworfen sind, sondern auch, dass Sprachen, die verdrängt oder untersagt wurden, für die betreffenden Personen weiterhin eine bedeutende Rolle spielen können.

Um die Bestimmung von Herkunft aufgrund von elizitierten Äußerungen geht es auch für die in Asylverfahren eingesetzten Praktiken, die unter dem Begriff *Language Analysis for the Determination of Origin* (LADO) zusammengefasst werden und die den Anspruch erheben, auf der Basis von Sprachproben bestimmen zu können, ob von Asylwerber*innen gemachte Angaben zu ihrem Herkunftsland bzw. ihrer Herkunftsregion glaubwürdig sind oder nicht. Im Zuge der europaweiten Verschärfung des Asylverfahrens begannen die Einwanderungsbehörden vieler Länder von Linguist*innen erstellte Sprachanalysen als Beweismittel im Asylverfahren einzusetzen. Einige Staaten beauftragten damit eigene Agenturen, z. B. Lingua in der Schweiz, andere lagerten die Durchführung der Analysen an private Unternehmen aus, darunter die schwedische Firma Sprakab, die im Auftrag europäischer Asylbehörden jährlich tausende Sprachanalysen durchführen und damit einen Teil jenes Abwehrdispositivs bilden, mit dem der Diskurs der europäischen Abschottungspolitik umgesetzt wird.

Sprachwissenschaftliche Kritik an LADO zielt einerseits auf die Verbesserung der qualitativen Standards, mit denen die Sprachanalysen durchgeführt werden (Patrick, Schmid und Zwaan 2019), andererseits wird die Aussagekraft solcher Tests grundsätzlich in Frage gestellt. So verfasste eine Gruppe bekannter Linguist*innen Richtlinien, die die Einhaltung entsprechender Gütekriterien einfordern (LANOG 2004). In den Richtlinien werden auch Fragen grundsätzlicher Art aufgeworfen: Sprachanalysen sagen eher etwas über sprachliche Sozialisation aus als über die politisch-administrativen Kategorien nationaler Herkunft oder Staatszugehörigkeit. In vielen Situationen kann nicht erwartet werden, dass die Sprachprobe einer Person sich auf eine Sprachvarietät beschränkt. Das ist zum Beispiel der Fall, wenn in der Alltagskommunikation des Interviewten mehrere Sprachen und Varietäten präsent sind oder wenn die Sprache oder Varietät des Interviewers eine andere ist als die des Interviewten und es dadurch zu sprachlicher Anpassung kommt. Anhand eines konkreten Falls legen Dorn et al. (2014) sowohl die mangelnde Professionalität einer von Sprakab durchgeführten Analyse als auch die Unhaltbarkeit der ihr zugrunde liegenden sprachideologischen Annahmen dar. Jan Blommaert (2008a) untersucht den Fall eines Flüchtlings aus Ruanda, dessen Asylantrag in Großbritannien aufgrund seines soziolinguistischen Profils abgelehnt wurde. Indem er die Biografie von Joseph M. nachzeichnet, rollt Blommaert auf, wie irreführend die Annahme stabiler soziolinguistischer Verhältnisse ist, wenn es um Regionen geht, die über lange Zeit von Kriegswirren und Destabilisierung gekennzeichnet waren, und um Personen, deren Lebensgeschichte von *displacement*, von ständigem, erzwungenem Ortswechsel, geprägt ist.

Letztlich bildet die unhaltbare Annahme, dass jeder Person, ähnlich dem Fingerabdruck, eine sprachliche Identität anhaftet, die eindeutig auf ein Herkunftsland schließen lässt, den sprachideologischen Hintergrund von LADO. Es sollte dabei nicht vergessen werden, dass LADO eingeführt wurde, um eine restriktive europäische Asyl- und Migrationspolitik der politischen Diskussion zu entziehen und negative Asylentscheide auf (dem Anschein nach) objektive und wissenschaftliche Evidenzen zu stützen.

2.3.5 Minderheitensprachen und Sprachenrechte

Verbunden mit sozialen, antikolonialen und regionalistischen Bewegungen wird in den 1970er Jahren vermehrt die Forderung nach der Verankerung von Sprachenrechten erhoben. Das findet seinen Niederschlag ebenso in politischen wie in wissenschaftlichen Diskussionen über die Rechte indigener Völker[29] und regionaler Sprachminderheiten. Das Konstrukt ‚Minderheitensprache' setzt die Existenz von Nationalstaaten voraus, die Nation als Einheit von Territorium und Sprache definieren (Spolsky 2012). Der Begriff der Minderheit spricht weniger ein Zahlenverhältnis als das Machtgefälle innerhalb einer Gesellschaft an, im Kontext von Sprachenrechten wird die Minderheitenposition meist als mit anderen sozialen Benachteiligungen verbunden gesehen. Der Begriff ‚Minderheit' wird gelegentlich auch auf eine Gruppe bezogen, die nur zahlenmäßig in der Minderheit ist, wie im Fall von Südafrika auf die privilegierte Gruppe anglophoner oder afrikaanssprachiger ‚Weißer'. Begründet wird die Notwendigkeit von verbrieften Sprachenrechten aus zwei Perspektiven (Freeland und Patrick 2004: 1): Einerseits wird hervorgehoben, dass es darum geht, der Benachteiligung von Sprecher*innen marginalisierter Sprachen entgegenzuwirken, woraus zum Beispiel im Bildungswesen ein Recht auf Unterricht in der ‚Muttersprache' abgeleitet wird. Andererseits wird die drohende Verringerung der Anzahl der Sprachen in der Welt ins Zentrum gerückt. Von sprachwissenschaftlicher Seite lassen sich drei Zugänge unterscheiden: Der sprachökologische fokussiert auf die bedrohte Kultur- und Sprachenvielfalt und stellt eine direkte Verbindung zur Biodiversität her (Mühlhäusler 1996; Romaine 2006). Der Ansatz der *Linguistic Human Rights* (Skutnabb-Kangas und Phillipson 1995) richtet sich gegen Sprachimperialismus und sprachliche Hegemonie. Gewarnt wird vor dem scheinbar unaufhaltsamen Aufstieg der ‚Weltsprache Englisch' und dem damit verbundenen ‚Sprachtod' kleinerer Sprachen. Der soziohistorische bzw. soziopolitische Ansatz

---

29 International Labour Organization (ILO) (1989). Indigenous and Tribal Peoples Convention (No. 169). Abrufbar unter: https://www.ilo.org/dyn/normlex/en/f?p=NORMLEXPUB:12100:0::NO::P12100_ILO_CODE:C169 (8.1.2021).

distanziert sich von biologisch-ökologischen Argumentationen und ist im Gegensatz zum Linguistic-Human-Rights-Ansatz eher einem Zugang verpflichtet, der den Konstruktcharakter von Sprache(n) und die Kontingenz der Verknüpfung von Sprache und Identität hervorhebt (Freeland und Patrick 2004; May 2012).

Grundsätzliche Einwände gegen das Festschreiben von Sprachenrechten werden auf politischer Ebene damit argumentiert, dass sie den gesellschaftlichen Zusammenhalt gefährden könnten. Diese Haltung vertrat etwa der französische Verfassungsgerichtshof 1999 in seiner Ablehnung eines französischen Beitritts zu europäischen Rechtsinstrumentarien zum Schutz von Minderheitenrechten.

Zwei Spielarten von Sprachenrechten in Europa

Anhand von zwei Instrumentarien des Europarates mit sprachenrechtlichen Implikationen lassen sich unterschiedliche Ansatzpunkte verdeutlichen. Bereits in den 1980er Jahren begannen auf Initiative der Ständigen Konferenz der Gemeinden und Regionen beim Europarat die Arbeiten zur Europäischen Charta für Regional- und Minderheitensprachen[30] (im Folgenden ‚Charta'). Die Rahmenkonvention zum Schutz nationaler Minderheiten[31] (im Folgenden ‚Rahmenkonvention') wurde vom Europarat erst in den frühen 1990er Jahren in Angriff genommen. Beide Rechtsinstrumente traten 1998 in Kraft. Erst die Spannungen und Konflikte in Ost- und Südosteuropa nach dem Fall des Eisernen Vorhangs vermochten den langjährigen Widerstand vieler westeuropäischer Staaten gegen eine Verankerung von Sprachen- und Minderheitenrechten zu überwinden.

Die Charta geht vom Schutz von Regional- und Minderheitensprachen als Teil des immateriellen kulturellen Erbes aus. Als Regional- und Minderheitensprachen werden solche definiert, die „herkömmlich in einem bestimmten Gebiet eines Staates von Angehörigen dieses Staates gebraucht werden, die eine Gruppe bilden, deren Zahl kleiner ist als die der übrigen Bevölkerung des Staates", wobei „Dialekte der Staatssprachen" und „Spra-

30 Council of Europe (1992). European Charter for Regional or Minority Languages. European Treaty Series Nr. 148. Strasbourg. Text und Übersetzungen abrufbar unter: https://www.coe.int/t/dg4/education/minlang/textcharter/ (28.5.2021).

31 Council of Europe (1995). Framework Convention for the Protection of National Minorities. European Treaty Series 157. Strasbourg. Text und Übersetzungen abrufbar unter: https://www.coe.int/en/web/minorities/home (28.5.2021).

chen von Zuwanderern“ sowie „Staatssprachen“ explizit ausgeschlossen sind. Zugrunde liegt die Idee, dass sprachliche Rechte an Staatszugehörigkeit und an Territorialität gebunden sind. Ein eingeschränkter Schutz wird auch für traditionelle, aber „nicht territorial gebundene Sprachen“ vorgesehen – konkret vor allem Jiddisch und Romani. Die Charta steht damit noch deutlich unter einem für die 1980er Jahre charakteristischen minderheitenpolitischen Vorzeichen. Im Sinne multikulturalistischer Vorstellungen werden Sprachen mit feststehenden Gruppenidentitäten und territorialen Bindungen verknüpft.

Im Unterschied dazu geht die Rahmenkonvention von individuellen Rechten aus; diese können jedoch in Gemeinschaft mit anderen ausgeübt werden, was gerade im Hinblick auf Sprache entscheidend ist. Sprachliche Rechte werden nicht gesondert behandelt, sondern stellen eine Querschnittmaterie dar, die in zahlreichen Artikeln explizit oder implizit enthalten ist. Eine Besonderheit der Rahmenkonvention ist die Bedeutung, die dem Schutz vor Diskriminierung und dem interkulturellen Dialog, insbesondere in den Bereichen Bildung, Kultur und Medien, beigemessen wird. Die Rahmenkonvention sieht davon ab, den Begriff der nationalen Minderheit näher zu definieren, womit tendenziell eine Ausweitung auf zusätzliche Gruppen möglich wird und eingefordert werden kann. Die Definition, welche Sprachen bzw. welche Personengruppen unter den Schutz der beiden europäischen Vertragswerke gestellt werden, obliegt den einzelnen Unterzeichnerstaaten; der Schutz der Rahmenkonvention kann aber auch von Menschen, die sich bestimmten Gruppen zurechnen, die staatlicherseits (noch) nicht als Minderheit anerkannt sind, in Anspruch genommen werden.[32]

Ein Sprecher*innen-orientierter Zugang zu Sprachenrechten

Im Folgenden soll am Beispiel der Europäischen Rahmenkonvention dargestellt werden, in welche Richtung sich sprachliche Rechte so weiterentwickeln lassen, dass keine essenzialisierende Verknüpfung von Sprache, Identität und Territorium vorgenommen und festgeschrieben wird, son-

---

32 Advisory Committee on the Framework Convention for the Protection of National Minorities: Thematic Commentary No. 4. The scope of application of the Framework Convention. May 2016. ACFC/56DOC(2016)001. Abrufbar unter: https://rm.coe.int/CoERMPublicCommonSearchServices/DisplayDCTMContent?documentId=09000016806a4811 (8. 1. 2021).

dern Sprecher*innen mit ihrem komplexen sprachlichen Repertoire und ihren sprachlichen Bedürfnissen und Aspirationen als Ausgangspunkt genommen werden. Das Advisory Committee (der für das Monitoring der Implementierung der Rahmenkonvention zuständige Expert*innenausschuss) hat 2012 seine Positionen in Bezug auf Sprachenrechte[33] dargelegt. Das Dokument weist in verschiedener Hinsicht auf eine neue Interpretation und Konzeption von Sprachenrechten. Das in der Rahmenkonvention festgelegte Prinzip des freien Bekenntnisses zu einer Minderheit wird dahingehend präzisiert, dass es den Einzelnen zusteht, Zugehörigkeit zu mehreren Gruppen geltend zu machen, wobei bestimmte Sprachenrechte auch situations- und kontextspezifisch wahlweise in Anspruch oder nicht in Anspruch genommen werden dürfen. Die Inanspruchnahme solcher Rechte darf nicht an den Nachweis sprachlicher Kompetenzen gebunden werden. Damit soll möglichen Folgen vorangegangener Assimilationspolitiken Rechnung getragen werden. Als unzulässig werden Regelungen bewertet, die den Genuss von Rechten davon abhängig machen, dass sich Personen exklusiv und dauerhaft zu einer Sprachgruppe bekennen müssen. Kritisiert wird in diesem Zusammenhang die Praxis in Südtirol, der zufolge eine Beschäftigung im öffentlichen Dienst nur für Personen möglich ist, die sich einer der drei vorgegebenen Sprachkategorien ‚Deutsch', ‚Italienisch' oder ‚Ladinisch' zuordnen.

Im Dokument des Advisory Committee wird auch hervorgehoben, dass Befragungen zu statistischen Zwecken anonym sein müssen, nicht nur vorgegebene Kategorien umfassen dürfen und – besonders wichtig – Mehrfachnennungen zulassen sollen. Das Dokument geht explizit davon aus, dass Sprache und Identität keine statischen Kategorien sind, sondern sich im Verlauf des Lebens verändern (Absatz 13). Es soll dem Umstand Rechnung getragen werden, dass viele Menschen ihren Lebensalltag in mehr als einer Sprache organisieren. Individuelle Mehrsprachigkeit wird als Wert gesehen, und zwar nicht nur für Angehörige von Minderheiten, sondern auch für solche der Mehrheit. Sie sollen animiert werden, Minderheitensprachen zu lernen, um zumindest rezeptive Kompetenzen in diesen Sprachen zu entwickeln. In früheren sprachenrechtlichen Politiken wurde Sprecher*innen von Minderheitensprachen Bilingualismus bzw. das Er-

33 Advisory Committee on the Framework Convention for the Protection of National Minorities: Thematic Commentary No. 3. The Language Rights of Persons Belonging to National Minorities Under the Framework Convention. July 2012. ACFC/44DOC(2012)001 rev. Abrufbar unter: https://www.coe.int/en/web/minorities/thematic-commentaries (28.5.2021).

lernen der Staatssprache nahegelegt oder abverlangt. Kritisiert wurde diese Vorgabe häufig als Schritt in Richtung sprachliche Assimilation. Demgegenüber versteht das Dokument des Advisory Committee Bi- bzw. Multilingualismus als reziproken Prozess in der Perspektive einer Anerkennung sprachlicher Diversität. Für die Schule wird festgehalten, dass Schüler*innen nicht vor die Entscheidung gestellt werden dürfen, entweder eine Minderheiten- oder die Mehrheitssprache zu lernen. Empfohlen werden Modelle bi- oder multilingualen Unterrichts, die für Kinder aus allen Sprachgruppen attraktiv sein sollen (Absatz 72).

Generell sollen Sprachenpolitiken sicherstellen, dass die in einer Gesellschaft gesprochenen Sprachen im öffentlichen Bereich präsent, hörbar und sichtbar sind, damit der multilinguale Charakter der Gesellschaft für alle erfahrbar wird und sich jede Person als integraler Teil der Gesellschaft wahrnehmen kann. Inklusive Sprachenpolitiken müssen den Bedürfnissen aller gerecht werden: jenen von Minderheitenangehörigen außerhalb der traditionellen Siedlungsgebiete ebenso wie jenen von Einwohner*innen, die die Staatsbürgerschaft des Landes nicht besitzen (Absatz 33). Zusammenfassend heißt es in Absatz 95, dass die Anerkennung des Rechts auf Differenz nicht dazu führen darf, Identitäten festzuschreiben und zu reifizieren:

> *Recognition of difference shall be based on full and effective equality of all members of society, irrespective of their identity and language affiliation. Promotion of such equality requires the adoption of measures that enable an equal access to resources and rights despite differences, and allow for social interaction across differences.*

Drei Dimensionen

Die Konzeption von Sprachenrechten, wie sie der Europäischen Rahmenkonvention und deren Auslegung durch das Advisory Committee zugrunde liegt (Roter und Busch 2018), beruht auf drei einander bedingenden und ergänzenden Grundsätzen: (1) auf dem Recht, Differenz auszudrücken, und dem Recht auf Anerkennung von Differenz – Michel Foucault (2007: 85) nennt es „das Recht auf Anderssein"; (2) auf einem gleichberechtigten Zugang zu Ressourcen und Rechten trotz Differenz; und (3) auf der Notwendigkeit von sozialer Interaktion über Differenz hinweg – „social interaction across difference", wie Nancy Fraser (2000: 112) es ausdrückt. Diese Dimensionen entsprechen in etwa der Idee der Multidimensionalität von Sprache, wie sie von Karl Bühler (1999 [1934]) vertreten wurde. Er unterscheidet zwischen der expressiven Dimension, welche die sprachliche

Äußerung mit der Position des Sprechers bzw. der Sprecherin in Bezug setzt, der repräsentativen Dimension, die sich auf den Inhalt einer Äußerung bezieht, und der Appelldimension, der Orientierung auf Interaktionspartner*innen. Ein Sprecher*innen-orientierter Zugang zu Sprachenrechten nimmt nicht Sprachen oder Sprachgemeinschaften als Ausgangspunkt, sondern trägt dem kontingenten und konstruierten Charakter von Sprachen als Kategorien Rechnung. Er fokussiert auf sprachliche Praktiken und anerkennt die Verschiedenheit individueller sprachlicher Ressourcen und den heteroglossischen Charakter sprachlicher Repertoires. Er geht von situativen Identifikationsakten aus, in denen Einzelne ihre Differenz zu und ihre Identifikation mit anderen zum Ausdruck bringen, und nimmt kollektive Identitäten, denen die Einzelnen zugeordnet werden, nicht als gegeben an. Anstatt eine naturgegebene Verknüpfung zwischen Sprache und Territorium anzunehmen, wird in solchen Zugängen dem Rechnung getragen, wie Sprecher*innen sich in ihrem Alltag in unterschiedlichen sozialen Netzwerken und Räumen bewegen, die durch spezifische Sprachregime gekennzeichnet und begründet werden.

3 Sprachregime – eine Raumperspektive

Verschiedene Gründe sprechen dafür, Phänomene von Mehrsprachigkeit aus einer Raumperspektive zu betrachten. Räume und Orte werden in den Blick genommen, um der Prozesshaftigkeit, dem In-Bewegung-Sein und der Komplexität sprachlicher Konfigurationen besser gerecht zu werden. Tendenziell hat sich das Interesse verlagert, weg von der Vorstellung gesellschaftlicher Stratifikation als zentrale und stabile Muster innerhalb eines gegebenen Raums, hin zu Fragen nach Einschluss und Ausschluss, nach Zugang oder Nichtzugang zu Ressourcen, Informationen und Rechten. Eine Raumperspektive schafft die Möglichkeit, Phänomene auf der Mikroebene (z. B. Sprachgebrauch in konkreten Interaktionen) mit Entwicklungen auf einer Makroebene (z. B. Prozessen der Globalisierung) zu verbinden.

In diesem Teil des Buchs liegt der Fokus vorwiegend auf kleinräumigen Sprachregimen, an denen sich großräumige Verschiebungen ebenso festmachen lassen wie Verknüpfungen mit anderen Räumen oder Raum-Zeiten. Solche Regime sind ebenso durch spezifische Machtkonstellationen und sprachliche Hierarchien gekennzeichnet wie durch gegenläufige Aneignungsprozesse oder Gegendiskurse, die geeignet sind, sprachliche Praktiken und Sprachideologien zu transformieren. Ausschlaggebend ist dabei, dass Räume nicht mehr als gegeben verstanden werden, sondern als durch soziale, sprachliche und diskursive Praktiken geschaffen und in ständigem Wandel begriffen. Organisationen und Institutionen werden in diesem Sinn als sozial und sprachlich konstituierte Räume untersucht. Das Konzept des Sprachregimes wird primär am Beispiel der Schule diskutiert, Administration und Justiz sowie Gesundheitswesen kommen ebenfalls zur Sprache.

3.1 Globalisierung und Sprache

Dieses Kapitel soll einen Einblick in verschiedene Forschungsansätze geben, die sich mit Sprache und Mehrsprachigkeit unter den Bedingungen globaler Warenströme, Migrationsprozesse und Kommunikationsflüsse auseinandersetzen. Thematisiert werden die sukzessive Entkoppelung von Sprache und Territorium und die damit einhergehende wachsende sprachliche Diversität in urbanen Zentren (und darüber hinaus), der Warencharakter von Sprachen auf globalen und lokalen Märkten oder die Herausbildung neuartiger transnationaler Kommunikationsräume.

Deterritorialisierung und neue Raumkonfigurationen

Wie in den Sozialwissenschaften gewinnt Raum als soziale Kategorie auch in der Soziolinguistik immer mehr an Bedeutung. Ein verstärktes Interesse an Raum setzte in den 1970er Jahre ein und wird in Zusammenhang mit der Krise des Fordismus gebracht, also einer Krise der industriellen Produktion im Rahmen nationaler Ökonomien, ausgelöst durch Prozesse, die man heute meist unter dem Stichwort ‚Globalisierung zusammenfasst (Wissen, Röttger und Heeg 2008). Eingeleitet wird dieser *spatial turn* unter anderem durch Arbeiten von Henri Lefebvre (2004 [1974]), von Vertreter*innen der Radical Geography bzw. der postmodern orientierten Geografie wie Doreen Massey (1993) und Edward Soja (1996). Für den *spatial turn* ist, schreibt Doris Bachmann-Medick,

> *nicht der territoriale Raum als Container oder Behälter maßgeblich, sondern Raum als gesellschaftlicher Produktionsprozess der Wahrnehmung, Nutzung und Aneignung, eng verknüpft mit der symbolischen Ebene der Raumrepräsentation (etwa durch Codes, Zeichen, Karten). Vor allem aber wird die Verflechtung von Raum und Macht zu einer wichtigen Untersuchungsachse. (Bachmann-Medick 2009: 292)*

Solange die Vorstellung von territorial begründeten Nationalökonomien vorherrschte, wurde der Nationalstaat als die zentrale räumliche Maßstabsebene angenommen. Dementsprechend ging auch die klassische Soziolinguistik von der Annahme relativ stabiler sprachlicher Gefüge innerhalb einzelner Nationalstaaten aus. Bei der Untersuchung sprachlicher Variablen richtete sich das Interesse sowohl auf deren horizontale, geografische Verbreitung als auch auf die vertikal stratifizierte Verteilung sprachlicher Manifestationen nach Klassen, sozialen Schichten oder Altersgruppen. Ausgegangen wurde von der Vorstellung relativ konstanter und in sich homogener Sprach- bzw. Sprechgemeinschaften, die sozial, regional, ethnisch usw. definiert wurden. Der Übergang von territorial begründeten Nationalökonomien zu einem weltumspannenden Markt mit deterritorialisierten, transnational operierenden Akteur*innen, also jene Entwicklungen, die mit dem Begriff ‚Globalisierung' bezeichnet werden, stellen daher auch die Sprachwissenschaft vor neue Herausforderungen. Norman Fairclough (2006), der sich aus diskursanalytischer Sicht mit einer Reihe von Globalisierungstheorien auseinandersetzt, erinnert daran, dass Globalisierung auch unter dem Aspekt eines diskursiven Konstrukts gesehen werden kann: Globalisierungsdiskurse beschreiben nicht nur Prozesse und Entwicklungen, die vor sich gehen, sondern können unter Umständen auch dazu beitragen, Prozesse der Globalisierung ins Leben zu rufen und zu prägen (ebd.: 4).

Für die Mehrsprachigkeitsforschung sind vor allem Aspekte der Globalisierung relevant, die als Prozesse der Deterritorialisierung beschrieben werden, das heißt die Steigerung (freiwilliger und erzwungener) Mobilität von Personen und die Multiplizierung und Intensivierung von Kommunikationsflüssen. Steven Vertovec (2007) hält fest, dass sich in den letzten zwanzig Jahren immer mehr Menschen aus immer mehr Orten der Welt über immer weitere Distanzen bewegen, was sich gesellschaftlich in zunehmend komplexen, sich ständig wandelnden und unerwarteten Formationen niederschlägt. Diese gesellschaftliche Komplexität fasst Vertovec unter den Begriff *super diversity*. Dieser Begriff wurde in der Soziolinguistik gern aufgegriffen, weil er geeignet schien, Prozesse wachsender sprachlicher Diversifizierung zu charakterisieren. Einen aktuellen Überblick über Themenbereiche wie Cultural Heritage, Sport, Bildung, Recht, Wirtschaft und Entrepreneurship gibt „The Routledge Handbook of Language and Superdiversity" (Creese und Blackledge 2018). Auf wirtschaftlicher und politischer Ebene kommt es zu neuen Raumkonfigurationen: Gegenüber den Nationalstaaten, die tendenziell an Bedeutung verlieren, treten andere Ebenen in den Vordergrund. Auf supranationaler Ebene sind das internationale Zusammenschlüsse (z. B. Europäische Union, ASEAN-Staaten, OECD), global agierende Unternehmen, Medien, Institutionen (z. B. Weltwährungsfonds, Internationaler Strafgerichtshof) und Organisationen (z. B.

NGOs). An Bedeutung gewinnen tendenziell auch kleinräumige Einheiten wie Regionen, Gemeinden oder Stadtteile. Diese Neugewichtung von Raumvorstellungen wird oft mit dem Begriff *rescaling* bezeichnet. In jüngster Zeit wird aber auch der *scale*-Begriff einer kritischen Diskussion unterzogen, weil er eine hierarchische Strukturierung von Räumen (groß/klein, übergeordnet/untergeordnet, allgemein/spezifisch usw.) als vorgegeben suggeriert (Wissen 2008).

Räumliche Betrachtungsweisen schlagen sich in der Mehrsprachigkeitsforschung in einem Interesse an Prozessen auf einer Makroebene, wie z. B. der Frage nach Englisch als globaler Sprache, wie auch in einem Interesse an kleinräumigen Sprachregimen (Mikroebene) nieder. Die Forschung zu Englisch als *Lingua franca* (ELF) sieht Englisch nicht mehr als Code, der dem ‚*native speaker*' gehört, sondern als „multilingual mode, encompassing all the linguistic resources of speakers and listeners" (Seidlhofer 2017: 394). Außerdem nimmt Mehrsprachigkeitsforschung auch wechselseitige Beziehungen zwischen verschiedenen Ebenen und translokale Verknüpfungen in den Blick, wie sie beispielsweise in Kommunikationsräumen zum Tragen kommen, die durch neue Medien eröffnet werden.

Sprachliche Diversität

Zu Sprache und Globalisierung gibt es eine umfangreiche, ständig im Wachsen begriffene Literatur. Der folgende Abschnitt will exemplarisch aufzeigen, welche verschiedenen Zugänge sich in diesem Feld herauskristallisieren. Einen Überblick gibt das 2010 erschienene „Handbook of Language and Globalization" (Coupland 2010), dessen thematisches Schwergewicht auf Makroentwicklungen liegt, also zum Beispiel darauf, wie sich einzelne Sprachen auf dem globalen Sprachmarkt gegenüber anderen behaupten oder wie sich in Bereichen der Ökonomie, Kultur und Lebensstile globalisierte Diskurse und diskursive Räume herausbilden. Unser Interesse richtet sich demgegenüber eher auf solche Phänomene, die im Handbuch unter den Stichwörtern *glocalization, localization* und *production of locality* zusammengefasst werden. Der Fokus auf lokale Praktiken bedeutet nicht, großräumige, globale Phänomene auszublenden, sondern sie im Lokalen aufzuspüren. Bei einer genauen Betrachtung konkreter Situationen lassen sich nicht nur die Auswirkungen von Makroerscheinungen auf Alltagspraktiken festmachen, sondern auch Potenziale der Veränderung, die ihnen innewohnen. Das Interesse an lokalen sprachlichen Praktiken kann verstanden werden als „a shift away from broad abstractions about language, discourse and society towards local activity as part of everyday life" (Pennycook 2010: 1), also von vorgeblich universellen Strukturen zum Spezifischen und Konkreten. Es geht dabei auch um das Explorieren sprachlicher Grassroot-Praktiken an konkreten Orten.

Aus der Perspektive der Kritischen Diskursanalyse betrachtet Norman Fairclough in seinem Buch „Language and Globalization" (2006) die Veränderungen von Diskursordnungen unter dem Vorzeichen der Neukonfiguration von Räumen. Unter Diskursordnung versteht er einen Komplex von verschiedenen Diskursen, Genres und Stilen, die zueinander komplementär, alternativ oder konfliktuell sein können. Prozesse der Globalisierung können sich auf bestehende Diskursordnungen so auswirken, dass diese aufgebrochen werden, indem Diskurse, Genres und Stile aus anderen Ordnungen und Kontexten Eingang finden und rekontextualisiert werden. Diese diskursiven Verschiebungen können ihrerseits dazu beitragen, neue soziale Realitäten zu schaffen.

Aus der Perspektive der Soziolinguistik beziehungsweise der *Linguistic Anthropology* nähert sich Jan Blommaert dem Phänomen in „The Sociolinguistics of Globalization" (2010) an. Er verknüpft die Konzepte *scale*, Indexikalität und Polyzentrismus zu einem Analyseinstrumentarium für eine Soziolinguistik mobiler Ressourcen. Unter *scale* versteht er nicht nur das Kontinuum politisch-räumlicher Ordnungen von lokal zu global, sondern auch die hierarchischen Zeit-Raum-Beziehungen zwischen dem kontextualisierten Spezifischen und dem dekontextualisierten Allgemeinen. Die Möglichkeit, in einer Interaktion die *scale* zu wechseln und damit eine hierarchische Beziehung herzustellen, ist, so Blommaert (2010: 36), abhängig von den Ressourcen, die den Beteiligten zur Verfügung stehen. Ein solcher Wechsel in eine höhere *scale* findet zum Beispiel statt, wenn in einem Gespräch einer der Beteiligten in einen medizinischen Fachjargon wechselt. In diesem Zusammenhang verwendet Blommaert (ebd.: 37f.) auch den Begriff der indexikalischen Ordnungen *[orders of indexicalities]*. Damit bezeichnet er Typen von sprachlicher Praxis, die in Mustern auftreten und auf Rollen in der Interaktion verweisen. Solche ‚Register' zu verwenden bedeutet, als ‚jemand' zu sprechen – als Mann oder als Arzt beispielsweise – und zu erwarten, auch als solcher wahrgenommen zu werden. Indexikalische Ordnungen haben manchmal lange und komplexe Geschichten, so zum Beispiel im Rahmen des Nationalstaates mit seinem kulturellen und sprachlichen Zubehör. Indexikalische Ordnungen sind auch mit Zugangsregeln und damit mit Machtbeziehungen verbunden. Mit dem Konzept des

Polyzentrismus verweist Blommaert (ebd.: 39f.) in Anlehnung an Bachtin außerdem darauf, dass in jeder Äußerung verschiedene Adressaten (Personen, Gruppen, abstrakte Vorstellungen) mitgedacht werden und dass deshalb jede sprachliche Interaktion gleichzeitig auf mehrere Zentren und Normsysteme hin orientiert ist. Die drei Konzepte – *scale*, Indexikalität und Polyzentrismus – müssen, so Blommaert (ebd.: 41), berücksichtigt werden, wenn man soziolinguistische Phänomene der Sprachwahl im Kontext von Globalisierung verstehen will: Diese entwickeln sich auf verschiedenen *scale*-Ebenen, auf denen unterschiedliche Ordnungen von Indexikalität wirksam werden, was sich in einem polyzentrischen Kontext niederschlägt, in dem kommunikatives Verhalten gleichzeitig in mehrere Richtungen gelenkt wird.

Sprache als Ware auf dem Sprachenmarkt

Im Zuge von Globalisierung und der wachsenden Bedeutung der Vermarktung von Dienstleistungen und Information werden die Sprach- und die Sprachlernindustrie weltweit zu einem immer wichtigeren Wirtschaftszweig (Calvet 2002). Im Bereich der Sprachlernindustrie, zu der nicht nur Sprachkurse in traditionellen Settings oder online mit den entsprechenden Kursmaterialien zählen, sondern auch Test- und Zertifizierungsprogramme, dominiert nach wie vor Englisch. In der Sprachindustrie, zu der unter anderem die Bereiche Dolmetschen, Translation, Spracherkennung, Lektorate oder die Lokalisierung globaler Angebote gehören, geht es um ein breiteres Sprachenspektrum. Shin (2016) zeigt, wie die Sprachlernindustrie von neoliberalen Ideologien der Selbstoptimierung profitiert und diese zugleich befördert. Mit der Kommodifizierung von Sprache, also ihrer Vermarktung als Ware, setzen sich Alexandre Duchêne und Monica Heller (2012) auf der Makro- und der Mikroebene auseinander. Sie bezweifeln zwar nicht, dass Globalisierungsprozesse eng mit einer Hegemonie des Englischen korrelieren. Sie heben aber hervor, dass die gegenwärtig beobachtbaren Phänomene wesentlich komplexer sind, da Prozesse der Internationalisierung zwangsläufig auch Fragen nach Lokalisierung aufwerfen. Mehrsprachigkeit kann sich, wie sie anhand verschiedener Untersuchungen ausführen, in der informationsbasierten New Economy nicht nur als praktische Notwendigkeit erweisen, sondern auch als profitable Marketingstrategie, sei es, um neue Märkte zu erschließen, sei es, um die Lokalität und Authentizität eines Produkts oder eines Ortes als Distinktionsmerkmal hervorzuheben. Dadurch können bestimmte Typen von Multilingualismus – im Unterschied zu anderen – an Marktwert gewinnen.

Auf das Konzept des sprachlichen Markts von Pierre Bourdieu (1990) wird, wie bei Duchêne und Heller (2012), in Untersuchungen zu Sprache, Raum und Globalisierung häufig Bezug genommen. Das von Bourdieu in den 1970er Jahren im nationalen Kontext Frankreichs entwickelte Konzept wird ausgeweitet, um die Beziehung von lokalen, nationalen und globalen Sprachmärkten zu analysieren. Zentral ist in Bourdieus Modell, wie Sprachwahl auf der Mikroebene mit der Makroebene gesellschaftlicher Machtverhältnisse verknüpft ist. Jeder sprachliche Tausch, so Bourdieu, ist gewissermaßen ein Mikromarkt, der immer von übergeordneten Marktstrukturen beherrscht bleibt. Jedes Sprechen ist ausgerichtet auf zu erwartende Rezeptionsverhältnisse, mögliche Belohnungen oder Sanktionen auf dem jeweiligen Markt. Das Wissen über sprachliche Machtverhältnisse und über den Wert des eigenen Sprachkapitals wird durch Sozialisation erworben und wird Teil der in den Körper eingeschriebenen Dispositionen, des sprachlichen Habitus. Bourdieu (1990: 46f.) erläutert das am Beispiel einer Begebenheit aus den 1970er Jahren: Der Bürgermeister der südfranzösischen Stadt Pau wendet sich anlässlich einer Feier zu Ehren eines Lokaldichters in der Lokalsprache, Béarnais, an die Gäste. Ein Journalist der Lokalzeitung bringt zum Ausdruck, dass sich die Festgäste durch diese „eindrucksvolle Geste" (ebd.: 47) tief berührt zeigten. Der Bürgermeister erreicht mit dem Verstoß gegen die ungeschriebene Regel, wonach ein Amtsträger bei offiziellen Anlässen zwingend Französisch sprechen muss, zweierlei: Durch den symbolischen Gebrauch der Lokalsprache erzielt er auf dem lokalen Markt einen Distinktionsgewinn und demonstriert, weil es eine Geste der Herablassung ist, zugleich das Machtgefälle zwischen dem Französischen als der einzigen für offizielle Gelegenheiten akzeptablen Sprache und dem zu einem Patois herabgesetzten Béarnais.

Medien- und Kommunikationsräume

Auch die Beschäftigung mit Medienkommunikation trägt zum Verständnis des Zusammenhangs zwischen Mehrsprachigkeit und Globalisierung bei, wenn es darum geht, wie Kommunikationsräume durch veränderte Medienpraktiken neu konfiguriert werden. Historisch gesehen war die Entstehung und Ausbreitung von Massenmedien eng mit der Schaffung von Nationalstaaten und der damit einhergehenden Durchsetzung nationaler Standardsprachen verknüpft. Auch wenn Medien in der Regel weniger direkt staatlichem Einfluss unterliegen als das Bildungswesen, so haben sie doch keinen geringen Anteil sowohl an der Durchsetzung sprachlicher Normen als auch an Prozessen sprachlichen Wandels. Sie stellen sprachliche Ressourcen zur Verfügung, die in Alltagspraktiken Eingang finden, sie können umgekehrt auch Alltagspraktiken aufgreifen und ihnen ‚Öffentlichkeitsfähigkeit' verleihen und sie schaffen einen Raum für metasprachliche Diskurse darüber, was korrekt oder fehlerhaft, was angemessen oder unangemessen, was eigen oder fremd ist (Busch 2004: 29ff.). Als zentral wird die Rolle der Massenmedien in der Schaffung und im Wandel der öffentlichen Sphäre gesehen, die Jürgen Habermas (1990 [1962]) zufolge ein Raum ist, in dem machthabende Diskurse produziert und reproduziert und Interessen zwischen Staatsmacht und Subjekt vermittelt werden. Die traditionelle Medienordnung, die auf eine nationale Öffentlichkeit hin orientiert war, wird tendenziell durch eine solche abgelöst, die aus einer Vielzahl unterschiedlich konstituierter und ständig wechselnder Kommunikationsräume besteht. Solche Kommunikationsräume werden geschaffen und bilden sich rund um spezifische Interessen, Stile, Weltanschauungen, vorgestellte Gemeinschaften oder sprachliche Praktiken. Sie können sich lokal, translokal oder weltweit vernetzen, wobei komplexe, dezentrierte Konfigurationen virtueller Räume entstehen, die – einander überlagernd oder gegenseitig ausschließend – jeweils eigne Formen der Repräsentation herausbilden (Wodak und Koller 2008). So können zum Beispiel über Satellitenfernsehen in einer bestimmten Sprache Rezipient*innen nicht nur grenzüberschreitend angesprochen werden, sondern ebenso solche in der weiter entfernten Diaspora. Besonders in der computervermittelten Kommunikation wird die Rollenteilung zwischen Produktion und Rezeption weitgehend aufgehoben. Damit einher geht auch ein Bedeutungsverlust von standardnahen Varietäten zugunsten heteroglossischer und ideolektaler Praktiken (Androutsopoulos 2006). Forschung zu Medien und Mehrsprachigkeit rückt tendenziell von einer Perspektive ab, die sich auf jeweils eine bestimmte Mediensparte beschränkt, und fokussiert vermehrt darauf, wie Menschen ihren Medienalltag gestalten und welche transidiomatischen Praktiken (Jacquemet 2005) sie dabei entwickeln. Mithilfe von Medientagebüchern (Sedlaczek in Vorbereitung), Interviews (Hassemer und Busch 2018) oder Mediagrammen, einer Methodenkombination, die sich auf Media Maps, Ausschnitte digitaler Kommunikation und Sprachenporträts stützt (Lexander und Androutsopoulos 2019), werden sowohl Praktiken digital vermittelter persönlicher Kommunikation untersucht als auch Praktiken, wie Menschen ihren Informationsbedürfnissen unter Rückgriff auf neue und ‚traditionelle' Medien nachkommen.

3.2 Sprachliche Praktiken und räumliche Anordnungen

In den im vorigen Kapitel umrissenen Zugängen geht es immer auch um die räumliche Dimension sprachlicher Praktiken und darum, wie diese sich unter den Bedingungen von Globalisierung verändern, weil sich scheinbar fest gefügte Strukturierungen zwischen lokal, regional, national und supranational verflüssigen und Räume sich in wechselhaften Konstellationen neu untereinander verknüpfen. Um mit bestimmten sozialen Räumen verbundene Sprachpraktiken zu charakterisieren, wird häufig der Begriff ‚Sprachregime' verwendet. In diesem Kapitel soll ein Sprachregime-Konzept vorgestellt werden, das sich auf die Raumtheorie von Henri Lefebvre (2004 [1974]) stützt und am Beispiel eines regionalen Sprachregimes erläutert wird.

3.2.1 Das Konzept ‚Sprachregime'

Alltagssprachlich und in der politisch-administrativen Terminologie wird der Begriff ‚Sprachenregime' gebraucht, um sprachenpolitische Vorgaben zu bezeichnen, die die Verwendung unterschiedlicher Sprachen in institutionellen Zusammenhängen regulieren. In der Europäischen Union sind das zum Beispiel Regeln dafür, aus welchen Sprachen und in welche Sprachen gedolmetscht wird. Von einem vollen und symmetrischen Sprachenregime ist in der Europäischen Kommission dann die Rede, wenn aus allen 23 Amtssprachen in alle 23 Amtssprachen übersetzt wird, von einem asymmetrischen, wenn in einer Sitzung in mehr Sprachen gesprochen werden kann, als Übersetzungen gehört werden können. Das Unionsrecht ist mehrsprachig und in allen Sprachfassungen gleichermaßen verbindlich. Allerdings kann dies zu Sprachdivergenzen in Form von Begriffs- oder Bedeutungsdivergenzen führen, die der Europäische Gerichtshof auflösen muss (Schübel-Pfister 2017). Im Rahmen der supranationalen Judikative und Rechtsprechung sind Übersetzen, Dolmetschen und Terminologieentwicklung zu einem wichtigen Berufsfeld geworden.

Der soziolinguistischen Verwendung des Begriffs ‚Sprachregime' liegt ein komplexeres Verständnis zugrunde. Florian Coulmas (2005) definiert Sprachregime als ein Bündel von Gewohnheiten, rechtlichen Regulierungen und Ideologien, die Sprecher*innen in räumlich situierten Interaktionen in der Wahl sprachlicher Mittel beschränken. Er beruft sich dabei unter anderem auf Paul Kroskrity (2000), der den Regime-Begriff in der Einleitung zu dem von ihm herausgegebenen Band „Regimes of Language: Ideologies, Polities, and Identities" einführt, um – zurückgreifend auf Gramscis Konzept der kulturellen Hegemonie, auf Foucaults Verständnis von symbolischer Macht und auf Bourdieus Sprachmarkt-Modell – sprachliche Ungleichheit zu analysieren. Jan Blommaert, James Collins und Stef Slembrouck (2005: 212ff.) verwenden in einem analogen Sinn den Begriff des Interaktionsregimes *[interactional regime]*, um in einem Stadtviertel von Ghent das räumliche Nebeneinander verschiedener Arten sprachlicher Praktiken zu beschreiben: Einige Regime, die sie vorfinden, zum Beispiel das einer lokalen Volksschule, sehen sie als Weiterentwicklungen hergebrachter Regime, die nun vor der Herausforderung wachsender ethnolinguistischer Diversität stehen. Andere, zum Beispiel das einer türkischen Bäckerei, sind durch den Kontakt zwischen den Verkäufer*innen und ihrer heterogen zusammengesetzten Kundschaft neu entstanden. Je nach lokalem Regime werden sprachliche Ressourcen unterschiedlich bewertet: Während ein spezifisches, vereinfachtes Niederländisch in der Bäckerei als adäquat empfunden wird, ist es in der Volksschule verpönt. Auch für Blommaert, Collins und Slembrouck umfasst der Begriff ‚Regime' nicht nur normative Regulierungen von Sprache, sondern auch die Ungleichheit in der Verteilung von Ressourcen und Macht.

Ein triadisches Verständnis von Raum

Im Folgenden soll in Anlehnung an Henri Lefebvres Verständnis von Räumlichkeit ein Konzept von Sprachregime entworfen werden, das sprachliche Regulation nicht funktionalistisch voraussetzt, sondern als Verdichtungen sozialer (Sprach-)Handlungen begreift, die durch asymmetrische Macht- und Herrschaftsverhältnisse geprägt sind.

Lefebvre (2004 [1974], 2006) verabschiedet sich von einem traditionellen Verständnis von Raum als einem Behälter, in dem Dinge und Menschen ihren Platz finden, und definiert Raum demgegenüber als ein soziales Produkt, als durch soziale Praktiken konstituiert. Jede gesellschaftliche Formation bringt ihm zufolge eine spezifische Räumlichkeit hervor. Als Rahmen zur Analyse der Produktion von Raum entwickelt er eine konzeptionelle Dreiheit, die folgende Dimensionen umfasst (Lefebvre 2006: 333):

a) Die räumliche Praxis *[pratique spatiale]* „umfasst die Produktion und Reproduktion, spezielle Orte und Gesamträume, die jeder sozialen Formation eigen sind" (ebd.). Die Alltagspraktiken der Schaffung, Strukturierung und Aneignung von Raum sichern Kontinuität und in einem gewissen Ausmaß auch sozialen Zusammenhalt.

b) Die Raumrepräsentationen *[représentations de l'espace]* umfassen Diskurse über Raum seitens der Wissenschaft, der Raumplanung, der Technokratie, sich wandelnde Vorstellungen von Raum, die sich aus einer Mischung von Wissen und Ideologie zusammensetzen.

c) Repräsentationsräume *[espaces de représentation]* „weisen komplexe Symbolisierungen auf, sind mit den verborgenen und unterirdischen Seiten des sozialen Lebens [...] verbunden" (ebd.). Es ist der gelebte Raum, der durch Bilder, Symbole, Denkmäler usw. vermittelt wird. Und es ist

> *der beherrschte, also erlittene Raum, den die Einbildungskraft zu verändern und sich anzueignen sucht. Er legt sich über den physischen Raum und benutzt seine Objekte symbolisch – in der Form, dass diese Repräsentationsräume offensichtlich [...] zu mehr oder weniger kohärenten nonverbalen Symbol- und Zeichensystemen tendieren. (Ebd.: 336)*

Eher skizzenhaft wendet Lefebvre (2004 [1974]) diese Triade auch auf die Beziehung zwischen Sprache und Raum an. Jede Äußerung ist ihm zufolge im Raum verortet, sie sagt etwas über einen Raum aus und sie wird durch einen Raum vermittelt. Dementsprechend unterscheidet er zwischen Diskurs ***im*** Raum, Diskurs ***über*** Raum und Diskurs ***durch*** Raum. Greift man auf diese Überlegungen zurück, so sind in der Analyse von Sprachregimen – sowohl kleinräumigen als auch solchen größeren Maßstabs – folgende Dimensionen in den Blick zu nehmen: (1) habitualisierte sprachliche Praktiken, die dazu beitragen, den sozialen Raum als solchen zu konstituieren; (2) Diskurse über das Verhältnis von Sprache und Raum, die als sprachideologische Referenzrahmen wirksam werden; (3) Formen, in denen Subjekte den Raum erfahren, interpretieren und sich in ihm positionieren.

Die erste Dimension entspricht in Lefebvres Konzept den ***Raumpraktiken***, also der Vorstellung, dass Raum durch soziale, räumliche Praktiken produziert und reproduziert wird. So lässt sich zum Beispiel eine Schule als Kommunikationsraum betrachten, der durch ein Gefüge von mehr oder weniger habitualisierten, typisierten, institutionalisierten oder ritualisierten sprachlichen Praktiken konstituiert wird, die verschiedenen Genres zugeordnet werden können. Dazu zählen Unterrichtspraktiken in verschiedenen Formen wie Frontal-, Gruppenunterricht oder begleitetes Selbststudium, die Kommunikation zwischen Lehrer*innen und Eltern via Mitteilungsheft, Elternabende, Sprechstunden usw., die Kommunikation mit Schulbehörden, aber auch informelle Momente wie Gespräche von Schüler*innen untereinander in der Pause oder auf dem Schulweg. Solche Praktiken sichern, wie Lefebvre (2006: 333) sagt, ein gewisses Maß an Kontinuität und Zusammenhalt. Sie strukturieren, um beim Beispiel der Schule zu bleiben, Zeitabläufe (Unterricht, Pausen, Ferien, Abschlussfeiern usw.), räumliche Gliederungen und spezifische Zugangsregime (das Schulhaus, das Klassenzimmer mit seinen verschiedenen Bereichen, der Pausenhof usw.) ebenso wie Rollenverteilungen oder Funktionen (als Lehrer*in, Schüler*in, Elternteil, Reinigungsperson usw.). Jede dieser Praktiken ist mit spezifischen sprachlichen Formen und Realisierungsmitteln verbunden, die gleichzeitig Kontinuität sichern und Veränderung mit sich bringen.

Die zweite Dimension ist die der ***Raumrepräsentationen***, worunter Lefebvre wissenschaftliche Diskurse und ideologische Vorstellungen von Räumen und mit ihnen verbundene Ordnungssysteme und Normvorstellungen versteht. Im Fall der Schule sind das Vorstellungen, was den Raum Schule als solchen auszeichnet – als Ort der Bildung, der Disziplinierung, der Sozialisierung usw. Dies beinhaltet auch Vorstellungen, welche sprachlichen Mittel und Kommunikationsformen bezogen auf spezifische Sets von Praktiken als adäquat, legitim, erstrebenswert gelten. Auch explizite Regelungen wie Hausordnungen, Erlasse, Gesetze können als solche – zu normativen Geboten und Verboten geronnene – Diskurse betrachtet werden. In einem gegebenen Raum können zu einem gegebenen Zeitpunkt Diskurse aufeinandertreffen, die auf verschiedene Raum-Zeit-Gefüge verweisen und mit unterschiedlichen Erwartungshaltungen verknüpft sind. In einer Schule können zum Beispiel Diskursen, die dem monolingualen Habitus, der Dominanz von Standardsprache und der Vorherrschaft des Schriftlichen als Modus für kanonisches Wissen verpflichtet sind, andere gegenüberstehen, die multikulturalistische Positionen oder solche sprachlicher Diversität und Multiliterarität vertreten.

Schwieriger zu fassen ist die dritte Dimension, also was Lefebvre mit dem Begriff ***Repräsentationsräume*** bezeichnet und worunter er den gelebten und erlebten, den ‚sprechenden' Raum versteht, in den Geschichte und Machtbeziehungen als sprachliche und nonverbale Zeichen und Symbole eingeschrieben sind und der sich wie ein Metakommentar über den physischen Raum legt. Es geht um die Art, wie Subjekte den Raum lesen und sich zu ihm in Bezug setzen, um verschiedene Arten, verschiedene ‚Stile', wie Raum interpretiert, angeeignet, ausgestaltet und transformiert wird. Wer als Schüler*in, als Lehrer*in oder als Elternteil in den Raum der Schule eintritt und daran partizipiert, bringt ein Sprachrepertoire mit, das seinerseits von biografischen Raumerfahrungen geprägt ist, das mit unterschiedlichen Räumen und Zeiten verbunden ist, in denen spezifische Sprachregime wirksam waren oder sind. Sprachregime und Manifestationen von Sprache im Raum können als Text gelesen, sie können übersetzt und umgeschrieben werden. Zweisprachige Aufschriften in einer Schule können als Zeichen interpretiert werden, dass diese sich als zweisprachig präsentieren will. Graffiti oder Kritzeleien auf Schulbänken können als Akte der Affirmation im Raum, der Raumaneignung oder der Kontestation der im Raum dominanten Diskurse und Sprachpraktiken gelesen werden. Praktiken wie *translanguaging* (vgl. Kapitel 1.4.3), das Einflechten sprachlicher Realisierungsmittel, die auf ‚ortsfremde' Räume verweisen oder sich fremde Stimmen parodistisch aneignen, sind nicht nur ein Mittel, um sich im Raum und gegenüber den ihn strukturierenden Ideologien zu positionieren, sondern auch, um das autoritäre, sakrosankte Wort wieder dem lebendigen Dialog zuzuführen (Bakhtin 1986b: 133).

Raum-Zeit

Die Dreiheit von Raumpraxis, Raumrepräsentation und Repräsentationsräumen, von wahrgenommenem, konzipiertem und gelebtem Raum versteht Lefebvre (2006: 338) als in ständigem Wandel begriffen. Historisch gesehen produziert jede Gesellschaftsform einen ihr eigenen Raum. Lefebvre erläutert das am Beispiel der griechischen Polis:

> *Die Polis hatte ihre Raumpraxis; sie hat ihren eigenen Raum geschaffen, d. h. ihn* ***angeeignet****. Daher rührt die neue Aufgabe, diesen Raum so zu untersuchen, dass er als solcher erscheint, in seiner Genese und seiner Form, mit seiner spezifischen Zeit bzw. seinen Zeiten (die Rhythmen des Alltagslebens), mit seinen Zentren und seinem Nebeneinander vieler Zentren (die Agora, der Tempel, das Stadion usw.). (Ebd.: 331, Hervorhebung im Original)*

Jedes dieser Zentren, wäre aus linguistischer Sicht zu ergänzen, bildet ein eigenes Sprachregime heraus und ist zugleich Teil des Sprachregimes der Polis. Der Gedanke von der historischen und gesellschaftlichen Bedingtheit von Raum, der ein zentrales Merkmal von Lefebvres Konzept darstellt, lässt sich, übertragen auf Sprache, auch bei Michail Bachtin finden. Mit dem Begriff des Chronotopos meint Bachtin (2008 [1937–1938]), dass in einem literarischen Text, im Grunde aber auch in jeder sprachlichen Handlung Bezüge zu unterschiedlichen Raum-Zeit-Gefügen auszumachen sind. Jedes Sprachregime kann als ein solcher mit anderen Zeiten und Räumen verknüpfter Chronotopos gedacht werden, als eine, wie Bachtin (1979: 178f.) an anderer Stelle sagt, eigene sozioideologische und sprachliche Welt, die sich von anderen unterscheidet, aber – weil sie dialogisch mit anderen Zeiten und Räumen verbunden ist – in sich wiederum heteroglossisch ist, gekennzeichnet durch die Pluralität von sprachlichen Praktiken, Diskursen und Stimmen.

Ähnlich wie Lefebvre sieht auch Michel Foucault (2006) Raum als historisch bedingt. Der Raum hat selbst eine Geschichte, in westlichen Kulturen eine andere als anderswo. In seiner Schrift „Von anderen Räumen" entwirft Foucault die Skizze einer westlichen Raumgeschichte: Im Mittelalter wurde Raum als ein hierarchisches Gefüge von Orten gesehen, in dem jede Person und jede Sache ihren festen Platz hatte. In der Moderne wird Raum zu einem unendlich offenen Raum, Expansion tritt an die Stelle von Verortung. In seinem Text, der aus den 1960er Jahren stammt, antizipiert Foucault bereits Entwicklungen von Raum, die heute mit Begriffen wie Globalisierung oder *super diversity* umschrieben werden:

> *Wir leben im Zeitalter der Gleichzeitigkeit, des Aneinanderreihens, des Nahen und des Fernen, des Nebeneinander und des Zerstreuten. Die Welt wird heute nicht so sehr als ein großes Lebewesen verstanden, das sich in der Zeit entwickelt, sondern als ein Netz, dessen Stränge sich kreuzen und Punkte verbinden. (Foucault 2006: 317)*

Wenn man davon ausgeht, dass jedes Zeitalter sein eigenes Raumverständnis hat, dann lässt sich daraus folgern, dass auch die Beziehung zwischen Sprache und Raum und die Art, wie sie in der Wissenschaft gesehen wird, an spezifische historische Momente gebunden ist. Zusammenfassend ließe sich angelehnt an Lefebvres räumliche Triade sagen: Sprachliche Praktiken sind immer auch räumliche Praktiken, ein Raum wird nicht zuletzt durch spezifische sprachliche Praktiken aufgespannt. Sprachideologien sind vielfach mit Raumrepräsentationen verbunden – beispielsweise die Ideologie des Monolingualismus mit der Vorstellung territorialer Nationalstaaten. Und Sprache bildet in Form von Zeichen und Symbolen ein wesentliches Element von Repräsentationsräumen, sichtbar beispielsweise in Form von topografischen Aufschriften, kommerziellen Schildern oder Plakaten, weniger sichtbar oder untergründig in der Benennung von Orten und Plätzen.

Das hier skizzierte, an Lefebvres Raumverständnis angelehnte Konzept von Sprachregime versucht, den Anschluss an aktuelle Zugänge des *spatial turn* herzustellen, die Doris Bachmann-Medick zufolge charakterisiert sind durch

> *eine Zuspitzung der Raumkonzepte hin zu ideologischen Landschaften, zu Raumpräsentationen, die von Machtverhältnissen durchzogen sind, hin auch zur Mikroperspektive der Raumwirkungen von Subjekten, Körpern, Interaktionen, sozialen Beziehungen. (Bachmann-Medick 2009: 292)*

3.2.2 Regionale Mehrsprachigkeit

Die Verquickung von Sprache, Raum und Zeit soll im Folgenden am Beispiel von Südkärnten veranschaulicht werden, wo die Beziehung zwischen Sprache und Territorium über Jahrzehnte durch die Auseinandersetzung über die Aufstellung zweisprachiger Ortstafeln immer wieder neu thematisiert wurde (Busch 2013). Südkärnten wird als vorwiegend ländliches, strukturschwaches Grenzland und als Siedlungsgebiet einer Sprachminderheit beschrieben. Besonders interessant ist in unserem Zusammenhang, wie der Gegensatz Zentrum–Peripherie sowohl räumlich als auch sprachlich in verschiedenen historischen Momenten konstruiert wurde. Dabei sollen die drei von Lefebvre (2004 [1974]) definierten Dimensionen in den Blick genommen werden: erstens die Verknüpfung von Raum- und Sprachpraktiken, zweitens Diskurse über Sprache und Raum und drittens Repräsentationen von Sprache im Raum. Der Fokus liegt auf Momenten, die den Übergang von einer durch die territoriale Logik bestimmten Moderne zu einer postmodernen Logik sichtbar machen, die im Sinne Foucaults (2006) durch Gleichzeitigkeit, Vernetzung und Entterritorialisierung charakterisiert werden kann.

Kärnten wird zum ‚Grenzland'

Nahezu bis zum Ende des 20. Jahrhunderts prägte die 1920 gezogene Staatsgrenze die räumliche Organisation Südkärntens. Nach dem Zusammenbruch der multiethnischen und multilingualen Donaumonarchie wurde Österreich als Nationalstaat verfasst. Schon die ursprüngliche Bezeichnung als Deutschösterreich unterstrich die nunmehrige Ausrichtung auf ethnische und sprachliche Homogenität. Auch der jenseits der Grenze etablierte neue Staat wurde ethnisch definiert als Königreich der Serben, Kroaten und Slowenen (SHS). Der Süden Kärntens wurde in mehrfacher Hinsicht als marginaler Grenzraum gesehen: politisch als umstrittene Pufferzone, wirtschaftlich als Randzone, geografisch als Übergang zwischen besiedeltem Gebiet und unbewohnbarer Gebirgswelt. Von Anfang an wurde die Staatsgrenze als eine natürliche Scheidelinie reifiziert und mythisch überhöht; was jenseits davon lag, wurde als das fundamental Andere konstruiert, als nicht zum Westen gehörend, als Balkan. Die diskursive Erfindung des Balkans erfüllte Maria Todorova (1999) zufolge eine ähnliche Funktion wie jene des Orients oder des ‚Schwarzen Kontinents': Als externalisierte Projektionsfläche für innere Ängste und Fantasien bot sie die Möglichkeit, sich selbst in Abgrenzung zu jenem Anderen als zivilisiert, westlich und aufgeklärt zu konstruieren. In Bezug auf Kärnten blieb der Topos der Bedrohung durch das jenseits der Grenze Gelegene über lange Zeit ein Thema in politischen und medialen Diskursen und prägte maßgebend die Vorstellung des Raumes, wobei je nach Epoche die slawische oder die kommunistische Gefahr beschworen wurde (Dressler, Lalouschek und Menz 1989).

Die Grenzziehung im Jahr 1920 hatte auch massive Auswirkungen auf den Alltag: Traditionelle Familienbande ebenso wie wirtschaftliche und kulturelle Austauschbeziehungen wurden zerschnitten, und die auf nunmehr österreichischer Seite lebenden Sprecher*innen des Slowenischen sahen sich in den Status einer ethnischen und sprachlichen Minderheit versetzt. Während die Bevölkerung bis ins 19. Jahrhundert eher nach den Kategorien ‚ländlich-katholisch' (vorwiegend slowenischsprachig) und ‚städtisch-bürgerlich' (vorwiegend deutschsprachig) unterschieden worden war, trat nun das Merkmal Sprache in den Vordergrund, um zwei erdachte Sprachgemeinschaften voneinander abzugrenzen. Während auf der österreichischen Seite die Vorstellung vorherrschte, die linguistische Grenze sei der politischen durch forcierte Assimilation anzugleichen, wurde auf slowenischer die Idee gehegt, die gespaltene Nation, wenn schon nicht in einem Staat, so zumindest als Kulturgemeinschaft zu vereinigen. Ihren Höhepunkt fand die Fantasie einer ‚Bereinigung' von Raum und Sprache mit dem schrittweisen Verbot des Slowenischen und, ab 1942, mit der zwangsweisen Deportation slowenischsprachiger Familien durch das nationalsozialistische Regime.

---

34 Der Staatsvertrag von 1955 sichert der slowenischen Minderheit in Kärnten umfangreiche Rechte in Bereichen wie Bildung, Amtssprache und topografische Aufschriften zu.

Binäre Raumrepräsentationen und Repräsentationsräume

Binäre Raumvorstellungen dominierten bis gegen Ende des 20. Jahrhunderts auch, was Lefebvre wissenschaftlich-ideologische Raumrepräsentationen nennt. Südkärnten wurde im Mainstream-Diskurs nicht als Zone des Sprachkontakts, sondern als Sprachgrenze zwischen zwei Sprachfamilien beschrieben, wobei jede der beiden Sprachen einem normativen Zentrum zugeordnet wurde. Auch innerhalb der slowenischsprachigen Bevölkerungsgruppe wurde zwischen einer sprachbewahrenden Kerngruppe und assimilationsbereiten Randgruppen unterschieden. Aufgrund des anhaltenden politischen Drucks und der Weigerung seitens des Staates, die verbrieften Minderheitenrechte[34] einzulösen, wurde Slowenisch immer mehr in den privaten Bereich zurückgedrängt. In den späten 1980er Jahren wurde die Situation als unstabile Zweisprachigkeit klassifiziert, die durch einen beschleunigten Sprachwechsel von der rezessiven Minderheiten- zur dominanten Mehrheitssprache und durch eine diglossische Funktionsteilung zwischen Sprache im privaten und im öffentlichen Raum gekennzeichnet ist (Österreichische Rektorenkonferenz 1989).

Die binäre räumlich-sprachliche Organisation prägte auch, was Lefebvre als Repräsentationsraum bezeichnet, der sich über den physischen Raum legt. In Kärnten schlägt sich das – wie in anderen umstrittenen Grenzregionen – zum Beispiel in einer auffällig hohen Zahl an Denkmälern nieder. Die Hauptauseinandersetzung zu Manifestationen von Sprache im Raum kreiste aber über viele Jahrzehnte um die Frage der topografischen Aufschriften. Der Versuch, die im Staatsvertrag von 1955 garantierte Zweisprachigkeit umzusetzen, wurde 1972 mit dem sogenannten ‚Ortstafelsturm' beantwortet, der gewaltsamen Entfernung zweisprachiger Schilder durch einen aufgebrachten Mob (siehe Abbildung 5). Immer wieder kam es auch in den folgenden Jahrzehnten zu Schmieraktionen, sei es durch Übermalen der seltenen zweisprachigen Tafeln, sei es durch Ergänzung einsprachiger Tafeln mit den slowenischen Ortsbezeichnungen. Nach einem Urteil des österreichischen Höchstgerichts zugunsten zweisprachiger Ortsschilder im Jahr 2002 initiierte der damalige Landeshauptmann Jörg Haider unter anderem mit den Slogans „Kärnten wird einsprachig" und „keine Ortstafelflut" eine postmoderne Neuinszenierung des klassischen Mythos von der bedrohten Heimat. Erst 2011 kam es auf Bundesebene zu einer verfassungsrechtlichen Regelung der strittigen Ortstafelfrage.

Abbildung 5: Im Zuge des ‚Kärntner Ortstafelsturms' von 1972 wurden zweisprachige topografische Aufschriften gewaltsam entfernt (Foto: H. G. Trenkwalder).

Die Brisanz der Frage hängt damit zusammen, dass Benennung und Umbenennung als performative Akte Manifestationen symbolischer Macht darstellen. Zweisprachige Ortstafeln werden von den Gegner*innen auf Deutschkärntner Seite nicht als Einlösung eines Rechts interpretiert, sondern als Markierungen, mit denen slowenische Territorialansprüche im Raum festgeschrieben werden sollen. Umgekehrt wird die Verdrängung des Slowenischen aus dem Repräsentationsraum von Slowenischsprachigen als eine Form der Enteignung oder Dislokation erlebt. In Kärnten hat die räumlich-territoriale Definition von Sprachenrechten zu einem komplexen Mosaik geführt, da der geografische Geltungsbereich in unterschiedlichen Gesetzen und Verordnungen – die zum Beispiel das Recht auf zweisprachigen Unterricht, auf zweisprachige topografische Aufschriften, auf Verwendung der Minderheitensprache vor Gericht beziehungsweise im Amtsverkehr regeln – jedes Mal anders definiert wird. Diese inkohärenten Zonen mit mehr, weniger oder keinen sprachlichen Rechten bilden eine von außen fast unsichtbare Matrix des gelebten Repräsentationsraumes.

Infragestellen der ethnolinguistischen Zweiteilung

Im Folgenden soll aufgezeigt werden, wie die bipolaren Logiken, die die räumlichen Praktiken, die Raumrepräsentationen und die Repräsentationsräume über lange Zeit bestimmt haben, in Frage gestellt wurden und zunehmend einer neuen, fluideren Raumkonfiguration weichen. Das Infragestellen erfolgte öffentlichkeitswirksam immer wieder durch aktivistische und künstlerische Interventionen im Raum. Exemplarisch soll hier eine davon besprochen werden, die 2002 vom Klagenfurter Kulturzentrum UNIKUM[35] konzipiert wurde. Die Aktion griff die im Raum präsente ethnolinguistische Polarisierung auf, um mit ihr zu spielen und so auf ein Jenseits der Polarisierung zu verweisen. Im Zuge der Aktion wurden Tausende Aufkleber verteilt, mit denen Beschriftungen auf Orts- und anderen Schildern ergänzt werden konnten. Diese Aufkleber bestanden aus Zeichen verschiedener Größe, die umgangssprachlich ‚Hаček' genannt werden: diakritische Zeichen, die in Kärnten als emblematisch für die slowenische Sprache gesehen werden (siehe Abbildung 6). Innerhalb kurzer Zeit tauchten Haček-Aufkleber im gesamten zweisprachigen Gebiet Kärntens und darüber hinaus auf und setzten in der Landschaft markante Akzente. Durch das Anbringen eines solchen Haček-Aufklebers auf ein deutsches Wort wird diesem ein slowenischer Akzent als ironischer Kommentar eingeschrieben. Er löst beim Betrachten eine Irritation aus, indem der Originaltext geringfügig verschoben und so ein Verfremdungseffekt erzielt wird. Auf amtlichen Ortstafeln und Wegweisern angebracht, funktioniert das Zeichen, um mit Bachtin zu sprechen, als parodistischer Antikörper, der das autoritative Wort herausfordert, entweiht und es so in den Dialog zurückholt (Bakhtin 1986b: 133).

Das Hinzufügen des diakritischen Zeichens verweist auf die verdrängte slowenische Sprache, Spuren des Slowenischen werden in das deutsche Toponym eingeschrieben. Beispielsweise bewirkt die Verschiebung von Maria Saal zu Maria Šaal, dass die Zeichenkette nicht eindeutig einer Sprache zugeschrieben werden kann, weder dem Deutschen noch dem Slowenischen. Durch diese Geste des *translanguaging* werden Grenzen zwischen den zwei Sprachen verwischt. Das Hinzufügen des Haček stellt eine verschobene und verschiebende Schreibweise dar, eine Geste der Dekonstruktion der binären Logik zweier Monolingualismen. Es geht

35 https://www.unikum.ac.at (28.5.2021)

Abbildung 6: Haček-Aufkleber in verschiedenen Größen zur Ergänzung einsprachiger Ortstafeln und Aufschriften; eine UNIKUM*-Aktion aus dem Jahr 2002 in Kärnten*

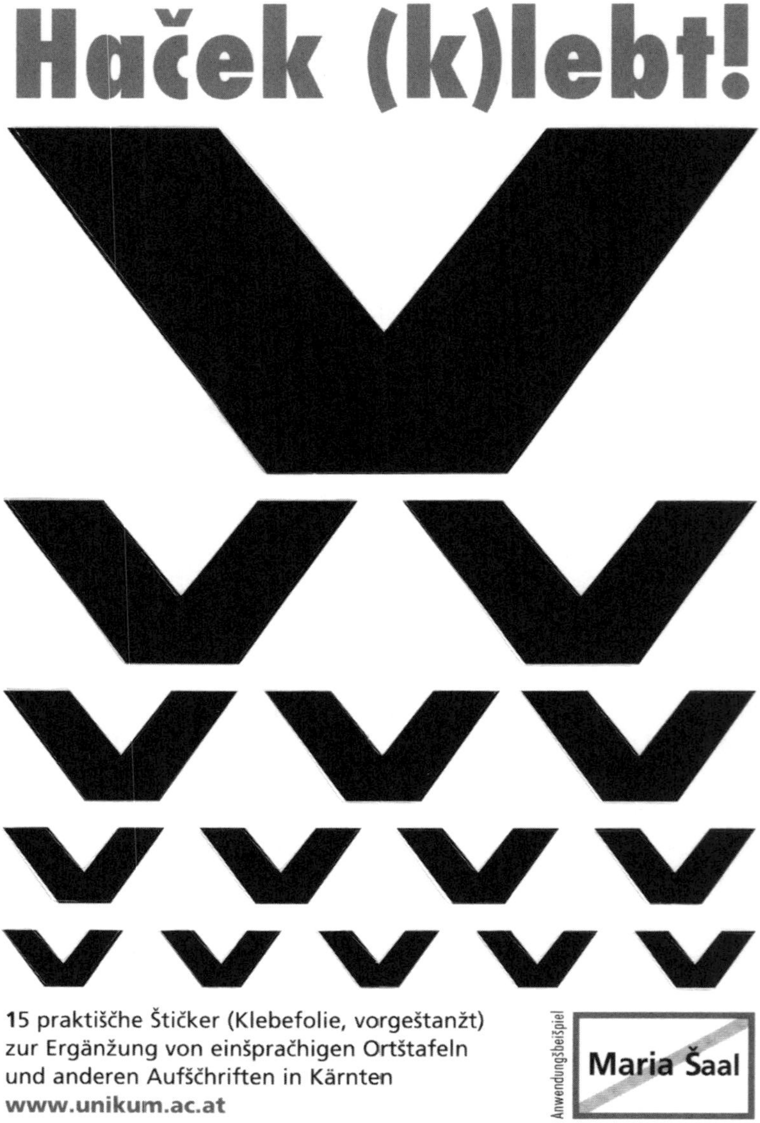

Haček (k)lebt!

15 praktiščhe Štičker (Klebefolie, vorgeštanžt)
zur Ergänžung von einšpračhigen Ortštafeln
und anderen Aufščhriften in Kärnten
www.unikum.ac.at

also nicht um territoriale Ansprüche, sondern um das Aufbrechen der territorialen Logik. Ähnlich wie das Pennycook (2009: 307) für Graffiti sagt, können die Haček-Beklebungen als subversiver Akt der Aneignung von öffentlichem Raum gesehen werden, der von hegemonialen sprachlichen Beziehungen gekennzeichnet ist, und damit als sprachliche Zeichen, die den öffentlichen Raum transformieren und neu interpretieren (siehe Abbildung 7). Es zählt nicht nur das Resultat, die Sichtbarkeit des Zeichens im öffentlichen Raum, sondern auch der Akt einer möglichst witzigen und verwegenen Platzierung.

Abbildung 7: Haček-Aufkleber als Teil der Linguistic Landscape (Kleine Zeitung, Kärntner Ausgabe, 29. 4. 2002)

FREITAG
26. APRIL 2002

KÄRNTEN

www.kleinezeitung.at **11**

Die Haček-Maler gehen um

Immer mehr Ortstafeln und Hinweisschilder beschmiert. Exekutive und Land warnen: Das ist Sachbeschädigung! Hohe Strafen drohen.

■ VON GEORG LUX

Klagenfuřt, Bürgeřservice, Freiheitliče: In Kärnten sind seit Wochen unbekannte Haček-Maler unterwegs. Dutzende Schilder – zuletzt eine Klagenfurter Ortstafel und das Türschild eines Villacher FPÖ-Büros – wurden beschmiert. Jetzt warnen die Exekutive und das Land (als größter Verkehrszeicheneigentümer) die Täter: Was wie ein harmloser Lausbubenstreich aussieht, ist juristisch keiner. Sondern, wie die Haček-Maler schreiben würden, Šachbeschädigung und damit strafbar!

Wer eine Ortstafel beschmiert, steht überhaupt gleich mit beiden Beinen im Kriminal. Denn zur Sachbeschädigung kommt dabei ein Verstoß gegen die Straßenverkehrsordnung, wie der Villacher Polizeijurist Arnulf Komposch erklärt. „Eine Ortstafel ist ein Verkehrszeichen und ein solches darf laut Gesetz nicht verändert werden.“ Pardon kennen die Gesetzeshüter keines. „Sollten wir einen Täter erwischen, wird er natürlich angezeigt“, sagt Komposch. Und auch beim Land Kärnten hält man Ausschau nach den Haček-Malern, um ihnen saftige Rechnungen zu schicken.

Wenn ein Täter erwischt wird, muss er für den ganzen Schaden aufkommen.

ALBERT KREINER, LAND KÄRNTEN

„Bis zu 800 Euro kostet uns die Wiederherstellung einer beschmierten Tafel“, so Albert Kreiner, Leiter der Abteilung Infrastruktur beim Land. „Wenn wir herausfinden, wer da am Werk war, fordern wir von den Verantwortlichen, dass sie für den Schaden aufkommen. Das ist derselbe Vorgang wie bei einem Unfalllenker, der ein Verkehrszeichen beschädigt hat.“ Kreiner glaubt, dass vielen Tätern nicht bewusst ist, wie teuer ihnen ihre Mal-Aktionen kommen können. Denn, so der Landes-Jurist: „Der Vandalismus am Straßenrand nimmt immer mehr zu.“

Teurer Spaß. Eine neue Tafel kostet bis zu 800 Euro KOSCHER

Die multilinguale Peripherie

Diese Intervention im Repräsentationsraum verweist auf einen Wandel dessen, was Lefebvre als Raumpraktiken bezeichnet und was uns hier als räumliche Sprachpraktiken interessiert: Gemeint sind damit nicht nur sprachliche Praktiken in einem Raum, sondern sprachliche Praktiken, die den Raum strukturieren und mit konstituieren. Die Popularität der Haček-Aktion muss im Zusammenhang mit dem Wandel sprachlicher Praktiken gesehen werden, die ihrerseits mit sozialen und demografischen Veränderungen verbunden sind. Schon in den 1990er Jahren war festzustellen, dass sich eine urbanisierte slowenischsprachige Bildungselite herausgebildet hatte und dass die slowenischsprachige Bevölkerung tendenziell sogar besser ausgebildet war als die deutschsprachige (Reiterer 1996: 150). Dieser Trend setzte sich weiter fort (Obid 2017: 117), so dass seit der Jahrtausendwende der Anteil der hochqualifizierten Beschäftigten bei Slowenischsprachigen doppelt so hoch ist wie in der Mehrheitsbevölkerung. Slowenisch zu sprechen – früher mit Minderheitenzugehörigkeit, wirtschaftlicher und sozialer Benachteiligung und Diskriminierung verbunden –, gewann an Prestige. Es bildete sich nach und nach eine slowenische regionale Umgangssprache heraus, die von der Standardsprache abgeleitet ist und Elemente verschiedener lokaler Dialekte einschließt (Schellander 1988).

Auf geopolitischer Ebene hatten die Auflösung der bipolaren Weltordnung und der Prozess der europäischen Integration zur Folge, dass Grenzen in Europa eine neue Konnotation bekamen. Mit der Unabhängigkeit Sloweniens und dem bald darauf erfolgten Beitritt zur Europäischen Union verlor auch die Kärntner Grenze die „Supra-Determination“ (Balibar 1997: 375) als Trennlinie zwischen zwei weltanschaulichen Systemen. Die größere Durchlässigkeit der Staatsgrenze erlaubte eine schrittweise Herauslösung des Grenzgebiets aus dem toten Winkel und seine Einbindung in einen grenzüberschreitenden Wirtschaftsraum. Mehrsprachigkeit wurde neu bewertet, der Wert von Slowenisch auf dem regionalen Sprachmarkt nahm zu. Während die Kärntner FPÖ noch 2006 mit dem Slogan „Kärnten wird einsprachig“ warb, begann zum selben Zeitpunkt eine große Handelskette, ohne Anstoß zu erregen, ihre Produkte in den Regalen auf Deutsch und Slowenisch zu beschriften, da der slowenische Markt von Österreich aus erschlossen wird.

Eine sprachliche Diversifizierung, wie sie für städtische Räume beschrieben wird, ist zunehmend auch in ländlichen Räumen zu beobachten. Unter den Begriff *peripheral multilingualism* fassen Sari Pietikäinen und Helen Kelly-Holmes (2013) eine neue Perspektive auf regionale Mehrsprachigkeit, die früher unter dem Gesichtspunkt von Sprachminderheiten bzw. regionaler Zweisprachigkeit behandelt wurde. So eine Diversifizierung ist auch in Südkärnten zu verzeichnen. Im Zuge der kriegerischen Auseinandersetzungen im ehemaligen Jugoslawien kam es in der Grenzregion zur Unterbringung zahlreicher Kriegsflüchtlinge, später auch solcher aus

Tschetschenien und anderen Ländern. Zur sprachlichen Diversifizierung haben auch andere Faktoren beigetragen: die wachsende berufliche Mobilität der Einwohner*innen, das Eingebundensein in überregionale, medial vermittelte Kommunikationen (via Internet, Satellitenfernsehen, Mobiltelefon usw.), das Eingehen von sozialen und partnerschaftlichen Verbindungen, die weit über die Region hinausweisen. Es geht also nicht mehr allein um eine regionale Zweisprachigkeit, sondern für viele um eine lebensweltliche Mehrsprachigkeit. Zu den traditionellen Sprecher*innen der Minderheitensprache stoßen jetzt neue Gruppen von Lerner*innen und Sprecher*innen des Slowenischen. In Südkärnten stieg der Anteil der zum zweisprachigen Volksschulunterricht angemeldeten Kinder, der 1976/77 auf einen Tiefstand von 13,5 Prozent gefallen war, stetig an und erreicht seit vielen Jahren einen Wert um die 45 Prozent.[36] Kinder mit slowenischer Familiensprache sind unter den Angemeldeten heute in der Minderzahl. Kinder mit deutscher oder anderer Familiensprache nehmen am zweisprachigen Unterricht teil, weil deren Eltern aus unterschiedlichen Motiven für ihre Kinder eine bilinguale bzw. mehrsprachige Bildung wünschen.

Rivalisierende Raum-Diskurse

Mit den veränderten gesellschaftlichen und sprachlichen Praktiken gehen neue Diskurse über den Raum einher. Neben die alte Polarität Deutsch–Slowenisch trat Ende der 1990er Jahre unter dem Motto „senza confini – ohne Grenzen – brez meja" die Idee einer trilingualen grenzüberschreitenden Region, die Kärnten, Slowenien und Teile von Norditalien umfassen sollte. Der symbolisch propagierte Trilingualismus bringt Italienisch als ein ‚neutrales Drittes' ins Spiel, schließt aber stillschweigend andere in der Region wichtige Sprachen aus, wie zum Beispiel Friulanisch oder Sprachen von Migrant*innen. Andererseits wird gerade die einstige Randlage als wenig industrialisierte Grenzregion als vermarktbares Gut entdeckt. Bei der Inszenierung von Naturnähe, Urwüchsigkeit und Authentizität kommt auch dem Verweis auf eine ‚ursprüngliche' Sprache Bedeutung zu, wobei Deutschkärntner Dialekte ebenso wie Slowenisch als Stilmittel zum Einsatz gebracht werden. Ein Beispiel dafür ist der Name der Eisenkappler Vermarktungsgemeinschaft für regionale Produkte Coppla Kaša (siehe Abbildung 8).

36 Bildungsdirektion Kärnten (2019), Das Minderheitenschulwesen 1958/59–2018/19. Klagenfurt.

Coppla bezieht sich auf eine aus frühen Urkunden bekannte Schreibung des Ortes Kappel, Kaša ist in der lokalen Varietät des Slowenischen die Bezeichnung für die regionaltypischen Kornspeicher.

Abbildung 8: Kommodifizierung von Lokalität und Authentizität: das Logo einer bäuerlichen Vermarktungsgemeinschaft in Bad Eisenkappel/Železna Kapla

Wenn man wie hier am Beispiel von Kärnten auf Raumrepräsentationen und Repräsentationsräume fokussiert, wird das gleichzeitige Auftreten unterschiedlicher Formen von Raumverständnis und unterschiedlicher Diskursformationen zu Sprache und Raum offenkundig. Jede dieser Formen ist mit bestimmten, geschichtlich situierten Sprachregimen verbunden. Wie Monica Heller und Normand Labrie (2003: 16) für Französisch in Kanada beobachtet haben, ist auch im Fall Kärntens die Kopräsenz komplementärer oder rivalisierender Diskurse auszumachen: ein traditionalistischer, ethnoterritorialer, der in einer postmodernen Version wiederaufgeführt wird, ein modernistischer, der Multikulturalität in Form einer trilingualen Region zelebriert, und ein postmoderner, der eine glokalisierte Form von sprachlicher Diversität propagiert.

3.3 Exploration kleinräumiger Sprachregime und Kommunikationspraktiken

Wie kommunizieren Menschen mit unterschiedlichem sprachlichen Hintergrund miteinander? Auf welche kommunikativen Ressourcen greifen sie in welchen Kommunikationssituationen zurück? Welche Begründungen und Bewertungen liefern sie dafür? Wie bilden sich aus ad hoc zusammengesetzten kommunikativen Handlungen (habitualisierte) Kommunikationspraktiken und -muster bzw. *spatial repertoires* (Pennycook und Otsuji 2014) heraus, die bestimmte soziale Räume charakterisieren?

3.3.1 Theoretische und methodische Zugänge

Zur Erkundung kleinräumiger Sprachregime werden meist verschiedene Erhebungsmethoden kombiniert: ethnografische Beobachtung, Expert*inneninterview, Fokusgruppen-Diskussion, *linguistic landscaping* oder visuelle Methoden wie Fotobefragung (Kolb 2008). Der Einsatz verschiedener Methoden scheint auch angebracht, weil es bei der Auslotung eines lokalen Sprachregimes nicht nur um verortete sprachliche Praktiken geht, sondern auch um Diskurse über Sprache und Raum sowie um Positionierungen im Raum (siehe Kapitel 3.2.1). Was als Untersuchungseinheit gewählt wird, hängt vom Forschungsinteresse ab: Es kann beispielsweise um das Sprachregime einer Schulklasse, einer Schule oder eines ganzen Stadtviertels gehen. Aber auch wenn der Fokus auf einer bestimmten Ebene liegt, so kann nicht außer Acht gelassen werden, dass Sprachregime zueinander in Beziehung stehen. Diese Beziehungen müssen nicht hierarchisch sein – das heißt, dass ein übergeordnetes Regime ein untergeordnetes bestimmt –, sie können einander verstärken oder auch widersprechen.

Ethnografische Zugänge

Das in den letzten Jahren gewachsene Interesse an der Erforschung mehrsprachiger Praktiken und lokaler Sprachregime stützt sich methodisch vor allem auf ein ethnografisches Instrumentarium. Solche Arbeiten verorten sich wissenschaftstheoretisch in einem interpretativen Paradigma, das heißt, es liegt die Annahme zugrunde, dass Multilingualismus nicht als ein ‚Ding an sich' der sozialen Realität vorausgeht und durch ‚objektive' Forscher*innen entdeckt und analysiert wird, sondern vielmehr als ein soziales Konstrukt gesehen wird, das als Teil sozialer Praktiken der Sprecher*innen beschrieben und interpretiert werden muss (Heller 2010: 249). Diese Sicht schließt an Arbeiten von Dell Hymes an, die unter anderem in der Aufsatzsammlung „Ethnography, Linguistics, Narrative Inequality: Toward an Understanding of Voice" (Hymes 1996) publiziert wurden. Im ethnografischen Paradigma verstehen sich Wissenschafter*innen als Beteiligte am Prozess der Wissensgewinnung über Mehrsprachigkeit und tragen Verantwortung dafür, den Forschungsprozess als einen für alle Partizipierenden sinnvollen zu gestalten und sich der möglichen sozialen, wirtschaftlichen und politischen Konsequenzen bewusst zu sein (Cameron et al. 1993). Ein ethnografischer Zugang erlaubt es, sprachliche Praktiken im Lebenskontext von Sprecher*innen zu erfassen, ihre Bedeutungen für Sprecher*innen auszuloten und räumliche und zeitliche Bezüge herzustellen. Detaillierte, dichte Beschreibungen und Erklärungen, die Komplexität nicht reduzieren und Widersprüche eher thematisieren als aufzulösen suchen, sind ein Kernstück in diesem Zugang. Ethnografische Forschung im Bereich Mehrsprachigkeit kann sich dabei auf ein breites Methodenrepertoire stützen: Forschungstagebuch, teilnehmende Beobachtung, Ton- und Bildaufnahmen von Interaktionen, qualitative Interviews, Auswertung von Bild- und Textdokumenten usw. Eine Einführung in die ethnografisch-linguistische Forschung geben Jan Blommaert und Dong Jie (2010) in „Ethnographic Fieldwork: A Beginner's Guide".

Sprache im Raum und Indexikalität

Aus der Perspektive multimodaler Diskursanalyse und semiotischer Theorie entwerfen Ron Scollon und Suzy Scollon (2003) in ihrem Buch „Discourse in place" einen Zugang zur Analyse von Sprache im Raum. Es geht ihnen um die Platzierung materieller sprachlicher Zeichen, wie Aufschriften, Plakate usw., und um die Platzierung sprachlicher Interaktionen im Raum. Sie prägen den Begriff *geosemiotics*, um die soziale Bedeutung der Platzierung von Zeichen und Diskursen in der materiellen Welt zu erfassen. Die potenzielle Bedeutung eines Zeichens wird erst durch die Platzierung im Raum zur reellen Bedeutung: Ein Stopschild in der Werkstatt eines Schildermalers wird nicht als Aufforderung zum Halten verstanden, dazu wird es erst, wenn es an der Straßenkreuzung steht (Scollon und Scollon

2003: viii). Unter dem Begriff *nexus analysis* entwickelten sie das Konzept weiter (Scollon und Scollon 2007) und schlagen ein ethnografisch und diskursanalytisch inspiriertes Instrumentarium vor, das nicht nur die lokale multimodale Interaktion erfassen soll, sondern auch ihre Verbindung zu anderen Orten, Räumen und Momenten. Sie verwenden den Begriff *nexus of practice* (ebd.: viii), um auf den Moment zu fokussieren, in dem Menschen, Orte, Diskurse, Ideen und Dinge – alle mit ihren eigenen Entwicklungen und Geschichten – in einem Ereignis zusammentreffen, das seinerseits auf diese Geschichten zurückwirkt.

Indexikalität, das Interesse an der Positionierung von Sprecher*innen und sprachlichen Äußerungen im Raum und den dadurch vermittelten Bedeutungen, stellt einen zentralen Begriff in den sozialwissenschaftlichen Annäherungen zu Sprache und Raum dar. Der Begriff ‚Indexikalität' geht auf das am Anfang des 20. Jahrhunderts entwickelte Zeichenmodell von Charles Sanders Peirce (1983) zurück, der zwischen ikonischen, indexikalischen und symbolischen Eigenschaften von Zeichen unterscheidet. Indexikalische (verweisende) Qualitäten von Zeichen, die sich manchmal an kleinsten Unterschieden in der Form festmachen lassen, können auf unterschiedliche Räume und (implizite) Referenzrahmen Bezug nehmen. James Collins (2007: 4) veranschaulicht das an einem konkreten Beispiel: dem Suffix -ie bzw. -y [i], das im Englischen an Personennamen angehängt werden kann, zum Beispiel Billy für Bill. Dieser winzige Formunterschied muss aus der konkreten Interaktion heraus interpretiert werden. So kann das [i] als Verweis auf Gender (Debbie verniedlichend für Deborah), auf Generationen (Jim als Zeichen des Sicherwachsenfühlens statt des kindlichen Jimmy), auf geografische Räume (das in den Südstaaten der USA gefälligere Buddy für Bud) verstanden werden. An diesem Beispiel wird ersichtlich, dass die indexikalische Qualität eines Zeichens nicht absolut gegeben ist, sondern nur aus dem Verweiszusammenhang heraus erschlossen werden kann.

Mit dem Konzept der indexikalischen Ordnungen entwickelt Michael Silverstein (2003) ein Instrumentarium, das zu verstehen erlaubt, wie mikrosoziologische Kontexte und makrosoziologische Formationen durch bestimmte Formen des Sprachgebrauchs miteinander verbunden sind. Indexikalische Ordnungen manifestieren sich, wenn ein Zeichen als Verweis auf ein anderes soziales Phänomen oder einen anderen Kontext interpretiert wird. So kann Variation in der Sprache, die auf andere Raum-Zeit-Gefüge verweist, als Index fungieren, mit dem sich Sprecher*innen als Teil einer bestimmten *life style community* definieren. Silverstein erläutert diese vielfachen und in verschiedene Richtungen deutenden Verweise am Beispiel des Sprachgebrauchs der britischen Weinkenner-Szene, die, um Raffinement zu signalisieren, unter anderem auf ein Vokabular des englischen Adels zurückgreift.

Linguistic landscapes

Der *spatial turn* in den Sozialwissenschaften hat dazu beigetragen, dass das Interesse an Linguistic Landscapes, das heißt an schriftlichen Manifestationen von Sprache im öffentlichen Raum, in den letzten Jahren angestiegen ist, wovon Sondernummern von Zeitschriften, seit 2015 die internationale Zeitschrift „Linguistic Landscape", Sammelbände (Shohamy und Gorter 2009; Jaworski und Thurlow 2010; Peck, Stroud und Williams 2018; Malinowski und Tufi 2020) und internationale Konferenzen zu diesem Thema zeugen. Begünstigt wurde dieses Interesse zudem durch die Digitalfotografie, die, ähnlich wie die Verbreitung transportabler, einfach zu bedienender Aufnahmegeräte in den 1960er Jahren, einen Schub in der soziolinguistischen Feldforschung ausgelöst hat.

Gemeinsam ist den unter dem Titel ‚Linguistic Landscape' zusammengefassten Studien nur, dass der Fokus des Forschungsinteresses auf Manifestationen von Sprache im öffentlichen Raum liegt. Abgesehen davon sind die Arbeiten sowohl theoretisch als auch methodisch und vom Erkenntnisinteresse her breit gestreut. Auf der einen Seite des Spektrums stehen quantitative Arbeiten, die aus einem Vergleich der öffentlichen Präsenz von zwei oder mehr Sprachen beispielsweise auf ethnolinguistische Vitalität schließen. Auf der anderen Seite sind in den letzten Jahren vor allem qualitative Studien zu verzeichnen, die Linguistic Landscapes mit breiteren ethnografischen Zugängen in Verbindung bringen. So fordert Thom Huebner (2006), der an Hymes' Ethnografie der Kommunikation (Gumperz und Hymes 1972) und an das oben besprochene Konzept von Scollon und Scollon (2003) anschließt, dass eine Arbeit im Rahmen von Linguistic Landscape sich nicht auf das Zählen beschränken darf. Zu berücksichtigen sind vielmehr eine detailgenaue Analyse sprachlicher Formen und multimodaler Erscheinungsbilder von schriftlichen Manifestationen im öffentlichen Raum sowie eine Analyse des Bezugs der Aufschriften zu ihrem Kontext. Schließlich soll auch nicht nur vom Artefakt Text ausgegangen werden, sondern es soll auch die Produktion und die Rezeption einbezogen werden. David Malinowski (2009) zeigt, wie nötig gerade bei einem Zugang, der sich für die Verknüpfung von Sprache und Raum interessiert, sorgfältiges ethnografisches Arbeiten ist, um nicht in einseitige Textinterpretationen zu verfallen, die primär die eigene Leseweise des Forschers oder der Forscherin spiegeln. Er verknüpft die Bestandsaufnahme von Aufschriften auf Geschäftsportalen in einem Viertel in Oakland mit Interviews, teilnehmender Beobachtung in der Straße und mit einer visuellen Analyse, die die Forscher*innen gemeinsam mit den Geschäftsleuten durchführten.

Adam Jaworski und Crispin Thurlow (2010) führen den Begriff der *Semiotic Landscapes* ein, um zu unterstreichen, dass es darauf ankommt, wie (öffentliche) Räume konstruiert, gelesen und interpretiert werden. In der Einleitung zu ihrem Sammelband, der sich klar von rein quantitativen, beschreibenden Erhebungen absetzt, geben sie einen kritischen Überblick über den Linguistic-Landscape-Ansatz. Sie weisen darauf hin, dass der Grad von Präsenz oder Absenz einer Sprache im öffentlichen Raum oft eher Aufschluss über Sprachideologien gibt als über ethnolinguistische Vitalität. Die Bedeutung, die Texte im öffentlichen Raum entfalten, egal ob es sich dabei um offizielle Aufschriften, um private Werbung oder um Graffiti handelt, entgleitet letztlich immer der Kontrolle ihrer Auftraggeber*innen, Autor*innen oder Designer*innen (Jaworski und Thurlow 2010: 23). Malinowski (2020: 23) erinnert daran, dass das Studienobjekt der Linguistic Landscape, das Zeichen, am besten im Sinne von Peirce (1983) verstanden wird als „something which stands to somebody for something in some respect or capacity", also im Sinne eines Schaffens, Modifizierens und Interpretierens von Bedeutung im Rahmen eines kommunikativen Prozesses.

3.3.2 Exploration kleinräumiger Sprachregime

Im Folgenden werden in knapper Form einige ethnografisch orientierte Studien zu kleinräumigen Sprachregimen vorgestellt. Zunächst geht es um urbane Kontexte, dann um Konstellationen von Mehrsprachigkeit in der Arbeitswelt.

Urbane Räume

Wie in Kapitel 3.2.1 bereits erwähnt, haben Jan Blommaert, James Collins und Stef Slembrouck (2005) das Sprachregime eines Stadtviertels von Ghent mit hohem Anteil an migrantischer Bevölkerung untersucht. Dabei haben sie verschiedene Zentren mit je eigenen Mustern von Sprachgebrauch und -bewertungen identifiziert und Unterschiede zwischen dialogischen und monologischen Orten herausgearbeitet. Dialogisch nennen sie solche Orte, die verschiedenartige, multiple (Sub-)Regime zulassen, monologisch solche, die versuchen, Sprachgebrauch zu reglementieren, oft in einem monolingualen Sinn (Blommaert, Collins und Slembrouck 2005: 214). Zur ersten Gruppe zählen sie den Zeitungskiosk, ein Stadtteilzentrum, das Café, die Bushaltestelle und den Kinderspielplatz, zur zweiten die Schule oder die Moschee. Eine Zwischenstellung nimmt beispielsweise das lokale Gesundheitszentrum ein. Seither gibt es weitere Studien zu kleinräumigen Sprachregimen im urbanen Raum, darunter eine von Patrick Stevenson (2017), in der er der migrationsbedingten Mehrsprachigkeit Berlins unter anderem mit Linguistic Landscaping nachgeht. In seiner mehrjährigen Feldforschung legte er den Fokus auf ein exemplarisches Mietshaus in einem sprachlich heterogenen Stadtviertel und dessen Bewohner*innen, die mithilfe biografischer Interviews zu ihrem Spracherleben und ihren sich ändernden sprachlichen Praktiken befragt wurden. Er kann sich auf Heike Wieses umfangreiche Forschung zum Kiezdeutsch in Berlin stützen. Sie beschreibt urbane Räume als Zonen intensiven Sprachkontakts, als einen Nährboden für Code-Mixing, Code-Switching und sprachliche Innovation, was zum Entstehen neuer sprachlicher Praktiken und Varietäten führt (Wiese 2020). Studien zu urbaner Mehrsprachigkeit, die einen interdisziplinären Ansatz wählen, gibt es beispielsweise zu Hamburg (Redder et al. 2013) und zu zwei ‚Grätzeln' in Wien (Edthofer et al. 2014). Letztere zeichnet sich dadurch aus, dass einerseits Jugendliche im Sinne von *citizen science* als aktive Forschungsbeteiligte eingebunden wurden und andererseits das Team seine Rolle als Forschende im Feld und die damit verbundenen Vorannahmen einer selbstkritischen Dekonstruktion unterzieht.

Eine Studie über die Städtische Hauptbücherei Wien (Busch 2009) hat gezeigt, dass sie sich, wie Leihbibliotheken und Mediatheken in anderen europäischen Städten, zu einem Ort entwickelt hat, wo nicht nur in vielen Sprachen kommuniziert wird, sondern wo auch in mehr oder weniger bewusster Weise Bedürfnisse mehrsprachiger Nutzer*innen aufgegriffen und in die Planung des Angebots einbezogen werden. Aber erst eine detaillierte Analyse zeigt, dass in der Bücherei je nach Bereich unterschiedliche Sprachregime zum Tragen kommen. Einerseits geht es um Gruppen von Nutzer*innen, die mit einem entsprechenden mehrsprachigen Medienangebot gezielt angesprochen werden. Auch hier zeigen sich je nach Sprache erhebliche Unterschiede in der Beschaffungsstrategie, denn während zum Beispiel bei den russischsprachigen Büchern ein Schwerpunkt auf Unterhaltungsliteratur gesetzt wurde, war das türkischsprachige Angebot im Untersuchungszeitpunkt inhaltlich und sprachlich von einem ausgeprägt normativen Bildungsanspruch geprägt. Andererseits erwies es sich als notwendig, sich auf unerwartete Formen der Aneignung einzustellen. Als Jugendliche aus dem Bezirk begannen, die Bücherei als Treffpunkt und ruhigen Ort für das Erledigen von Schulaufgaben zu nutzen, reagierte das Management zum einen mit dem vermehrten Einkauf von Sach- und Jugendbüchern in Türkisch und Bosnisch/Kroatisch/Serbisch, andererseits mit der Einstellung eines türkischsprachigen Security-Manns. Den Tourist*innen, die das Gebäude der Hauptbücherei wegen seiner architektonischen Qualität aufsuchen, kommt man mit Piktogrammen und englischen Durchsagen entgegen. Für die Asylsuchenden aus dem Gebiet der ehemaligen Sowjetunion, die vor allem den Internetzugang in der Bücherei nutzen, wurde die Nutzungsordnung auch in russischer Sprache aufgelegt. Die Website der städtischen Büchereien bietet Informationen auf Deutsch, Englisch, Französisch, Bosnisch/Kroatisch/Serbisch, Russisch, Türkisch und in der Österreichischen Gebärdensprache. Letztlich wird aus der Studie deutlich, dass das Sprachregime der Bücherei einem ständigen Prozess der Aushandlung unterliegt, wobei die Politik des Managements und die divergierenden Bedürfnisse verschiedener Gruppen von Nutzer*innen aufeinander abgestimmt werden müssen.

Neokapitalistische Arbeitswelten

Roger Hewitt (2012) gibt einen Überblick über verschiedene Studien zu Mehrsprachigkeit am Arbeitsplatz, weist aber auch darauf hin, dass es sich dabei um ein bisher wenig bearbeitetes Feld handelt, wobei in den letzten Jahren ein verstärktes Interesse festzustellen ist. In älteren Studien ging es vor allem darum, wie Arbeitskräfte mit unterschiedlichem Sprachhintergrund die dominante Sprache (Englisch) lernen, in jüngeren zunehmend darum, wie Kommunikation in einem multilingualen Arbeitsumfeld stattfinden kann. Thematisch geht es dabei um Fragen wie Arbeitsabläufe, Diskriminierung am Arbeitsplatz oder Sicherheitsfragen. Um Sicherheitsfragen geht es zentral auch im Projekt „Kommunikation und Sicherheit auf der mehrsprachigen Baustelle" (Ille und Neuhold 2013), in dem unter anderem eine Erhebung des Sprachregimes auf der Großbaustelle des Wiener Hauptbahnhofs durchgeführt wurde. Die Autor*innen der Studie stellen fest, dass von Expert*innenseite zwar die mehrsprachige Realität der Großbaustelle wahrgenommen wird, dass die hegemoniale Position der deutschen Sprache aber nicht in Frage gestellt, sondern sprachliche Anpassung erwartet wird. Eine zentrale Rolle für den reibungslosen Ablauf der Arbeitsprozesse spielen einzelne multilinguale Bauarbeiter, die als Sprachmittler agieren. Es handelt sich dabei um spontan geforderte und erbrachte Dolmetschleistungen, die nicht abgegolten werden und auch nicht zum Beispiel in Form von Weiterbildungsmöglichkeiten oder beruflichen Weiterentwicklungsmöglichkeiten gefördert werden. In einer ethnografischen Fallstudie beschäftigt sich Kamilla Kraft (2020) mit dem beruflichen Werdegang und dem Arbeitsalltag eines polnischen Bauarbeiters in Norwegen. Sie zeigt, wie er in der Baubranche, die von einer sozioökonomischen Stratifizierung zwischen fix beschäftigten ‚lokalen' und temporären ‚migrantischen' Arbeitern geprägt ist, aufgrund seines passenden Sprachrepertoires eine Position als Sprachmittler einnehmen kann, die ihm eine gewisse soziale Anerkennung bringt, doch gleichzeitig die Trennung in ‚lokale' und ‚migrantische' Arbeitskräfte festschreibt. Eine Untersuchung zum Umgang mit Mehrsprachigkeit auf dem Flughafen Zürich kommt zu einer vergleichbaren Feststellung (Duchêne 2011). Von Angestellten im Transitbereich, die mit Passagier*innen verkehren, werden Kenntnisse in Englisch, Deutsch und Französisch gefordert. Darüber hinaus gibt es Listen von anderen Beschäftigten am Flughafen wie zum Beispiel Arbeiter*innen in der Reinigung oder Gepäckabfertigung, die über Kenntnisse in weiteren Sprachen verfügen. Auf diese zurückzugreifen ist eine kosteneffiziente Methode, multilinguale Ressourcen der Belegschaft auszubeuten. Mit von arabischsprachigen Freiwilligen geleisteter Spracharbeit im Kontext einer Beratungsstelle für Geflüchtete setzt sich Jonas Hassemer (2018: 145) auseinander. Während ihre „sprachliche Ressource als Kapital in den Arbeitsprozess eingeht, ist ihr Wert für die Spracharbeiter*innen zumindest ambivalent", ihr Arabischsprechen wird „mal als Ressource und mal als vulnerabler Punkt" erlebt, sodass sie mal als anerkannter Teil des Teams, mal als außerhalb des Teams stehend positioniert werden.

Dass Sprachmittlung (siehe auch Kapitel 3.4.1) vermehrt als Spracharbeit *(language labour)* wahrgenommen und untersucht wird, ist nur ein Aspekt, der mit dem tiefgreifenden wirtschaftlichen, gesellschaftlichen, kulturellen und politischen Umbau zusammenhängt und mit Begriffen wie Neoliberalismus, *New Economy* oder Spätkapitalismus nur unzulänglich gefasst werden kann. Mit dem Artikel „Skills and Selves in the New Workplace" brachte Bonnie Urciuoli (2008) das Thema der neuen Arbeitswelten in die soziolinguistische Diskussion. Sie zeigt, wie diese den mit einem Bündel an Kompetenzen (zu denen auch sprachliche und kommunikative zählen) ausgestatteten ‚flexiblen Arbeiter' erfordern, der sich ständig wechselnden Erfordernissen anpassen kann. Die Verantwortung, sich mit solchen Kompetenzen auszustatten und für den Arbeitsmarkt zu optimieren, wird in hohem Maß dem oder der Einzelnen aufgebürdet, Bildung als Asset zunehmend zu einer Holschuld deklariert (Del Percio und Flubacher 2017). Wichtige Player sind dabei Institutionen der Arbeitsvermittlung und Agenturen, die Arbeitssuchende auf die (angenommenen) Erfordernisse künftiger Jobs vorbereiten. Ein rasch wachsendes Korpus an sprachwissenschaftlicher Literatur widmet sich diesem Thema, sowohl den damit verbundenen Diskursen von Empowerment, persönlichem Investment, Effizienz oder Integration als auch der Umsetzung, die oft in einer anderen Agenda resultiert, wie einer Reglementierung des Körper-, Affekt- und Kommunikationsverhaltens (Flubacher 2020) oder in Praktiken der Überwachung und des Sanktionierens (Van Hoof, Nyssen und Kanobana 2020). In einer detaillierten ethnografischen Studie untersucht Beatriz Lorente (2018), wie vorwiegend aus den Philippinen stammende Frauen auf ihre Arbeit als Hausangestellte in unterschiedlichen Ländern vorbereitet werden – eine Tätigkeit, der weltweit zwischen 50 und 100 Millionen, oft von privaten Agenturen vermittelte und prekär beschäftigte, Frauen nachgehen. Diese werden häufig durch das Einüben sogenannter Skripts, typisierter Interaktions- und Verhaltensmuster, auf ihren Einsatz vorbereitet. Lorente (2018: 148) bezeichnet solche Skripts, die verschiedene Typen von mobilen Arbeitskräften für unterschiedliche Märkte produzieren, als „templates of language practices that link ways of speaking to ways of being". Thematisiert werden in der Literatur auch Diskurse und sprachliche Praktiken, die mit neuen Formen von ‚Selbständigkeit' bzw. Entrepreneurship verbunden sind (Garrido und Sabaté-Dalmau 2020). Ein eigener Zweig der Mehrsprachigkeitsforschung beschäftigt sich mit sprachlichen Praktiken im Tourismus (Dannerer 2021).

In den folgenden zwei Kapiteln wird Mehrsprachigkeit im Kontext von Institutionen und Organisationen wie Administration, Rechtswesen, Gesundheitswesen und Schule behandelt. Die Kapitel können keinen umfassenden Überblick über diese umfangreichen Forschungsfelder bieten, sondern wollen dazu anregen, sich damit aus der räumlichen Perspektive von Sprachregimen auseinanderzusetzen.

3.4 Multilinguale Sprecher*innen in monolingualen Institutionen und Organisationen

Die klassische Soziologie sieht Institutionen und Organisationen als dauerhaft gegebene, änderungsresistente Prämissen des Verhaltens, Handelns und Interagierens, die es Akteur*innen ermöglichen, wiederkehrende Probleme zu bewältigen und sie dabei von Reflexions-, Entscheidungs- und Begründungsleistung entlasten. Organisationen werden als arbeitsteilige, hierarchisch gegliederte Ordnungen gesehen, die durch formales Agieren ihrer Mitglieder vorgegebene Ziele und Zwecke verfolgen. Aus poststrukturalistischer Sicht werden die klassischen Konzepte weitergedacht. Georg Kneer (2008: 125 ff.) gibt einen Überblick über solche Weiterentwicklungen, die Annahmen von Eindeutigkeit, Zielgerichtetheit, Stabilität, Vorhersehbarkeit und Planbarkeit institutioneller und organisationeller Arrangements in Frage stellen. Institutionen und Organisationen erscheinen Kneer zufolge heute eher als paradoxe Ordnungen, deren Bemühen um die Herstellung von Eindeutigkeit, Stabilität und Berechenbarkeit prekär bleibt, in denen das Geregelte mit dem Ungeregelten, das Geplante mit dem Ungeplanten einhergeht, das Ungeordnete nicht ausgeschlossen wird, sondern als Teil der Ordnung erscheint. Aktuelle Ansätze ergänzen klassische Konzepte um eine prozessorientierte Perspektive und begreifen Organisationen als relationale Gefüge mit heterogenen Komponenten und Verknüpfungen, die sich nicht trennscharf von der Außenumgebung abgrenzen lassen. Entscheidungen sind kontingent (könnten also auch anders ausfallen) und bedürfen einer kontextgebundenen Deutung, die sich nicht bruchlos auf andere Situationen übertragen lässt. Praktiken, Strategien und Technologien der Macht rücken ins Zentrum der Betrachtungen, wobei Macht nicht einfach gleichzusetzen ist mit Unterdrückung und Repression, sondern relational und dezentral gesehen wird – als eine soziale Kraft, die Beziehungen stiftet und Subjektpositionen konstituiert. Ein umfassendes Netz elementarer Machtbeziehungen wirkt also an der Konstitution, Reproduktion und Transformation institutioneller und organisationeller Ordnungen mit. Im Machtbegriff, der sich auf Michel Foucault stützt, werden auch Instrumente und Verfahren der Wissensgewinnung nicht als neutral, sondern als in Machtpraktiken verstrickt gesehen, was etwa im Personal-, Planungs- oder Entscheidungsmanagement zum Tragen kommt.

Ausgehend von verschiedenen methodologischen Zugängen (Konversationsanalyse, interaktionale Soziolinguistik, funktionale Pragmatik) beschäftigt sich die angewandte Sprachwissenschaft seit langem mit Kommunikation in Institutionen und Organisationen (z. B. Ehlich und Rehbein 1980; Drew und Heritage 1992; Sarangi und Slembrouck 1996), wobei je nach Zugang und zugrunde liegendem soziologischen Konzept unterschiedliche Schwerpunkte gesetzt werden. Zu den Merkmalen institutioneller Kommunikation zählen in klassischen Zugängen Zweckorientiertheit, Beschränkungen auf das im institutionellen Rahmen Vorgesehene, postulierte institutionelle Sachlichkeit, die Forderung nach rationalen und nicht emotionalen Handlungsweisen. Ein spezifisches Charakteristikum der Kommunikation im institutionellen Kontext ist des Weiteren auch das gehäufte Vorkommen von Äußerungen mit performativem Charakter. Der Begriff der „performativen Äußerung" geht auf John L. Austin (2002 [1962]) zurück, der ihn in seiner Vorlesungsserie „How to do things with words" prägte. Mit einer performativen Äußerung wird kein bestehender Sachverhalt beschrieben, berichtet oder festgestellt, sondern durch die Äußerung selbst wird eine Handlung vollzogen. Mit dem Satz „Ich erkläre die Sitzung für eröffnet" wird tatsächlich eine Sitzung eröffnet, deren Beginnzeitpunkt nun im Protokoll vermerkt werden kann. Performativer Charakter kommt einer Äußerung allerdings nur dann zu, wenn „die *Umstände* unter denen die Worte geäußert werden, in bestimmter Hinsicht oder in mehreren Hinsichten *passen*" (Austin 2002 [1962]: 31, Hervorhebung im Original),[37] wenn sie also beispielsweise im entsprechenden institutionellen Rahmen von dazu berechtigten Personen getroffen werden.

---

37 Im Zuge der Vorlesungsserie modifiziert Austin seine Klassifizierung der Sprechakte und anstatt konstative und performative Äußerungen einander gegenüberzustellen, geht er dazu über, jede Äußerung als einen Sprechakt aufzufassen, der sich hinsichtlich dreier verschiedener Aspekte analysieren lässt: hinsichtlich des lokutionären Akts (der Akt des Etwas-Sagens, des Vermittelns von Bedeutung), des illokutionären Akts (die Handlung, die man vollzieht, indem man etwas sagt) und des perlokutionären Akts (die Wirkung, die man erreicht, indem man etwas sagt) (Austin 2002 [1962]: 136).

Unkenntnis dieses Rahmens, der mit ihm verbundenen Rollen und routinemäßigen Handlungsabläufe führt zu einer gewissen ‚Fremdheit', die den Zugang zur Information und zu geglückter Kommunikation erschwert. Das ist nicht nur eine Frage der Sprache, denn auch in der sogenannten einsprachigen Kommunikation treffen Sprecher*innen unterschiedlicher Erfahrungshintergründe und unterschiedlicher sprachlicher Register aufeinander, sondern auch des sozialen Milieus oder des Geschlechts (Menz 2011: 225). Im Unterschied zu vielen Situationen der Alltagskommunikation, wo die Prinzipien des *turn taking* gelten, das Rederecht also interaktiv ausgehandelt wird, ist Kommunikation im institutionellen Rahmen durch Asymmetrien, Machtgefälle und Rollenzuschreibungen gekennzeichnet. In der Gerichtskommunikation etwa wird das Rederecht in Verfahrensregeln strikt vorgegeben, sodass Richter*innen es jederzeit für sich beanspruchen können, andere Verfahrensbeteiligte aber nur, wenn es ihnen vom Richter oder der Richterin erteilt wird. Die Asymmetrie wird auch dadurch verstärkt, dass es häufig zu Konstellationen kommt, in denen Vertreter*innen der Organisation, also Fachpersonen, die sich einer Fachsprache bedienen, Lai*innen gegenüberstehen. Divergenzen zwischen alltagsprachlichem und fachsprachlichem Verständnis bestimmter Begriffe können die Kommunikation erschweren. Wendet sich nun jemand in einer anderen Sprache an eine monolingual agierende Institution oder Organisation, ist diese Person mit zusätzlichen Herausforderungen konfrontiert, weil die dominanten sprachlichen und sprachpragmatischen Konventionen unhinterfragt als kulturell neutrale Norm gelten. Mehrsprachigkeit wird dann als Problem von anderssprachigen Sprecher*innen gesehen und nicht als sprachenpolitisches Problem der Institution. Sprecher*innen der dominanten Gruppe, die über prestigereiche Sprachvarietäten und -praktiken verfügen, werden häufig bevorzugt behandelt (Angermeyer 2011).

Institutionen wie Bildungswesen, Rechtswesen oder Gesundheitswesen sind traditionell im nationalstaatlichen Rahmen organisiert und einem monolingualen Habitus verpflichtet. Mehrsprachigkeit galt und gilt als Sonderfall. Deshalb erfolgte die Beschäftigung mit Mehrsprachigkeit in Institutionen zunächst primär im Kontext von interkultureller Kommunikation oder von internationaler Kommunikation. In den letzten Jahren ist ein wachsendes Interesse an Mehrsprachigkeit und institutioneller Kommunikation zu verzeichnen, sowohl aus dem Bereich der Translationswissenschaft als auch aus der Perspektive der Soziolinguistik.

3.4.1 Sprachmittlung in institutionellen Zusammenhängen

Je mehr monolingual geprägte Institutionen und Organisationen vor der Herausforderung stehen, dass die Menschen, mit denen sie es zu tun haben, ihren Alltag in mehrsprachigen Lebenswelten organisieren, umso mehr wächst die Bedeutung des Dolmetschens und Übersetzens. Die wissenschaftliche Beschäftigung mit dem *Community Interpreting* (auch als Kommunaldolmetschen, *dialogue interpreting, public service interpreting* bezeichnet) ist ein relativ neues, rasch wachsendes Feld (Pöchhacker 2004). Im Unterschied zum Konferenzdolmetschen, bei dem meist längere Redebeiträge aus einer Dolmetschkabine heraus für ein mit Kopfhörern ausgestattetes Publikum gedolmetscht werden, geht es beim Dolmetschen im öffentlichen Bereich, also in der öffentlichen Verwaltung, im Rechts- und Gesundheitswesen, im Bildungswesen oder in den Sozialdiensten, um das Sprachmitteln von dialogischer Kommunikation. Dolmetscher*innen sind unter den Rahmenbedingungen von *Community Interpreting* nicht einfach eine neutrale Instanz, durch die Sprache sozusagen hindurchfließt, sondern partizipieren als Dritte an einem Gespräch, das sie auch mitgestalten. Aus der dyadischen Kommunikation wird sozusagen eine triadische. Translator*innen sind in diesem Sinne nicht mehr einfach Dienstleister*innen, sondern Handlungsträger*innen, die Bedeutung produzieren und transformieren. Man spricht von einer kulturellen Wende in der Translationswissenschaft, die in den Dolmetscher*innen nicht mehr Diener*innen, sondern Gestalter*innen des sozialen Raums sieht (Prunč 2007). Translation ist immer auch der Versuch, sich auf ‚das Andere' oder ‚die Anderen' zu beziehen, wobei translatorisches Handeln laut Dilek Dizdar (2006) nicht einfach Bedeutungstransfer ist, sondern als eine Form der Wiederholung immer auch mit Verschiebung und Veränderung einhergeht.

Während in Ländern wie Australien oder Schweden, wo eine offenere Sprachenpolitik gegenüber Sprachen von Migrant*innen verfolgt wird, für das Kommunaldolmetschen professionalisierte Pools existieren, wird in anderen Ländern wie in Österreich in vielen institutionellen Settings die Sprachmittlung als Bringschuld der Hilfesuchenden, also der Klient*innen gesehen. Das heißt, es wird oft erwartet, dass sie ‚ihre' Sprachmittler*innen mitbringen. Insbesondere wenn es um Sprachen geht, die nicht zum Kanon der gängigen Fremdsprachen wie Englisch, Französisch oder Spanisch gehören, kommen Verwandte oder Bekannte als sogenannte Laiendolmetscher*innen zum Einsatz, häufig sind es die mehrsprachig sozialisierten eigenen Kinder. Vera Ahamer (2012) beschäftigte sich in einer

Studie mit jugendlichen Laiendolmetscher*innen in Österreich. Ihre empirische Untersuchung bestätigte, dass Kinder und Jugendliche in hohem Ausmaß im institutionellen und medizinischen Kontext zu Dolmetschdiensten herangezogen werden. Von den 42 befragten Jugendlichen gaben 41 an, gelegentlich oder häufig gedolmetscht zu haben. Dabei wurden sämtliche im öffentlichen Bereich in Frage kommenden Settings genannt: Arbeits-, Finanz-, Sozialamt, Gemeinde- und Bezirksverwaltung, Fremdenpolizei, Gericht, Krankenhaus, Schule usw. In der ‚Erwachsenenwelt' sind die jugendlichen Sprachmittler*innen, wenn es beispielsweise um medizinische Diagnosen oder um Fragen des Aufenthaltsstatus geht, mit Kontexten und Inhalten konfrontiert, die den altersgemäßen Erfahrungshorizont überschreiten. Nicht nur können die möglicherweise existenziellen oder finanziellen Konsequenzen der gedolmetschten Behördengänge eine große psychische Belastung für sie darstellen, sondern auch der Informationsvorsprung, den sie gegenüber ihren Eltern haben, kann sich problematisch auswirken. Die Sprachunkundigkeit der Eltern gegenüber der als übermächtig erlebten Behörde lässt die Eltern hilflos erscheinen, das kann zu Schamgefühl führen und auch zu Gefühlen von Verunsicherung und Ausgeliefertsein. Abhängig von der Situation und den involvierten Akteur*innen sehen die Jugendlichen, wie aus der Untersuchung hervorgeht, Dolmetschen aber nicht nur als Belastung, sondern auch als Potenzial, das eigene Sprachvermögen ausbauen zu können. In vielen Bereichen kann auf Laiendolmetscher*innen nicht verzichtet werden, da für viele Sprachen keine professionelle universitäre Ausbildung vorhanden ist. Umso wichtiger ist es, dass Laiendolmetscher*innen ein Handlungswissen erwerben können, das ihnen ihre Tätigkeit erleichtert. In Österreich gibt es seit 2015 einen Lehrgang für Dolmetscher*innen im Asylverfahren, der von einem interdisziplinären Team in Zusammenarbeit mit dem UNHCR entwickelt wurde. Inhalt der Module des Lehrgangs sind z. B. professionelle Techniken, ethische Fragen, psychodynamische Aspekte und Rollenkonflikte (Bergunde und Pöllabauer 2019).

In der Translationswissenschaft gibt es auch eine intensive Beschäftigung mit dem Dolmetschen im Rahmen von Gerichtsverfahren. Wichtige Impulse dafür kommen aus Südafrika, wo seit dem Ende der Apartheid die elf offiziell anerkannten Sprachen auch als Verhandlungssprachen bei Gericht zugelassen sind (vgl. Kapitel 2.3.3). Obwohl Englisch und Afrikaans im Gerichtssaal weiterhin eine dominante Rolle spielen, sind heute auch die anderen Sprachen präsenter, und das Dolmetschen gehört zum Gerichtsalltag. Rosemary Moeketsi (1999) zeigt anhand einer Reihe von Fällen, wie die Asymmetrie in der Gerichtssaalkommunikation durch Sprachideologien verschärft wird. Sie sieht die Aufgabe der Sprachmittler*innen nicht nur darin, wie von Richterseite erwartet, zum reibungslosen Ablauf des Verfahrens beizutragen, sondern auch darin, durch eine empathische Perspektive zur Ermächtigung von Verfahrensbeteiligten beizutragen. Auch Mira Kadrić (2009), die sich ausführlich mit Gerichtsdolmetschen in Österreich auseinandersetzt, diskutiert nicht nur die Rolle der Sprachmittler*innen, sondern auch die Erwartungshaltungen der Richter*innen. Aus den in ihrer Publikation dargestellten empirischen Forschungsergebnissen zur aktuellen Gerichtspraxis lässt sich schließen, dass es den Entscheidungsträger*innen bei Gericht hinsichtlich des Dolmetschens vor allem um einen ungestörten Verfahrensablauf und institutionelle Effizienz geht und weniger um ein Gelingen von Kommunikation.

Einem anderen Problem im Zusammenhang mit dem Gerichtsdolmetschen widmet sich Gabriele Slezak (2011), nämlich der Frage, aus welcher und in welche Sprache im Falle von Verfahrensbeteiligten aus afrikanischen Ländern gedolmetscht werden soll. Die Entscheidung fällt häufig auf eine Sprache, die nicht die Erstsprache des oder der Verfahrensbeteiligten ist, sondern zum Beispiel eine frühere Kolonialsprache, in vielen Fällen Englisch. Je geringer das Wissen der Entscheidungsträger*innen um die sprachlichen Gegebenheiten in der Herkunftsregion ist, desto stärker kommen Sprachideologien zum Tragen, wie die Abqualifizierung afrikanischer Sprachen als Stammesdialekte oder von Kreolsprachen als Sprachmischung. Für Verfahrensbeteiligte, deren sprachliches Repertoire von lebensweltlicher Mehrsprachigkeit gekennzeichnet ist, kann auch die Beschränkung auf eine einzige Sprache problematisch sein. Oft haben Sprecher*innen Sprachen in sehr unterschiedlichen Kontexten erworben und für unterschiedliche Bedürfnisse ausgebaut, also beispielsweise eine Sprache für die Kommunikation in der Familie und der näheren Umgebung, eine andere im Zusammenhang von Bildung oder Beruf. Gerade in institutioneller Kommunikation, wo Alltagsfragen in sehr formalisierten Rahmen zur Sprache gebracht werden, kann es für die Betreffenden entscheidend sein, dass sie auf mehr als eine Sprache zurückgreifen und innerhalb eines Gesprächs hin und her wechseln können. Welche schwerwiegenden Konsequenzen ein unsensibler Umgang mit Sprachmittlung und Sprachwahl in Verfahren haben kann, zeigt Susan Berk-Seligson (2009) in ihrem Buch „Coerced Confessions: The Discourse of Bilingual Police Interrogations", in dem sie zweisprachige Polizeiverhöre in den USA analysiert, die in fehlgeleiteten oder erzwungenen Schuldbekenntnissen resultierten. In den besprochenen Fällen agierten Polizeibeamte als Ad-hoc-Sprachmittler für Spanischsprecher*innen, wobei es ihnen meist nicht gelang, die Polizisten- und die Dolmetschrolle auseinanderzuhalten.

3.4.2 Administration und Rechtswesen

In sprachwissenschaftlichen Arbeiten zu Sprache oder Mehrsprachigkeit in Administration und Rechtswesen liegt der Fokus meist auf Mikrosequenzen sprachlicher Interaktion. Zurückgegriffen wird in diesem Zusammenhang oft auf die richtungsweisenden Arbeiten von John Gumperz zu Kontextualisierungshinweisen und *crosstalk*. Unter *contextualization cues* versteht Gumperz (1977) verbale und paraverbale Hinweise, mit denen Sprechende einander – sofern sie mit den entsprechenden soziokulturellen Konventionen vertraut sind – signalisieren, wie das, was sie sagen, aus der Situation heraus zu interpretieren ist; unter *crosstalk* (Gumperz, Jupp und Roberts 1979) das Aneinander-vorbei-Reden, wenn diese Hinweise nicht interpretiert werden (können).

Am Informationsschalter der katalanischen Einwanderungsbehörde

Eva Codó (2008) beschäftigte sich in einer Studie mit dem Sprachregime am Informationsschalter der Einwanderungsbehörde in Barcelona zur Zeit der „Legalisierungskampagne“ im Jahr 2000, als Migrant*innen, die aus wirtschaftlichen Gründen aus Afrika, Asien, Lateinamerika und Osteuropa nach Spanien gekommen waren, unter bestimmten Voraussetzungen eine Aufenthaltsgenehmigung in Aussicht gestellt wurde. Im Zuge der Studie wurden über 400 Gespräche zwischen Informationssuchenden und der Behörde in Audioaufnahmen dokumentiert, und das Sprachregime wurde mittels teilnehmender Beobachtung und durch Interviews exploriert. Die Angestellten sprachen untereinander vor allem Katalanisch, das sie als *We-Code* (Gumperz 1982) benutzten. Oft wechselten sie in einem Turn zwischen Katalanisch und Spanisch, um den Wechsel von einem Adressaten zum anderen zu signalisieren: Katalanisch, um unter sich über einen anwesenden Klienten oder eine anwesende Klientin zu sprechen, Spanisch, um sich an den Informationssuchenden oder die Informationssuchende selbst zu wenden. Durch die Verwendung der beiden Sprachen, die mit unterschiedlichen Wertigkeiten belegt sind, werden zwei unterschiedliche Räume konstituiert (Codó 2008: 190f.). Besonders deutlich wird das an der Irritation, die ein Informationssuchender aus Nordafrika verursacht, als er die Angestellten katalanisch anspricht. Sie gehen auf seinen Versuch der sprachlichen Konvergenz nicht ein. Katalanisch wird nicht als eine Sprache gesehen, die Fremde ‚normalerweise' sprechen, weil es als ‚Identitätssprache' gilt, die nur ‚Heimische' zu sprechen legitimiert sind. Katalanisch ist das symbolische Kapital der Mittelschicht und ‚passt nicht' zum marginalen Status von Migrant*innen. Codó verweist auf den Widerspruch, dass Katalanisch im politischen Diskurs zwar als Indikator ‚perfekter Integration' gilt, als fremd Identifizierte aber nicht in Katalanisch angesprochen werden. Obwohl die Möglichkeit des Dolmetschens bestand, bemühten sich die Informationssuchenden in der Regel, den Behördenvertreter*innen entgegenzukommen und spanisch zu sprechen, in der Annahme, dass dies als Beweis für Integrationswillen gewertet würde.

In der Interaktion mit den Migrant*innen, so stellte Codó (ebd.: 121) fest, dominierte, wenn Spanisch nicht möglich war, Englisch, obwohl die größte Gruppe aus Nordafrika, die zweitgrößte aus Südasien und die drittgrößte aus den GUS-Staaten stammte und obwohl Angestellte mit Russisch- und Arabischkenntnissen eigens angestellt worden waren. Die Behördenvertreter*innen sahen ihr Bemühen, ab und an ein paar Brocken in Englisch oder Französisch zu sprechen, als eine Goodwill-Aktion jenseits ihrer Dienstpflicht. Ausführlich beschäftigt sich Codó mit der Rolle der Englisch-Kommunikation: Auch wenn sich die Angestellten bewusst waren, dass ihr eigenes Englisch nicht besonders gut war, so wurde Misskommunikation eher den Klient*innen zugeschrieben. Sprachideologien kamen unter anderem darin zum Ausdruck, dass auch indische oder pakistanische Varietäten des Englischen von Klient*innen als Zweitsprachenenglisch eingestuft wurden; als kompetent in Englisch und als legitimer Sprecher oder legitime Sprecherin wurde nur anerkannt, wer es in der erwarteten Weise sprach (ebd.: 221).

Die Behördenvertreter*innen brachten in der Organisation der Interaktion und im Einspuren in Diskurse das Bestreben nach Regulierung und Kontrolle zum Ausdruck. Sie betrachteten den Interaktionsraum als den ihren und definierten dementsprechend auch die sprachlichen Normen, an denen die Informationssuchenden gemessen wurden. Die sprachliche Asymmetrie, kommt Codó (ebd.: 186) zum Schluss, ist am Informationsschalter der Einwanderungsbehörde besonders stark, weil die Klient*innen keine oder nur sehr beschränkte Möglichkeit haben, etwas in Frage zu stellen oder sich zu beschweren.

Mehrsprachige Sprecher*innen und monolinguale Institutionen

Die Arbeit von Eva Codó fügt sich in ein sich seit kurzem entwickelndes Feld der Beschäftigung mit dem Umgang mit Mehrsprachigkeit in Administration und Rechtswesen, also mit Problemen, die sich daraus ergeben, dass Sprecher*innen mit mehrsprachigem Repertoire auf Institutionen mit monolingualem Habitus treffen. Das Interesse solcher Arbeiten aus der Soziolinguistik, der Diskursanalyse, der Linguistic Anthropology und der Translationswissenschaft gilt vor allem Diskriminierungen, für die das asymmetrische Arrangement institutioneller Kommunikation an sich anfällig ist, die aber durch monolinguale Ideologien gegenüber multilingualen Realitäten noch verstärkt werden (Eades 2010; Angermeyer 2009; Anthonissen 2009; Maryns 2005; Haviland 2003). Auch wenn auf Ebene der Organisation eine monolinguale Ausrichtung besteht und kohärente Strategien im Umgang mit Mehrsprachigkeit fehlen, so wird im Arbeitsalltag in der Kommunikation mit Klient*innen oft auf einen unreglementierten Mix von Ad-hoc-Strategien zurückgegriffen, wie Scheibelhofer, Holzinger und Draxl (2021) am Beispiel des österreichischen Arbeitsmarktservice zeigen. Diese neueren Arbeiten können an eine weiter zurückreichende Beschäftigung mit Administration und Rechtswesen als Räume sprachlicher Ungleichheit anknüpfen (z. B. Drew und Heritage 1992; Wodak 1975).

Schon seit den 1990er Jahren beschäftigt sich Diana Eades mit mehrsprachiger Kommunikation im australischen Rechtssystem und hat das erste Lehrbuch zum Thema „Sociolinguistics and the legal process" (2010) verfasst. Ihre Arbeiten behandeln nicht nur den Umgang mit Nichtstandard-Varietäten des Englischen sowie Englisch als Lingua Franca (ELF), sondern auch gedolmetschte Verhandlungen. Sie verweist auf die Bedeutung des individuellen Spracherlebens und -erwerbs und auf die Notwendigkeit, dass Entscheidungsträger*innen diese bei der Einschätzung der sprachlichen und kommunikativen Ressourcen von Verfahrensbeteiligten berücksichtigen. Eades vertritt, dass es Aufgabe der Justiz sei, wissenschaftliche Ergebnisse in ihre Praxis mit einzubeziehen, die eigenen Sprachideologien kritisch zu reflektieren und für entsprechende Fortbildungsmöglichkeiten zu sorgen.

In Europa noch wenig rezipiert wurden bisher die für die Beschäftigung mit mehrsprachiger Kommunikation im Rechtswesen wichtigen Arbeiten über die Verfahren vor der Wahrheits- und Versöhnungskommission in Südafrika. Die *Truth and Reconciliation Commission* (TRC), die 1996 ihre Arbeit aufnahm, befasste sich mit den während der Apartheid verübten Verbrechen. In den Hearings der Kommission fungierten die während der Apartheid als minderwertig disqualifizierten afrikanischen Sprachen zum ersten Mal in der südafrikanischen Geschichte in einem öffentlich-institutionellen Rahmen als gleichberechtigte Sprachen neben Englisch und Afrikaans. Die Anerkennung dieser Sprachen bot den Opfern und ihren Angehörigen die Möglichkeit, gehört zu werden. Sie war aus Sicht der Psychologin Pumla Gobodo-Madikizela (2003), einer der Vorsitzenden der TRC, eine wesentliche Voraussetzung für die öffentliche Anerkennung des erlittenen Leides. Christine Anthonissen (2009) zeigt allerdings auf, dass an den Verfahren Beteiligte oft nicht in der Lage waren, in der institutionell erwarteten Weise über traumatisches Erleben zu erzählen. Thematisiert wird auch, dass in den englischen und afrikanischen Dialekten und Slangs der Alltagskommunikation, teilweise aber auch in den für die Rechtsdomäne wenig ausgebauten afrikanischen Sprachen, bestimmte Stile, Formate und Genres nicht zugänglich waren und dadurch die Kommunikation stark beeinträchtigt wurde (Blommaert, Bock und McCormick 2006).

Besonders aufschlussreich ist die Auseinandersetzung mit der Problematik des Gehört- und Verstandenwerdens in den translingualen und transkulturellen Verfahren der TRC. Ein interdisziplinäres Team, bestehend aus Antje Krog, Nosis Mpolweni und Ratele Kopano (2009), beschäftigte sich mit dieser Frage im Detail und publizierte die Resultate unter dem Titel „There was this Goat“. Zentral geht es um eine als unverständlich qualifizierte Zeugenaussage einer Frau, deren Sohn 1986 im Zuge einer Polizeiaktion im Kapstädter Township Gugulethu ermordet wurde. Die Autor*innen verfolgen den Weg zurück vom englischsprachigen schriftlichen Protokoll im Akt über die mündliche Dolmetschung während des Verfahrens bis zur ursprünglich in isiXhosa gemachten Aussage. Es gelingt den Autor*innen herauszuarbeiten, dass die Zeugin auf die Schilderung eines Traumes und auf Bilder und Figuren aus dem traditionellen Storytelling zurückgriff, um das Trauma von der Ermordung des Sohnes erzählbar zu machen.

Kommunikation im Asylverfahren

Das Erzählen der Umstände, die zur Flucht geführt haben, ist eines der wenigen Mittel, über die Flüchtlinge im Asylverfahren verfügen, um ihr Recht auf Schutz vor Verfolgung einzufordern und eine Anerkennung ihrer oft traumatischen Erfahrungen zu erlangen. Konrad Ehlich (2007) macht darauf aufmerksam, dass Erzählen das Potenzial hat, Zuhörer*innen zu involvieren, sie ‚betroffen' zu machen, dass es ermächtigend wirken kann, weil im Erzählen Erlebnisse und Erfahrungen bewältigt und mit anderen geteilt werden können. Etwas anders, so Ehlich, verhält es sich im institutionellen Rahmen, in dem Erzählen sowohl von Erzähler*innen als auch von der Institution, die ihre eigenen Agenden und Zwecke verfolgt, funktionalisiert wird. Das wird besonders deutlich im Asylverfahren.

Mit der Kommunikationssituation im Asylverfahren in der österreichischen Erstaufnahmestelle Ost beschäftigte sich Verena Plutzar (2009). Sie beschreibt, wie die Asymmetrie von Machtbeziehungen bereits im räumlichen Setting der Anhörung zum Ausdruck kommt: Das Gespräch findet in den Büros der Beamt*innen und über deren Schreibtisch hinweg statt. Dadurch wird Autorität und Distanz markiert. Der institutionelle Rahmen mit seinem zwangskommunikativen Charakter gibt die Form vor – meist ein striktes Frage-Antwort-Schema, in das Asylwerber*innen kaum eingreifen können. Insbesondere kritisiert Plutzar (2009: 209), dass aufgrund der mangelhaften Weitergabe von Informationen über Verfahrensweg und -rechte der Informationsbedarf der Asylwerber*innen nicht von offizieller Seite, sondern durch andere Flüchtlinge gedeckt wird, was oft gravierende Folgen hat. Am Beispiel von Beobachtungsprotokollen, die in österreichischen Asylverfahren erhoben wurden, und von Entscheidungstexten zeigt Martina Rienzner (2011) auf, wie Antragsteller*innen die Kontrolle über Inhalt und Form von Erzählungen im Laufe des Asylverfahrens zunehmend entzogen wird und wie die in das Verfahren eingebrachten Fluchtgeschichten für die Erzähler*innen selbst immer mehr an Bedeutung und Funktion verlieren können. Rienzner geht es primär um die interkulturelle Kommunikation im Asylverfahren, sie widmet sich ausführlich der Frage, auf welche Wissensbestände im Rahmen der sogenannten Glaubwürdigkeitsprüfung zurückgegriffen wird. Die Behörden beurteilen das Vorbringen der Asylwerber*innen, das auf Erleben beruht, mit Hilfe ihnen zugänglicher Quellen wie Medienberichte oder Internet. Wie Rienzner (2011: 98) ausführt, werden Bedeutungsaushandlungen, Unsicherheiten im Verstehen oder Verständnis sicherndes Handeln in Verhandlungsniederschriften meist nicht festgehalten, der komplexe Kommunikationsprozess wird durch eine ‚geglättete' Version des Geschehens ersetzt. (Zu Sprachgutachten im Asylverfahren siehe auch Kapitel 2.3.4)

Katrijn Maryns (2006) hat sich intensiv mit Asylverfahren in Belgien auseinandergesetzt. Am Beispiel des Verfahrens einer Asylsuchenden aus Sierra Leone rekonstruiert sie, wie die ursprüngliche Erzählung in den verschiedenen Verfahrensabschnitten rekontextualisiert und transformiert wird, was im Ergebnis zu maßgeblichen Fehleinschätzungen seitens der Behörde führt. Das Behördengespräch fand mit Hilfe einer Englisch-Dolmetschung statt und wurde im Protokoll schriftlich in Niederländisch festgehalten. Das breit gefächerte Repertoire der Asylwerberin, das auch das westafrikanische Krio umfasst, blieb unberücksichtigt. Die Aussagen der Asylwerberin, die sie in einer Sprache, die nicht die ihre ist, tätigen musste, wurden in der des Translats verschriftet und für sie mündlich rückübersetzt. Es fand eine mehrfache Übersetzung statt, nicht nur zwischen Sprachen, sondern auch zwischen gesprochenem und geschriebenem Modus, und es stellte sich heraus, dass im Protokoll einzelne Elemente der Ausgangserzählung unkorrekt wiedergegeben wurden oder fehlten. Bezogen auf multilinguale Verfahren stellt Maryns (2012: 311) fest, dass sich das Rechtssystem, um Sprecher*innen mit einem multilingualen Repertoire gerecht zu werden, um ein besseres Verständnis der soziolinguistischen Realitäten dieser Sprecher*innen bemühen und dies im Verfahrenskontext berücksichtigen muss. Sie plädiert dafür, innovative Formen zu entwickeln, wie zum Beispiel Stand-by-Dolmetschen, das die Vorteile einer direkten Kommunikation mit jenen einer vermittelten verbindet. Gemeint ist damit, dass Sprachmittler*innen anwesend sind, aber nur in solchen Situationen in das Gespräch eingreifen, in denen das erforderlich oder erwünscht ist, weil es in der direkten Kommunikation zwischen den Verfahrensbeteiligten zu Unklarheiten oder Kommunikationsproblemen kommt. Im Zuge von Asylverfahren, die sich oft über mehrere Instanzen und längere Zeiträume ziehen, werden Asylsuchende in verschiedenen Stadien des Verfahrens immer wieder zu Fluchtweg und Fluchtgründen befragt. Dieses wiederholte Erzählen und seine mehrfache Transformation im Zuge von Dolmetschen, Protokollierung und Rückübersetzung spielen eine bedeutende Rolle, wenn es darum geht, die Glaubwürdigkeit der vorgebrachten Fluchtgeschichte zu bewerten, und haben somit einen wesentlichen Einfluss auf den Ausgang des Verfahrens, wie Busch (2015) und Lehner (2018) an Beispielen aus Österreich zeigen.

3.4.3 Gesundheitswesen

Ein anderes Gebiet, in dem Kommunikationsprobleme gravierende Folgen haben können, ist das der Medizin. Wie im Rechtswesen kommen auch hier wichtige Impulse aus Südafrika, wo sich eine rege Forschung zu Mehrsprachigkeit in Institutionen entwickelt hat, um den Prozess wissenschaftlich zu begleiten, der durch eine anerkennende Sprachenpolitik zu mehr sozialer Gleichheit führen soll.

Ana Deumert (2010) kommt in ihrer empirischen Erhebung des Sprachregimes in drei Krankenhäusern in der Provinz Western Cape zum Schluss, dass auch fünfzehn Jahre nach dem Ende der Apartheid die Sprachgräben zwischen englischsprachigen, afrikaanssprachigen und isiXhosasprachigen Patient*innen weitgehend weiterbestehen und einen gleichberechtigten und effektiven Zugang zu Gesundheitseinrichtungen behindern. Eine der ersten Untersuchungen zum Sprachregime und zum Dolmetschen in einem multilingualen Krankenhaus führte der Psychologe Leslie Swartz (1998) in der psychiatrischen Abteilung eines Kapstädter Spitals durch. Als Beispiel führt er an, wie ein isiXhosa-sprachiger Patient zum Erstgespräch in die Klinik kommt und auf einen Arzt trifft, der nur Englisch spricht. Der Arzt bittet einen den Patienten begleitenden Verwandten um Übersetzungshilfe, doch auch in dieser Konstellation kommt keine ausreichende Verständigung zustande. Daraufhin wird eine Reinigungskraft um Hilfe gebeten. Der Verwandte bleibt im Raum und behält, unterstützt von der Stationshilfe, die Rolle des Übersetzers, sodass eine ganze intertextuelle Kette entsteht: Der Arzt sagt der Reinigungskraft etwas auf Englisch, diese übersetzt es für den Verwandten in isiXhosa, der Verwandte reformuliert die Äußerung noch einmal in seinen Worten in isiXhosa für den Patienten. Der Arzt protokolliert das Gespräch in Englisch. Das empathische, vertrauenaufbauende Gespräch, das in der Arzt-Patienten-Kommunikation so wichtig ist, kann sich unter diesen Umständen, so Swartz (1998: 26), nicht entwickeln. Swartz betont, dass nicht nur die Ebene der Gesprächsführung wichtig ist, sondern dass die Institution ihre Praktiken grundsätzlich hinterfragen muss: zum Beispiel welche Sprachen an der Rezeption gesprochen werden, in welchen Sprachen die Beschilderung, die ausliegenden Informationsmaterialien gehalten sind, ob die Weiterbildung des Personals Mehrsprachigkeit berücksichtigt, ob ein Bewusstsein für Mehrsprachigkeit besteht oder dafür, dass auch Varietäten ein und derselben Sprache so unterschiedlich sein können, dass es zu Verständigungsschwierigkeiten kommt. Schließlich stellen sich auch auf soziopolitischer Ebene Fragen, zum Beispiel danach, wie Sprecher*innen von nicht dominanten Sprachen im Gesundheitssystem ermutigt werden können, medizinische Berufe zu ergreifen, und auch welche Hilfestellungen ihnen geboten werden können, um in ihrem Beruf die anderen Sprachen reell zu benutzen.

Die von Swartz (1998) beschriebene Szene könnte sich ebenso in einem österreichischen oder deutschen Spital zugetragen haben. Aktuelle wissenschaftliche Literatur zeigt, dass in Situationen, in denen die Interaktion erschwert ist, weil Patient*in und Betreuungspersonen keine gemeinsame Sprache sprechen, das Risiko einer Fehldiagnose oder einer falschen Behandlung steigt, die Patient*innenzufriedenheit sinkt und die Compliance (Einhaltung von Verhaltensregeln durch die Patient*innen) gefährdet ist (Bischoff, Steinauer und Kurth 2006). Das Unbehagen im Gesundheitswesen, auf die Herausforderungen einer multilingualen Gesellschaft nicht entsprechend reagieren zu können, hat zu einer Reihe von Pilotprojekten in Krankenhäusern geführt. So haben sich im EU-Projekt „Migrant-Friendly-Hospitals" Krankenanstalten aus zwölf europäischen Ländern zusammengefunden und im Rahmen der „Amsterdamer Erklärung für migrantInnenfreundliche Krankenhäuser in einem ethnisch und kulturell vielfältigen Europa" (2005) Empfehlungen entwickelt. Angeregt wird unter anderem, dass Partnerschaften mit NGOs im Hinblick auf Sprachmittlung eingegangen werden und dass in kulturelle und sprachliche Kompetenzen des Personals investiert wird. Eine Studie zum Dolmetschen im Spital der Universität Basel (Bischoff, Steinauer und Kurth 2006), die sich auf empirische Daten aus mehreren Schweizer Spitälern stützen kann, fordert ein für jede Klinik maßgeschneidertes Dolmetschkonzept, das Kriterien für das Beiziehen von professionellen Dolmetscherdiensten ebenso wie von mehrsprachigen Mitarbeitenden als Übersetzungshilfen festlegt. Auch sei die Verfügbarkeit von mehrsprachigem schriftlichem Informationsmaterial sicherzustellen. Grundsätzlich sollte laut der Studie vermieden werden, Angehörige oder ungeschulte Spitalsmitarbeiter*innen als Ad-hoc-Dolmetschende einzusetzen. Die Autor*innen plädieren für eine gezielte Schulung von Mitarbeiter*innen für Dolmetschdienste und dafür, spitalsintern regelmäßig evaluierte und ergänzte Datenbanken zu erstellen, die geschulte Mitarbeiter*innen erfassen.

In der Schweiz wird Dolmetschen für den Gesundheitsbereich über regionale Vermittlungsstellen angeboten und kann vor Ort (Kliniken, Arztpraxen usw.) oder per Telefon in Anspruch genommen werden. In Österreich führte die Plattform Patientensicherheit in Kooperation mit dem Institut für Ethik und Recht in der Medizin, dem Service-Centre ÖGS.barrierefrei und dem Institut für Translationswissenschaft ein Pilotprojekt durch, das Videodolmetschen im Gesundheitswesen ermöglicht (Kletečka-Pulker und Parrag 2018). In diesem Projekt geht es nicht nur um Patient*innen mit anderen Sprachen als Deutsch, sondern auch um die in Österreich rund zehntausend Personen umfassende Gruppe der Gebärdenden.[38]

Wissenschafter*innen an der Universität Hamburg (Bührig und Meyer 2016) und der Universität Wien beschäftigten sich mit spezifischen Herausforderungen ärztlicher Gesprächsführung in mehrsprachigen Situationen und rückten Aspekte der Interaktionsbeteiligung, Reziprozitätsherstellung, Gesprächsorganisation sowie Verfahren der Verständnissicherung in den Fokus. Im Rahmen eines Forschungsprojekts an der Kopfschmerzambulanz des Allgemeinen Krankenhauses der Stadt Wien zeichneten Menz (2011) und Reisigl (2011) mit Hilfe von Videotechnologie ärztliche Gespräche mit Patient*innen mit geringen Deutschkenntnissen auf. Sie stellen fest, dass unterschiedliche Präsentationsstile von Symptomen zu Missverständnissen führen können (Menz 2011), dass unter den derzeitigen Bedingungen im Großkrankenhaus die an interkulturellen Arzt-Patient*innen-Gesprächen Beteiligten immer wieder überfordert sind und dass es in Gesprächen ohne professionelle Sprachmittlung trotz sichtlicher Bemühungen um Verständnisförderung zu gravierenden Verständigungsschwierigkeiten kommt. Da das Sicherstellen sprachlicher Verständigung nicht allein Angelegenheit von Migrant*innen sein kann, sind hier auch die Institutionen gefordert (Reisigl 2011: 126). Bei mehrsprachiger Kommunikation in Institutionen handelt es sich Menz (2011: 226) zufolge um Beziehungskommunikation, es muss daher nach situationsadäquaten und kontextabhängigen Lösungen gesucht werden.

3.5 Für eine Schule der Mehrsprachigkeit

Eine Erfahrung, die von vielen Lehrenden geteilt wird, ist, dass die sprachlichen Voraussetzungen, welche Schüler*innen von zu Hause oder aus anderen Lebenskontexten mitbringen, eine immer größere Bandbreite aufweisen. Man ist heute weit von den relativ stabilen sprachlichen Ver-

38 https://www.plattformpatientensicherheit.at (28.5.2021)

hältnissen entfernt, die noch vor zwei, drei Jahrzehnten den Schulalltag in Deutschland, Österreich oder der Schweiz prägten: Neben Deutsch und den Sprachen regional anerkannter Sprachminderheiten waren in erster Linie die Sprachen der damals als ‚Gastarbeiter' bezeichneten Migrant*innen aus südeuropäischen Ländern wie Portugal, Spanien, Italien, dem damaligen Jugoslawien oder der Türkei vertreten. Diese wurden in sprachlicher Hinsicht als in sich homogene Gruppen wahrgenommen, die der ebenso homogen gedachten Mehrheit deutschsprachiger Schüler*innen gegenüberstanden. Tatsächlich war damals schon das sprachliche Repertoire vieler Schüler*innen komplexer, als es die Schulstatistik glauben machte. So waren unter den Kindern, für die Serbokroatisch als Erstsprache eingetragen war, auch solche, für die Romani oder Vlachisch die Hauptfamiliensprache war, unter denen, für die Türkisch als Erstsprache galt, auch solche, die zu Hause überwiegend Kurdisch, Lasi oder Tscherkessisch sprachen (Busch 2006b).

Heute sind die ‚mitgebrachten' sprachlichen Ressourcen – nicht zuletzt aufgrund von Phänomenen der Transmigration – so diversifiziert und differenziert, dass ihnen mit vereinfachenden Kategorien nicht mehr beizukommen ist. Nicht nur in geografischer, sondern auch in sozialer Hinsicht sind Migration und Mobilität viel breiter gestreut als früher. Postmigrantisch und mehrsprachig geprägte Lebenswelten sind für immer mehr Kinder bestimmend, auch wenn sie es im Klassenzimmer nicht immer zu erkennen geben. Diese Entwicklung hin zu vermehrter sprachlicher Heterogenität ist längst nicht mehr auf großstädtische Agglomerationen eingrenzbar, sondern zunehmend auch in kleinstädtischen oder ländlichen Gebieten zu beobachten.

Von der Annahme einer weitgehend einheitlich verlaufenden ‚Normbiografie', die vom Aufwachsen in einem monolingualen Umfeld und von einem Spracherwerb bestimmt wird, der linear an einen Dialekt oder eine Umgangssprache die Standardsprache reiht und danach eine Sprache an die andere, kann also nicht mehr ausgegangen werden. Das Bildungswesen muss zunehmend Lernenden Beachtung schenken, die verschiedene Sprachen und Sprechweisen oft gleichzeitig und ungesteuert im Kontakt erwerben. Das fällt ihm schon deshalb nicht immer leicht, weil es gewissermaßen ‚vorbelastet' ist. Historisch fiel Schulen die Rolle zu, innerhalb eines durch Grenzen definierten Staatsgebietes gegenüber der Vielfalt der auf diesem Gebiet kopräsenten Sprachen und Varietäten einen verbindlichen, normsetzenden Standard durchzusetzen. Erol Yıldız (2015) spricht in diesem Zusammenhang von einem methodologischen

Nationalismus, dem das Bildungssystem verpflichtet ist. Die Diskrepanz zwischen den heterogenen Lebenswirklichkeiten der Schüler*innen und der Tendenz zur Homogenisierung im Bildungskontext führt ihm zufolge zu Konflikten, die mit ethnisierenden, kulturalisierenden und religiös kategorisierenden Deutungsmustern begründet werden. Die diskursive Unterscheidung zwischen einem Wir und einem Sie schlägt sich im Bildungswesen in sozialen und institutionellen Praxen nieder, die auf die Produktion von Ausgrenzung – nicht zuletzt in sogenannten Problemschulen – hinauslaufen. Solche Ausgrenzungen und Stigmatisierungen haben, wie Stefan Wellgraf (2018) in einer Studie zu einer Berliner Sekundarschule zeigt, gravierende Auswirkungen auf das Selbstbild und das emotionale Erleben der Schüler*innen. İnci Dirim (2016) unterscheidet zwischen einem kompensatorischen Ansatz, der ausgehend von Defizitannahmen Schüler*innengruppen heraushebt, für die (nach verschiedenen Modellen) Sprachförderung angeboten werden soll, und einem ressourcenorientierten Ansatz. Dieser Ansatz nimmt lebensweltliche Mehrsprachigkeit zwar als ausbaufähige Ressource wahr, tendiert aber, wie Dirim ausführt, dazu, auszublenden, dass Sprache nicht ein neutrales Medium ist, sondern ein gesellschaftliches Differenzierungsmerkmal zur Herstellung von Hegemonie und Inferiorität darstellt. Sie spricht dabei von Linguizismus, den sie als eine in kolonialen Denktraditionen verhaftete spezielle Form von Rassismus definiert, mit denen Menschen unter Berufung auf Sprachen, Dialekte, Soziolekte, Akzente und andere sprachliche Merkmale hierarchisierend unterschieden werden.

3.5.1 Schulsprachprofile

In diesem Kapitel wird die Schule unter dem Gesichtspunkt lokaler sprachlicher Praktiken betrachtet, also aus einer räumlichen, ethnografischen Perspektive, die nicht Gesetzgebung, Curricula oder Sprachlehr- und -lernforschung als Ausgangspunkt nimmt, sondern die Mikroebene konkreter sprachlicher Praktiken. Dabei werden unterschiedliche Interaktionssituationen in den Blick genommen, die zusammen Lerngeschehen und Schulalltag ausmachen, und es werden sprachliche Ressourcen jener wahrgenommen, die als Schüler*innen, Lehrer*innen oder Eltern an der Konstitution des Raumes Schule teilhaben. Ethnografische Beobachtungen und das Erheben von Schulsprachprofilen (Busch 2010c; Purkarthofer 2012), wie es im Folgenden beschrieben wird, sind geeignet, das Sprachregime einer Schule zu erfassen, ein Bild der Schule als Lern- und Kommunikationsraum zu entwerfen, indem sie neben dem eigentlichen Unterricht auch Pausengespräche, Schulweg und Schulumgebung einbeziehen (Blackledge und Creese 2010). Sie zielen darauf, Alltagspraktiken zu reflektieren, Hierarchien bewusst zu machen und Potenziale zu nutzen, also die tatsächlich gelebte Heteroglossie – die Kopräsenz unterschiedlicher Diskurse, Stimmen und Sprachpraktiken im Raum – sichtbar, hörbar und für den Lernprozess nutzbar zu machen. In ethnografisch orientierter Forschung zur Schule liegt in jüngster Zeit ein besonderes Augenmerk auf Praktiken wie *language crossing* (Rampton 1995a, 2011) beziehungsweise *translanguaging* (García 2009; Blackledge and Creese 2010). Damit wird eine auf die Lerner*innen orientierte Perspektive eingenommen, die nicht von der Ermittlung von Defiziten und nicht von der Zuordnung von Schüler*innen zu bestimmten sprachlichen Kategorien ausgeht, sondern von deren sprachlichem Repertoire, das nicht auf Begriffe wie Herkunfts- und Zielsprache reduziert werden kann. Solche präzisen Erhebungen können, wie im Folgenden am Beispiel einer südafrikanischen Grundschule erläutert wird, eine Grundlage bilden, um eine passgenaue, an sprachlichen Bedürfnissen und Ressourcen orientierte, standortspezifische Schulsprachpolitik auszuhandeln.

Die Riverside-Schule in Kapstadt

Die Riverside School[39] liegt in einem Außenbezirk von Kapstadt, der zur Zeit des Apartheidregimes den *coloureds* zugewiesen war, also jenen, die in der rassistischen Klassifizierung weder den ‚Schwarzen' noch den ‚Weißen' zugerechnet wurden. Das Riverside-Viertel, in dem alle Bewohner*innen mit großen wirtschaftlichen Problemen zu kämpfen haben, wird durch einen kleinen Fluss geteilt. Diesseits arbeiten die Eltern der Schüler*innen vorwiegend im städtischen Raum, und man tendiert zum Wechsel der Familiensprache von Afrikaans zu Englisch. Jenseits des Flusses finden die Eltern prekäre Arbeitsmöglichkeiten vor allem in Obst- und Gemüseplantagen, und man spricht vorwiegend Afrikaans. Diese Situation spiegelte sich auch in der Schule wider, wo die Schüler*innen in zwei getrennten Klassenzügen unterrichtet wurden, einem mit Englisch und einem

39 Dieser Fassung liegt eine ausführlichere Darstellung zugrunde (Busch 2010c). Der Schulname und die Namen von Schüler*innen wurden abgeändert.

mit Afrikaans als Unterrichtssprache. Die jeweils andere Sprache wurde lediglich im Rahmen eines Sprachfachs unterrichtet. Der englischsprachige Zweig war unter den Eltern begehrter als der afrikaanssprachige, da Englisch als Sprache des sozialen Aufstieges gesehen wird (zur Sprachenpolitik in Südafrika vgl. Kapitel 2.3.3). Am Pausenhof kam es wiederholt zu Rivalitäten, fallweise auch zu gröberen Streitereien zwischen Schüler*innen der beiden Züge. In der Folge eines Diskussionsprozesses unter Eltern und Lehrer*innen, der vom universitären Zentrum PRAESA[40] begleitet wurde, wurden auf drei Schulstufen die beiden parallelen Züge zu bilingualen Klassen zusammengelegt.

Das Schulsprachprofil wurde in der Riverside School ungefähr ein halbes Jahr nach Einführung der bilingualen Klassen erhoben. Nahezu alle Schüler*innen in diesen Klassen gaben an, nicht nur im Unterricht, sondern auch im Alltag beide Sprachen zu benützen. Was die Lehrer*innen schon vermutet hatten, wurde bestätigt, nämlich dass auch etliche Schüler*innen, die zuvor den Englischzweig besucht hatten, zu Hause überwiegend Afrikaans sprachen. Auch in Familien, wo der Wechsel zum Englischen bereits vollzogen war, nannten Schüler*innen oft ihre Großeltern als Bezugspersonen, mit denen sie Afrikaans sprachen. Überraschend hingegen war für die Lehrer*innen die fast durchwegs positive Einstellung der Schüler*innen gegenüber Afrikaans. Es scheint, dass die Generation der Eltern und Lehrer*innen die zweifache Stigmatisierung des Afrikaans verinnerlicht hat: einerseits die des standardnahen Afrikaans als Sprache der ‚weißen' Unterdrücker, andererseits die der als Kaaps bezeichneten lokalen Varietät als ‚keine richtige Sprache'. In der Generation der Schüler*innen hingegen scheint eine Wiederaneignung des Afrikaans stattzufinden, wie sie zunächst von Kulturschaffenden propagiert wurde (Kriel 2008). Eine Schülerin brachte dieses neue Selbstbewusstsein auf den Punkt, indem sie die braune Farbe, die sie in ihrem Sprachporträt für Afrikaans gewählt hatte, in der Bildlegende folgendermaßen kommentierte:

> *Brun is Afrikaans, becaues it is a very nies colour and i love it and i am broun. Becaues God made me broun and i am bles of it.*[41]

Als viel größer als von den Lehrer*innen erwartet erwies sich die sprachliche Diversität, die unter den Schüler*innen zutage trat. Ungefähr die

40 Project for the Study of Alternative Education in South Africa, University of Cape Town: http://www.praesa.org.za (28.5.2021).

41 Braun ist Afrikaans, weil es eine sehr schöne Farbe ist und ich sie gern habe und ich braun bin. Weil Gott hat mich braun gemacht, und ich bin damit zufrieden.

Hälfte der Workshop-Teilnehmer*innen erwähnten isiXhosa oder andere südafrikanische Sprachen als für ihren Alltag relevant, sei es, weil sie von Angehörigen oder Nachbar*innen gesprochen werden, sei es, weil deren Kenntnis ein Wert in Bezug auf künftige Arbeitsmöglichkeiten zugemessen wird. Häufig genannt wurde auch Arabisch, das mit dem Religionsunterricht in der Moschee, aber auch mit dem aufstrebenden Handelsplatz Dubai assoziiert wurde. Als weitere Sprachen wurden unter anderen Französisch angeführt, das Schüler*innen von Migrant*innen aus anderen afrikanischen Staaten kannten, die Südafrikanische Gebärdensprache, die häufig im Fernsehen zu sehen ist, Chinesisch als Sprache von Handeltreibenden im Viertel sowie Sprachen eingewanderter Vorfahren, die in den Familien nicht mehr gesprochen werden, aber dennoch ein besonderes Ansehen genießen. Und schließlich führten Schüler*innen auch informelle Sprachen wie jene von Rapmusik oder SMS-Nachrichten als für sie bedeutsam an.

Die Dokumentation der Linguistic Landscape der Schule und ethnografische Beobachtungen bestätigten die unangefochtene Dominanz des Englischen im südafrikanischen Schulsystem. In administrativen Angelegenheiten wird, ob es um Verkehr mit Schulbehörden, um interne Berichte oder die Planung von Schulstunden geht, ausschließlich Englisch verwendet. Selbst im Afrikaanszweig waren Stundenpläne, Inventarlisten und Schulordnung früher nur in englischer Sprache zu finden. In den bilingualen Klassen war noch ein Ungleichgewicht in Bezug auf Lerntafeln und Poster festzustellen: Im Unterschied zu den meist händisch hergestellten afrikaanssprachigen stammten die auf Hochglanzpapier gedruckten englischsprachigen vorwiegend von großen Schulbuchverlagen. Die Bestandsaufnahme in der Lehrbuchsammlung und der Schulbücherei zeigte, dass die aktuelle Hierarchisierung eine aus der Zeit der Apartheid überlagerte: Afrikaanssprachige Bücher mit offen rassistischen Inhalten waren teilweise noch immer in Gebrauch.

Die Umstellung vom monolingualen auf den bilingualen Unterricht stellte für die Lehrer*innen eine große Herausforderung dar, wurde jedoch schon nach der kurzen Zeit von einem halben Jahr positiv bewertet. Wie eine Lehrerin berichtete, saßen die Schüler*innen aus dem Afrikaanszweig und jene aus dem Englischzweig anfangs getrennt, vermischten sich aber bald, um sich, wenn nötig, gegenseitig helfen zu können. War früher das Selbstverständnis wesentlich von der Zuordnung zur einen oder anderen Sprachgruppe geprägt, so spielte diese Unterscheidung zum Zeitpunkt der Untersuchung kaum noch eine Rolle. Im Mündlichen bereitete die Umstellung auf zweisprachigen Unterricht den Lernenden kaum

Probleme, im Schriftlichen hingegen wirkten die Folgen der einsprachigen Literarisierung länger nach. Aufgrund des erhobenen Schulsprachprofils wurden folgende Punkte als Desiderate für eine Schulsprachenpolitik formuliert: schrittweise Einführung bilingualer Klassen auf allen Schulstufen; darauf achten, dass die Linguistic Landscape der Schule der Mehrsprachigkeit der Schüler*innen besser Rechnung trägt; kritische Durchsicht vorhandener Lehr- und Lernmaterialien; die Präsenz von isiXhosa dadurch verstärken, dass es als zusätzlicher Sprachunterricht angeboten wird.

Die Analyse des Sprachregimes machte deutlich, dass Kinder, die in die Schule mit heteroglossischen Repertoires eintraten, durch das Bildungssystem zu einem Entweder-oder-Monolingualismus reduziert wurden. Der Widerspruch zwischen heteroglossischer Lebenswelt und monolingualisierender Schulpraxis wurde durch die Tendenz von Eltern verstärkt, ihre Kinder für den Unterricht in der prestigereichen englischen Sprache anzumelden. Das Beispiel der Riverside-Schule zeigte aber auch, dass es möglich ist, die Probleme, die durch eine Zuordnung in ‚eindeutige' sprachliche Kategorien entstehen, zu überwinden, und dass mehrsprachige Unterrichtsformen auch bei den Eltern auf hohe Akzeptanz stoßen. Zu bedenken ist allerdings, dass Freiräume, in denen neue Lernformen erprobt werden können, immer von Neuem erkämpft werden müssen und dass solche Lernformen allein nicht in der Lage sind, soziale Bedingungen zu verändern, die Ungleichheit hervorbringen.

3.5.2 Unterrichtsmodelle im Umgang mit Mehrsprachigkeit

Auch wenn gesellschaftliche Mehrsprachigkeit gegeben ist, dominieren traditionell einsprachige Modelle des Schulunterrichts[42], das heißt, eine einzige Sprache dient als Unterrichtssprache. Zweisprachige Unterrichtsformen konnten sich vorwiegend im Kontext von Minderheiten- oder Regionalsprachen bzw. im Kontext internationaler Elitenmobilität entwickeln. Diesen bilingualen Formen liegt meist ein Verständnis von einem doppelten Monolingualismus zugrunde, das Sprachen als voneinander getrennte Einheiten versteht und Schüler*innen jeweils einer Erstsprache zuordnet. Erst in jüngerer Zeit werden auch Unterrichtsformen erprobt,

42 Einen Überblick über verschiedene Modelle gibt bspw. Niedrig (2011); mit der geschichtlichen Entwicklung befassen sich z. B. Budach, Erfurt und Kunkel (2008). Dieser Abschnitt stützt sich auf beide Quellen.

die mehrsprachigen Lebenswelten Rechnung tragen. Im Folgenden wird in knapper Form ein Überblick gegeben.

Bilinguale Formen

Der sogenannte ***Immersionsunterricht*** geht auf einen kanadischen Schulversuch in den 1970er Jahren zurück, bei dem Schüler*innen der englischsprachigen Bevölkerung während der drei ersten Schuljahre in allen Fächern ausschließlich in der Minderheitensprache Französisch unterrichtet wurden. Der Erfolg des Versuchs wurde nicht zuletzt darauf zurückgeführt, dass Sprecher*innen der anerkannten Mehrheitssprache in einer zusätzlichen Sprache lernten. In Immersionsklassen wird der Unterricht den sprachlichen Voraussetzungen der Schüler*innen angepasst, sie können zunächst rezeptive Fähigkeiten in der Immersionssprache entwickeln, aber in ihrer stärkeren Sprache auf den Input antworten, sodass ihre Beteiligung am Unterricht nicht von ihren aktiven Fähigkeiten in der Immersionssprache abhängt.

Oberflächlich betrachtet mag das Einschulen von Schüler*innen anderer Erstsprachen in Regelklassen mit Unterricht in der Mehrheitssprache einer Immersion ähnlich scheinen, tatsächlich erfüllt sich die Erwartung, dass sie die Unterrichtssprache durch den Kontakt mit Mitschüler*innen und im Unterricht sozusagen ‚von selbst' lernen, kaum, und die Kinder haben oft nur wenig Erfolgserlebnisse. Deshalb spricht man bei dieser Form des Unterrichts eher von ***Submersion*** als von Immersion. Es handelt sich dabei in der Regel sowohl um sprachlich als auch um sozial und pädagogisch gänzlich andere Bedingungen: Sprecher*innen von inferiorisierten Sprachen, die im Bildungssystem keine oder nur eine marginale Rolle spielen, werden in einer ‚Zielsprache' unterrichtet. Das ist mit hohem Druck verbunden, da von allen Seiten die Erwartung an die Schüler*innen herangetragen wird, die neue Sprache so schnell und so gut wie möglich zu erlernen. Schüler*innen können ihre Erstsprache(n) nicht in den Unterricht einbringen und daher nur in dem Maß partizipieren, in dem sie die Unterrichtssprache auch aktiv beherrschen. Das kann in gewissen Situationen zur Folge haben, dass sie sich über eine längere Periode aus dem Unterrichtsgeschehen zurückziehen. Bereits 1974 wurde in den USA die Submersion, das *English mainstreaming of minority children*, durch ein Erkenntnis des Obersten Gerichtshofs für unrechtmäßig erklärt, weil es das Recht dieser Kinder auf Chancengleichheit im Bildungszugang beschneidet. Kinder, die in den USA als Englischlerner*innen gelten, haben seither einen Rechtsanspruch auf entsprechende Fördermaßnahmen (Niedrig 2011: 94).

Von ***gestützter Submersion*** kann man dann sprechen, wenn zum einsprachigen Unterricht zusätzliche Fördermaßnahmen angeboten werden, die vor allem darauf abzielen, die Eingliederung in den Regelunterricht möglichst reibungslos zu gestalten. Meist handelt es sich dabei um Förderklassen, in welchen Schüler*innen mit anderen Erstsprachen als der Unterrichtssprache zusammengefasst werden und zusätzlichen Unterricht erhalten. Das setzt allerdings voraus, dass Lehrer*innen über eine entsprechende Ausbildung (z. B. Deutsch als Zweitsprache, DaZ) verfügen. In Deutschland und Österreich ist diese Unterrichtsform für Kinder mit ‚Migrationshintergrund' in Form von Deutsch-Förderunterricht oder Förderklassen meist eine Realität. Durch den ‚muttersprachlichen Unterricht' in Österreich bzw. den ‚Herkunftssprachenunterricht' oder ‚muttersprachlichen Ergänzungsunterricht' in Deutschland, der anders als etwa in Großbritannien nicht an die Konsulate der jeweiligen Länder oder an Vereine ausgelagert ist, sondern im schulischen Rahmen erteilt wird, wird ein kleiner Schritt in Richtung der Förderung von Bilingualität getan.

Transitorischer bilingualer Unterricht geht ebenso von homogenen Schüler*innengruppen aus wie Immersionsunterricht. In diesem Modell werden Schüler*innen, die zu Hause nichtdominante Sprachen sprechen, von zweisprachigen Lehrkräften bilingual unterrichtet. Nach einer mehr oder weniger langen Phase findet der völlige Übergang zur dominanten Sprache statt. Da das Ziel ist, die Kinder möglichst rasch zu einer Unterrichtssprache zu führen, in der sie die weiteren Bildungsstufen durchlaufen, kommt in dieser Unterrichtsform der Erstsprache eine reine Hilfsfunktion zu. Aus den USA ist diese Unterrichtsform aus den Spanisch-Englisch-Klassen bekannt, wobei es hier eine Kurzform, *early exit*, mit dem Übergang nach zwei Jahren und eine *late-exit*-Form gibt, in der der Übergang zu Englisch erst nach sechs Jahren erfolgt.

Spracherhalt und wechselseitige Zweisprachigkeit

Während die oben beschriebenen Unterrichtsformen eindeutig auf die Mehrheitssprache ausgerichtet sind, verfolgen ***Spracherhaltprogramme*** *(language maintenance models)* das Ziel, die Erstsprachen der Kinder zu Bildungssprachen auszubauen, manchmal auch das der Revitalisierung einer bedrohten

Minderheitensprache. Dieses Modell ist besonders aus dem Kontext sogenannt indigener Sprachen bekannt, wie Maori in Neuseeland oder Aborigine-Sprachen in Australien. In Deutschland arbeiten Schulen für die autochthone Minderheit der Dänen in Schleswig-Holstein oder für die der Sorben in Brandenburg und Sachsen nach diesem Prinzip. Auch in Österreich könnten das Slowenische Gymnasium in Klagenfurt ebenso wie die (tschechisch-slowakisch-deutschen) Komensky-Schulen in Wien als Schulen dieser Ausrichtung gesehen werden, beide Schulen setzten allerdings in den letzten Jahren zunehmend auf bilingualen bzw. trilingualen Unterricht.

Bilinguale Schulen oder *Two-way-Immersionsunterricht* geht im Prinzip davon aus, dass Kinder (zweier) unterschiedlicher Sprachgruppen gemeinsam unterrichtet werden und dass die Unterrichtszeit in gleichem Ausmaß zwischen den zwei Sprachen aufgeteilt wird. International bekannt wurde die in den 1960er Jahren in Florida erfolgte Schulgründung einer bilingualen englisch-spanischen Schule. In Deutschland wurden einige Schulversuche und Pilotmodelle mit Deutsch im Sprachenpaar mit Englisch, Französisch, Russisch, Spanisch, Italienisch, Polnisch, Griechisch, Türkisch oder Portugiesisch wissenschaftlich dokumentiert und begleitet (Neumann 2011).

Anhand der Entwicklung des bilingualen Schulwesens im österreichischen Bundesland Kärnten sollen hier kurz Fragestellungen erörtert werden, die sich im Zusammenhang mit diesem Modell ergeben. In Südkärnten galt bis zum ‚Anschluss' Österreichs an das faschistische Deutsche Reich das sogenannte utraquistische Schulmodell, in dem Slowenisch im Sinne eines *Early-exit*-Modells nur bis zur dritten Schulstufe als Unterrichtssprache verwendet wurde. Ab 1939 war Slowenischsprechen in den Schulen verboten, 1942 setzten systematische Deportationen slowenischsprachiger Familien ein. Im Sinne einer Wiedergutmachung wurde 1945 in Südkärnten ein für alle Schüler*innen obligatorischer zweisprachiger Grundschulunterricht eingeführt, mit dem Ziel, zum Spracherhalt unter Slowenischsprachigen beizutragen und gleichzeitig deutschsprachige Schüler*innen an die Minderheitensprache heranzuführen. Nach deutschnationalen Protestaktionen wurde es den Eltern ab 1958/59 freigestellt, ihre Kinder zum zweisprachigen Unterricht anzumelden oder nicht, was eine regelrechte Abmeldungskampagne zur Folge hatte. Die zweisprachige Schule folgte zudem weiterhin einem *Early-exit-transition*-Modell: ab der vierten Schulstufe wird Slowenisch bis heute nur mehr als Unterrichtsfach angeboten. Durch die sukzessive Grenzöffnung zum Nachbarland

Slowenien in den 1980er Jahren erfuhr die vormals stigmatisierte Minderheitensprache eine gewisse Aufwertung. Das schlug sich in vermehrten Anmeldungen zum zweisprachigen Unterricht nieder, den zunehmend auch Kinder aus deutschsprachigen Familien besuchten. Mittlerweile hat sich das Verhältnis umgekehrt, die Mehrzahl der zum zweisprachigen Unterricht angemeldeten Kinder spricht zu Hause nicht oder kaum Slowenisch. Den zweisprachigen Schulen in Kärnten – wie auch anderswo – wird seitens der Eltern ein besserer Umgang mit Mehrsprachigkeit zugetraut, was sie für andere Bevölkerungsgruppen attraktiv macht, nicht zuletzt für Schüler*innen mit Migrationsbiografien. Dieser Rückblick macht deutlich, dass die Akzeptanz eines *Two-way-immersion*-Modells von politischen und sozialen Faktoren ebenso wie vom ‚Marktwert' der Sprachen abhängig ist (Wakounig 2008; Busch 1996).

In allen bilingualen Modellen stellt sich die Frage nach dem Umgang mit der doppelten Unterrichtssprache. In frühen zweisprachigen Unterrichtsformen, wie dem oben angeführten Kärntner Beispiel, blieb es den Lehrer*innen überlassen, nach Gutdünken zwischen den beiden Unterrichtssprachen zu wechseln. Ausgehend davon, dass paralleler, ungesteuerter Gebrauch zweier Sprachen in Summe die stärkere favorisiert, werden heute in Kärnten Modelle mit strukturiertem bilingualem Input propagiert. Zeitbasierte Modelle, wie sie auch in Südtirol in den ladinisch-italienisch-deutschen Schulen praktiziert werden (Verra 2006), folgen einer Sprachaufteilung nach Wochen, Wochentagen oder Unterrichtssequenzen. Das Modell ‚eine Person – eine Sprache' besteht darin, dass jede Lehrperson im Unterricht in der Regel nur eine Sprache verwendet. Dieses Modell ist beispielsweise in den Hamburger bilingualen Schulen in Verwendung (Niedrig 2011). Zu nennen sind auch raumbasierte Modelle, in welchen zwischen Schulzimmern gewechselt wird, denen jeweils eine Sprache zugeordnet ist (García 2009: 292). Vor allem in höheren Schulstufen kann auch ein an CLIL *(content and language integrated learning)* orientiertes Modell zur Anwendung kommen, bei dem bestimmte Fächer in der einen, andere in der anderen Sprache unterrichtet werden.

Translanguaging und *language awareness*

Die hier beschriebenen Modelle stellen letztendlich nur Rahmenkonzepte dar. Wie sehr im eigentlichen Unterrichtsgeschehen in Mikrosequenzen auch die jeweils andere Sprache präsent ist, hängt, wie die qualitative

Schulforschung zeigt, von einer Vielzahl von Faktoren ab. Dazu zählen die sprachlichen Ressourcen der am Unterrichtsgeschehen Beteiligten, Motive, Wünsche und Erwartungen in Bezug auf Schule und Bildung, sprachliche Praktiken außerhalb der Schule, Status und Prestige der im Unterricht vertretenen Sprachen, Vorhandensein von Lehr- und Lernmaterialien oder die lokale Schulkultur.

Ofelia García (2009: 298) macht darauf aufmerksam, dass flexible bilinguale Mikroarrangements wie situationales Code-Switching, die lange als Tabu in einsprachig gedachten Unterrichtssequenzen galten, nicht per se zu einer Sprachverlagerung führen. Eine Verlagerung ist vor allem dann zu beobachten, wenn offen oder verdeckt eine monolinguale Orientierung verfolgt wird, das heißt, wenn das unausgesprochene Ziel die Beherrschung nur einer der beiden Sprachen ist. Demgegenüber ist García zufolge eine flexible Sprachverwendung besser geeignet, den Anforderungen der heutigen multilingualen Gesellschaft zu entsprechen, weil sie den Druck, der einer Purismus-Ideologie entstammt, mildern kann. García (2009: 299f.) kann sich auf aktuelle Forschung berufen, wonach Code-Switchen, beispielsweise um ein Wort zu erklären oder eine kurze Zusammenfassung eines Inhalts zu geben, durchaus sinnvoll sein kann. Die Praxis des *translanguaging*, ein Begriff, der in der letzten Zeit Karriere gemacht hat (García und Li 2014), geht auf Cen Williams' Arbeiten zum zweisprachigen Unterricht in Wales zurück (Williams zit. nach García 2009: 301f.). Gemeint war damit ursprünglich, dass (Lehrer*innen-)Input – in Form von gelesenen bzw. gehörten Texten oder Liedern – in der einen Sprache erfolgt und die Erweiterung des Lerninhalts beispielsweise in der Diskussion oder in geschriebenen Texten in der anderen Sprache. In jedem Fall sind in allen Modellen zwei- und mehrsprachigen Unterrichts Momente sinnvoll, die explizit für komparatives und kontrastives metalinguistisches Arbeiten reserviert sind (Cathomas und Carigiet 2006). Jürgen Jaspers (2017) kritisiert die inflationäre Verwendung des Begriffs *translanguaging*, der damit an Schärfe verliert. Er erinnert daran, dass die Schule kein machtfreier Raum ist und dass Bildungserfolg letztlich nach wie vor daran gemessen wird, wie weit sich Schulabsolvent*innen einer monolingualen, akademischen Ausdrucksweise bedienen können. In einer umfangreichen empirischen Studie zeigen Schwarzl und Vetter (2019), dass *translanguaging*-Pädagogik in heterogenen Schüler*innen-Gruppen nicht in allen Fällen zielführend ist. Benachteiligungen können sich für Schüler*innen bemerkbar machen, deren Erstsprache nur von wenigen gesprochen wird, insbesondere wenn nur wenig Lehr- und Lernmaterialien in dieser Sprache vorhanden sind.

Wenn es um das Lernen in heterogen zusammengesetzten Gruppen geht, wird häufig auf das Konzept der Sprachbewusstheit *(language awareness)* zurückgegriffen.

> *Language awareness wird definiert als: sprachdidaktisches Konzept, mit dem ein höheres Interesse an und eine größere Sensibilisierung für Sprache, Sprachen, sprachliche Phänomene und den Umgang mit Sprache und Sprachen geweckt bzw. die vorhandenen metalinguistischen Fähigkeiten und Interessen vertieft werden sollen. (Luchtenberg 2010: 107)*

Das Konzept der Sprachbewusstheit geht auf die in den 1960er und 1970er Jahren überarbeiteten Sprachlehrpläne in Großbritannien zurück, die *language awareness* als fächerübergreifendes Unterrichtsprinzip einführten, um Schüler*innen zu ermuntern, fragend und forschend an Sprache(n) auch außerhalb des Unterrichts heranzugehen (Hawkins 1984). *Critical language awareness* will erweiternd auch Machtbeziehungen und Dominanzen zum Thema machen. Kritisiert wird zum Beispiel die im Bildungswesen verbreitete Ideologie der ‚Sprachangemessenheit', die aufgrund ihrer nahezu ausschließlichen Orientierung am Lernziel Standardsprache oft an einer kreativen und kritischen Auseinandersetzung mit Sprache vorbeigeht (Fairclough 1992: 34f.).

Umgang mit sprachlicher Diversität

Die in diesem Kapitel besprochenen Modelle bilingualen Unterrichts beruhen auf der Annahme, dass Unterricht in Klassen mit sprachlich relativ homogenen Gruppen von Lernenden stattfindet, das heißt, dass man es im Wesentlichen mit zwei, fallweise drei Sprachen zu tun hat. Unter den aktuellen Bedingungen von Migration und Mobilität sind vor allem in größeren Städten Klassen mit einer sehr viel breiteren sprachlichen Diversität längst die Regel. Es stellt sich also die Frage, wie die Erstsprachen der Lerner*innen in das Unterrichtsgeschehen einbezogen werden können. Einen wichtigen Schritt stellen *Language-awareness*-Ansätze sowie Möglichkeiten dar, Familiensprachen im Rahmen des öffentlichen Schulwesens zu vollwertigen Bildungssprachen auszubauen. Will man der lebensweltlichen Mehrsprachigkeit der Schüler*innen Rechnung tragen, kommt man nicht umhin, die Schule vermehrt gegenüber ihrem sozialen Umfeld zu öffnen. In Schweden wird seit vielen Jahren ein solches Modell praktiziert: Erwachsene Sprachkundige, die vom jeweiligen Stadtbezirk bezahlt werden, begleiten Kinder ohne ausreichende Schwedischkenntnisse den Tag über, um ihnen Unterrichtsinhalte zu übersetzen. Damit können auch Quereinsteiger*innen die gesamte Zeit über im Klassenverband verbleiben (Löser 2011: 204ff.). Um der sprachlich heterogenen Zusammensetzung heutiger Schulklassen gerecht werden zu können, ist es notwendig, Routinen von Unterricht, die noch auf der Vorstellung von homogenen Gruppen beruhen, in Frage zu stellen. Es müssen Konzepte entwickelt werden, die sprachliche Diversität und Heteroglossie als pädagogisches Prinzip im Unterricht verankern (Busch 2006b; Blackledge und Creese 2010).

Von Seiten des deutschen Bundesministeriums für Bildung und Forschung wurde der Forschungsschwerpunkt „Sprachliche Bildung und Mehrsprachigkeit" (2013–2020) eingerichtet, an dem 21 Universitäten beteiligt waren (KoMBi 2020). Die Projekte im Schwerpunkt widmeten sich sowohl der Grundlagenforschung als auch praxisorientierten Fragestellungen und untersuchten Themen wie die Integration von Mehrsprachigkeit in den Fremdsprachen-, Deutsch- und Mathematikunterricht, Wechselwirkungen zwischen der Förderung von Schriftsprache im Deutschen und in der Herkunftssprache, Mehrsprachigkeit und Sprachbewusstheit, Sprachentwicklung und Sprachenlernen im Rahmen mehrsprachiger Lernbiografien und Lernsituationen. Der KoMBi-Bericht hält fest, dass Mehrsprachigkeit alle betrifft und nicht nur jene, die zwei- oder mehrsprachig aufwachsen, und sieht ein Hauptziel der Forschung darin, Bildungsbenachteiligungen entgegenzuwirken. Zu den Ergebnissen gehören empirisch belegte Einsichten, wie die Widerlegung der weit verbreiteten These, wonach der Ausbau von Fähigkeiten in der Herkunftssprache die Möglichkeiten zum Erwerb der schulsprachlichen Fähigkeiten beeinträchtige (ebd.: 63). Im Bericht werden auch Schlussfolgerungen für die Praxis präsentiert. Dazu zählen unter anderem: das Schaffen von Bedingungen für das Lernen in heterogenen Gruppen, um die Lernenden ihrem jeweiligen Sprachniveau entsprechend fördern zu können (ebd.: 93); der Ausbau von beruflichen Fortbildungsmöglichkeiten, um Lehrende für den Umgang mit Mehrsprachigkeit sicherer und mit Mehrsprachigkeitsdidaktik vertraut zu machen (ebd.: 34); das Ausarbeiten schulischer Gesamtsprachenkonzepte, die Mehrsprachigkeitsdidaktik, Vermittlung von Deutsch als Zweit- und Bildungssprache, Lese- und Schreibunterricht, Herkunfts- und Fremdsprachenunterricht umfassen (ebd.: 71). Im Rückblick hat der Forschungscluster eine im deutschsprachigen Raum bisher einmalige Forschungsdynamik zum Thema ‚Mehrsprachigkeit und Bildung' ausgelöst, deren Auswirkungen sich erst in den nächsten Jahren in vollem Ausmaß zeigen werden.

Zu einer verstärkten Auseinandersetzung mit Fragen des Deutscherwerbs in Schule und Erwachsenenbildung unter den Bedingungen großer sprachlicher Diversität kam es auch im Zuge der oft als ‚Flüchtlingskrise 2015' bezeichneten vorübergehend vermehrten Einreise von Geflüchteten in deutschsprachige Länder. Davon zeugen zum Bespiel zwei Nummern der Osnabrücker Beiträge zur Sprachtheorie (OBST), „Flucht_Punkt_Sprache" (OBST 2016) und „Phänomen Mehrsprachigkeit" (OBST 2018), oder eine Nummer der Information zur Deutschdidaktik (ide 2017) zu „Flucht und Ankommen". Aus einer großen Zahl von Projekten, die damals entstanden, sei hier eines herausgegriffen, das sich besonders für die Perspektive der Angekommenen interessiert hat. Unter dem Titel „ZwischenWelten-ÜberSetzen: Zur Rekonstruktion biographischer Erfahrungen und Kompetenzen geflüchteter Jugendlicher im Zugehörigkeitsraum Schule"[43] wurden in der sogenannten Übergangsstufe an Wiener Schulen Workshops mit geflüchteten Jugendlichen durchgeführt. Im Mittelpunkt stand der mit großen Übersetzungsleistungen verbundene Prozess des Ankommens, der von den Jugendlichen verlangt, dass sie neue Wissensstrukturen aufbauen, die an biografisch bereits erworbenes Wissen anschließen können. Diese Übersetzungsleistungen wurden nicht nur während der Workshops in ‚inszenierten' Situationen und anhand von Minierzählungen, in denen Mehrsprachigkeit explizit thematisiert und methodisch hervorgerufen wurde, trainiert, sondern auch, indem die von den Jugendlichen spontan verwendeten Praktiken wie die Nutzung von Handys oder das kooperative Übersetzen wahrgenommen und valorisiert wurden. Immer wieder wird eingefordert, dass die Pädagog*innen-Bildung den Erfordernissen sprachlicher Bildung im Kontext von Migration und Mehrsprachigkeit angepasst wird und dass Diversitätskompetenzen bereits im Rahmen der Grundausbildung vermittelt werden (Schrammel-Leber et al. 2019). Dabei sollen Studierende, die sich auf das Lehramt vorbereiten, eine kritische Beurteilungskompetenz in Bezug auf eigene verinnerlichte Sprachideologien entwickeln und sich selbst als sprachenpolitische Akteur*innen begreifen (Bogner und Gutjahr 2020).

43 https://bildungswissenschaft.univie.ac.at/einzelansicht-veranstaltungen/news/zwischenweltenuebersetzen/?tx_news_pi1%5Bcontroller%5D=News&tx_news_pi1%5Baction%5D=detail&cHash=1a096bde66714215424e78823244cbc3 (31. 3. 2021).

3.5.3 Eine Pädagogik der Heteroglossie

Ein Beispiel dafür, wie heteroglossische Praktiken bewusst aufgegriffen und zum Bestandteil eines übergreifenden pädagogischen Konzepts gemacht werden können, soll im Folgenden vorgestellt werden.[44] Der Ort, an dem das Konzept implementiert und über viele Jahre weiterentwickelt wurde, ist die Mehrstufenklasse einer öffentlichen Volksschule in Wien. Diese liegt in einem der Bezirke mit dem höchsten Anteil an zugewanderter Bevölkerung. Laut Schulstatistik haben über die letzten Jahre zwischen 80 und 90 Prozent der Schüler*innen andere Familiensprachen als Deutsch. Während vor etwa zwanzig Jahren die Schulstatistik neben Deutsch vor allem Serbokroatisch und Türkisch als Erstsprachen auswies, ist das Spektrum der bei Schuleintritt erfassten Erstsprachen heute um vieles breiter gestreut. Im Unterschied zu Bildungsmodellen, die auf Homogenität und Vereinheitlichung abzielen, ist Heterogenität in Mehrstufenklassen, die für Schüler*innen verschiedener Altersstufen einen gemeinsamen Lernort bilden, nicht nur eine selbstverständliche Ausgangsbasis, sondern sie ist auch Teil durchdachter pädagogischer Konzepte sozialen Lernens. Aus dieser Idee heraus hat sich unter Wiener Pädagog*innen seit den 1980er Jahren eine reformpädagogische Bewegung entwickelt, die sich sehr erfolgreich innerhalb des öffentlichen Schulwesens etablieren konnte.[45] In der Mehrstufenklasse lernen Kinder aller vier Schulstufen gemeinsam. Jährlich verlässt eine Gruppe die Klasse, während eine andere neu dazukommt, die Schulklasse bleibt somit ein offener sozialer Raum mit einer eigenen, fortlaufenden Geschichte.

Einen Schwerpunkt der Lernaktivitäten in der M2 genannten Mehrstufenklasse bilden verschiedene Formen von freiem und kreativem Schreiben und Desktoppublishing.[46] Diese verstehen sich als eine zeitgemäße Adaptierung der Konzepte des französischen Reformpädagogen Célestin Freinet, der einem vereinheitlichenden, autoritären Bildungsdiskurs selbstgesteuerte, kooperative und produktorientierte Formen des Lernens

---

44 Dieses Kapitel beruht auf zwischen 2009 und 2019 durchgeführten Projekten, die teilnehmende Beobachtung, Gruppendiskussionen mit Schüler*innen sowie Interviews mit Eltern und Lehrer*innen umfassten.

45 Mehrstufenklassen in Wien werden von ungefähr zweitausend Kindern im Alter von sechs bis elf Jahren besucht (Arbeitsgemeinschaft Wiener reformpädagogische Mehrstufenklassen 2008; http://www.mehrstufenklassen.info/ [5.2.2021]).

46 Schreger, Christian (2008). Die multimediale Welt der MSK. In: *Wiener reformpädagogische Mehrstufenklassen. Ein Modell für alle Kinder*, 106–117. Wien: Stadtschulrat Wien.

entgegensetzte. Schüler*innen werden ermutigt, selbst Lernmaterialien herzustellen und diese der Klasse und darüber hinaus zur Verfügung zu stellen. Mehrere der im Rahmen der M2 verwirklichten innovativen multilingualen multimedialen Projekte wurden mit österreichischen oder europäischen Preisen ausgezeichnet.[47] Herausgegriffen wird im Folgenden eine dieser Aktivitäten, die Herstellung von sogenannten „Kleinen Büchern", die in ihrer Gesamtheit eine eigene, fortlaufende Klassenbibliothek bilden. Die Büchlein werden von Schüler*innen geschrieben und illustriert, sie bestimmen, ob und wann sie ein Kleines Buch verfassen möchten, sie wählen Thema, Gestaltungsmittel und Design und ziehen, soweit sie es wünschen, die Hilfe von Eltern, Lehrer*in, Zweitlehrer*in oder anderer Personen ihres Vertrauens bei. Einzige Einschränkung ist das einheitliche Format: Jedes Buch hat zehn Seiten im A6-Format sowie einen Umschlag aus stärkerem Karton und verfügt über alle Eigenschaften eines ‚wirklichen Buchs'. Die für die Herstellung erforderliche Ausrüstung – Computer, Drucker, Digitalkamera, Papierschneider und Heftmaschine – ist jederzeit verfügbar, die fertigen Bücher, mittlerweile sind es an die tausendfünfhundert, liegen in Holzkassetten auf. Ein weiteres Exemplar jedes Büchleins bleibt im Besitz der jeweiligen Autor*innen.

Eines dieser Bücher wurde einem *close reading* unterzogen (Busch 2014). Die Analyse stützt sich auf das theoretische Konzept von Mihail Bachtin, demzufolge die Bedeutung einer Äußerung oder eines Textes in einem dialogischen Prozess und unter Bezugnahme auf andere Äußerungen oder Texte geschaffen wird (Bakhtin 1986a), sowie auf sein Verständnis von Heteroglossie als einer Dreiheit, welche eine Vielheit von Diskursen, von individuellen Stimmen und von sprachlichen Praktiken umfasst, die in einem Text ihren Niederschlag finden (Bachtin 1979).

---

47 http://ortnergasse.webonaut.com/m2/projekte/index.html (5.2.2021)

Der Elefant und die Maus

Nemanja schrieb sein Buch „Slon i miš/Der Elefant und die Maus“ mit acht Jahren. Er war damals vor kurzem aus einem serbischen Dorf, wo er die ersten zwei Schuljahre absolviert hatte, nach Wien gekommen. Die Geschichte besteht aus fünf Szenen, jede davon mit einem kurzen Text und einer Zeichnung. Auf Deutsch lautet der Text in seiner ersten Fassung folgendermaßen:

> *Eines Morgens Elefant abgehen spaziergang (1). Während spaziergang, er begegnete Maus (2). Freundschaft schließen und sind ubereingekommen, reisen ans Meer (3). Wann ankommen Meer, Elefant gleich fortgehen boden, Maus ist sonnen (4). Daraufhin und Maus sie ist baden (5).*

Abbildung 9.0: „Der Elefant und die Maus“:
Die Bildfolge ohne den dazugehörenden Text; Cover

Abbildung 9.1–9.5: „Der Elefant und die Maus“:
Die Bildfolge ohne den dazugehörenden Text

9.1

9.2

9.3

9.4

9.5

Auf der ersten Textebene geht es in der Geschichte also um Freundschaft und Freizeit. Eine sorgfältige Analyse der Bildfolgen[48] (Abbildung 9) erlaubt aber eine über den verbalen Text hinausgehende Lesart der Geschichte: Der Elefant ist *out of place*, verloren in einer städtischen Häuserschlucht, zu groß, um durch die Türe in ein Haus einzutreten, aber klein im Verhältnis zu den Hochhäusern, die bis über den Bildrand hinausreichen (1). Er wird (aus sicherer Distanz) einer Maus gewahr, die in der Stadt offenbar heimisch ist, denn sie kommt gerade aus einer Haustür (2). Elefant und Maus reichen einander Rüssel und Schwanz, sie werden Freunde (3). Am Meer angekommen, ist der Elefant im Wasser, während die Maus am Strand liegen bleibt (4). Am letzten Bild sieht man beide im Wasser – der Elefant hat die Maus in ‚sein' Element gebracht (5).

48 Ich möchte mich an dieser Stelle bei Roswitha Breckner bedanken, die mir geholfen hat, die Bilder dieses Kleinen Buchs mit Hilfe der von ihr entwickelten Segmentanalyse (Breckner 2007 und 2010) zu interpretieren, und so zu einem besseren Verständnis des Prozesses multimodaler Bedeutungsgebung beigetragen hat.

Abbildung 10: Von Bild zu Bild – die Wandlung vom Stoßzahn zum Lächeln

Abbildung 10 zeigt eines der in den Fokus genommenen Bildelemente, den Kopf des Elefanten. Zunächst blickt der Elefant starr geradeaus, seine Stoßzähne sind sichtbar (1). Als er der Maus begegnet (2), wendet er ihr den Blick zu, er zeigt seine Bereitschaft zur Interaktion an (3), der Rüssel wird kräftiger, die Stoßzähne verschwinden, auf dem Maul, das von Bild zu Bild sichtbarer wird, zeichnet sich ein Lächeln ab (4, 5). Die Bildanalyse und ihre biografische Kontextualisierung legen nahe, dass der Autor dem

Elefanten, den er mit emotionaler Expressivität ausstattet, die Hauptrolle zuweist. Weder stellt der Text eine Legende zu den Bildern dar noch sind die Zeichnungen bloß Illustrationen des Textes, vielmehr wird die Bedeutung in einem Zusammenspiel beider Modi geschaffen, wobei in diesem Fall die visuelle Darstellung ‚mehr' zu erzählen vermag als die verbale: Erst durch sie wird der Text als Geschichte lesbar, in welcher der Bub von seiner eigenen Erfahrung des Verlorenseins in einer ihm fremden Umgebung erzählt.

Abbildung 11: Eine Textseite aus „Der Elefant und die Maus": Der Text erscheint in vier Versionen.

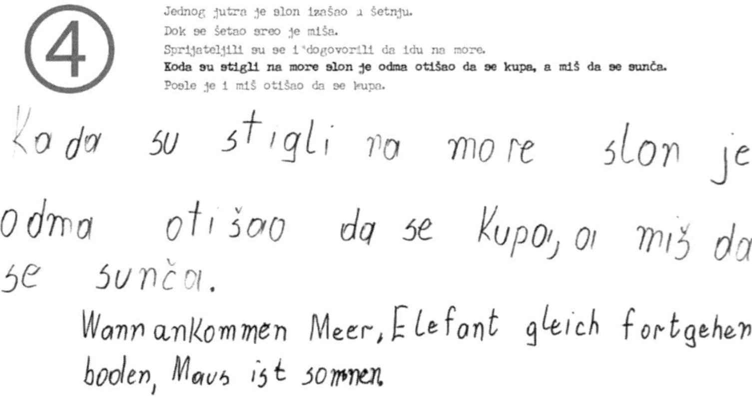

Der schriftliche Text scheint in Nemanjas Kleinem Buch, wie auf der wiedergegebenen Seite (siehe Abbildung 11) zu sehen, durchgehend in vier parallelen Versionen auf: Der Originaltext wurde mit Bleistift – in lateinischer Schrift – auf Serbisch verfasst, der Sprache also, in der Nemanja in Serbien Lesen und Schreiben gelernt hatte, bevor er nach Wien kam:

> *Kada su stigli na more slon je odma otišao da se kupa, a miš da se sunča.*

Die zweite Textebene, auch sie handgeschrieben, aber mit blauem Kugelschreiber, gibt eine erste Übersetzung ins Deutsche:

> *Wann ankommen Meer, Elefant gleich fortgehen boden, Maus ist sonnen.*

Einzelne Wörter, die nicht einem umgangssprachlichen Alltagsregister entnommen sind, sondern einem elaborierteren, das vorwiegend in schriftlichem Kontext Verwendung findet („übereinkommen", „Freundschaft schließen"), ebenso wie die häufige Verwendung von Verben im Infinitiv ohne Hilfsverb („wann ankommen Meer") lassen darauf schließen, dass für die Übersetzung ein Wörterbuch zu Hilfe genommen wurde. Andere Wörter wie „boden" für „baden" standen, wie es scheint, in ihrer Wiener Mundartform zur Verfügung. Die Vermutung liegt nahe, dass für diese erste Übersetzung eine andere Person als Helfer*in hinzugezogen wurde.

Die dritte Textebene, in Computerschrift in der Fußzeile, stammt vom Lehrer, der die oben angeführte erste Übersetzung in ein konventionelleres Deutsch überträgt:

> *Als sie dort ankamen, ging der Elefant gleich baden und die Maus legte sich in die Sonne.*

Auch die vierte Textebene, der serbische Text in Computerschrift am oberen Blattrand, wurde vom Lehrer hinzugefügt. Einen Text einzutippen, den er nicht überprüfen kann, setzt voraus, dass der Lehrer dem Schüler vertraut und den eigenen Kontrollverlust in Kauf nimmt. Er tauscht die Rolle eines Wissenden gegen jene eines Lernenden, der in die fremde Sprache eintaucht. Die Kopräsenz der beiden Computersatz-Versionen, der serbischen und der deutschen, signalisiert, dass beide als gleichwertig anerkannt werden. Das Nebeneinander der vier Textebenen in der gedruckten Endversion des Kleinen Buches hebt die Bedeutung des Produktionsprozesses hervor, an dem mehrere Akteur*innen beteiligt waren. Die Kette intertextueller Transformationen beziehungsweise sukzessiver inter- und intralinguistischer Übersetzungen (Jakobson 1988 [1959]: 483) wird offengelegt und unterstreicht so den dialogischen Charakter des kreativen Prozesses und des daraus resultierenden Werks. Das Kleine Buch kann als heteroglossischer Text im Bachtin'schen Sinn bezeichnet werden: Es nutzt verschiedene Modi der Symbolisierung (schriftlich, mündlich, visuell) und beruht auf dem Zusammenspiel verschiedener Codes, Diskurse und Stimmen.

Vielstimmig, multidiskursiv und mehrsprachig

Die Kleinen Bücher machen deutlich, dass alle drei Dimensionen von Heteroglossie – Vielstimmigkeit *[raznogolosie]*, Multidiskursivität *[raznorečie]* und Pluralität von Codes *[raznojazyčie]* – zu berücksichtigen sind, wenn es darum geht, Heteroglossie als Pädagogik zu verankern. Die Vielstimmigkeit, die in Nemanjas Buch zum Vorschein kommt, ist das Resultat einer Kooperation zwischen verschiedenen Personen – Schüler*innen, Eltern, Lehrer*in oder anderer –, die Spuren anderer Stimmen werden nicht eingeebnet, sondern bleiben sichtbar. Der Lehrer definiert seine Rolle als die eines Erstlesers und Assistenten. Als Assistent unterstützt er den technischen Produktionsprozess. Als Erstleser obliegt ihm das antwortende oder aktive Verstehen, von dem Bachtin (1979: 173) sagt, es sei „als bereichernder Widerstand oder als bereichernde Unterstützung" ein wesentlicher Faktor, der an der Formung des Wortes beteiligt ist. Indirekt präsent sind in den Kleinen Büchern auch die Stimmen anderer Adressat*innen, welche die Autor*innen beim Schreiben im Sinn haben und deren mögliche Repliken sie antizipieren. Ein eigenes Buch zu machen heißt auch, sich auf einen Dialog mit vorangegangenen und mit künftigen Büchern einzulassen. Manche Schüler*innen zögern lang, bevor sie ihr erstes Buch verfassen, andere werden innerhalb kurzer Zeit zu Vielschreiber*innen. Nemanja hat nach seinem ersten Buch, der Geschichte vom Elefanten und der Maus, noch sechs weitere zur Bibliothek der Kleinen Bücher beigetragen. In vier von diesen arbeitet er sich weiter am Thema Dislokation ab. Wie der Elefant die Maus zum Wasser, führt Nemanja die Leser*innen mit den nachfolgenden Büchern in das Dorf in Zentralserbien, aus dem er stammt. Von Buch zu Buch entwickelt er mehr und mehr eine unverkennbare Autorenstimme.

Viele der Kleinen Bücher tragen die Namen von zwei oder mehr Autor*innen: Manchmal werden Text und Bilder als Ergebnis eines Aushandlungsprozesses zu einem Ort, in dem verschiedene Stimmen verschmelzen, manchmal bleiben die individuellen Stimmen klar unterscheidbar (z. B. unterschiedliche Handschriften oder sprachliche Codes), manchmal kommt es zu einer Arbeitsteilung, wobei eine Person für den Text, eine andere für die Bilder verantwortlich ist. Auch gibt es Perioden, in denen nur vereinzelt neue Kleine Bücher der Bibliothek hinzugefügt werden, und andere intensiver Buchproduktion – ausgelöst durch ein schulisches Ereignis oder das Erscheinen eines Kleinen Buches, das ein neues Thema oder ein neues Genre zu etablieren vermag. Jedes einzelne Buch ist in diesem Sinn auch ein Glied in der intertextuellen Kette der Kleinen Bücher.

Die Autor*innen greifen auf eine Vielzahl von Genres und mediatisierten Diskursen zurück und adaptieren diese, um ihre Anliegen zur Sprache zu bringen. Nemanjas Geschichte vom Elefanten und der Maus hält sich an das Genre des Tiermärchens, in dem anthropomorphisierte Tiere als Helden der Erzählung auftreten. Die Charaktere stammen aus den bei Kindern populären Maus-und-Elefanten-Witzen, die auf dem Größenunterschied zwischen den zwei ungleichen Kontrahenten beruhen. Meist ist die pfiffige Maus die Hauptfigur, in Nemanjas Geschichte allerdings ist der in der Großstadt verlorene, etwas unbeholfene Elefant Held der Handlung. Neben Märchen bilden auch Fotoreportage, Sachbuch, Erlebnis- oder Reisebericht, Fantasyliteratur, Comic, Science-Fiction, Fotoroman oder Computerspiel beliebte Genres, an die sich Kleine Bücher anlehnen. Ein wichtiges Charakteristikum ist gerade, dass es in Bezug auf Themenwahl und Art der Darstellung keine Einschränkungen gibt. Die Öffnung gegenüber der Welt außerhalb der Schule ermöglicht es, Diskurse und Fragen, mit denen die Schüler*innen konfrontiert sind und die mit unterschiedlichen für sie relevanten Lebenswelten verbunden sein können, ins Klassenzimmer hereinzuholen, sie als Lernimpuls einzubringen. In der Form eines Kleinen Buchs können auch Ängste, Tabuthemen oder Gewalt aufs Tapet gebracht werden, anstatt in versteckte Ecken abgedrängt zu werden. Schüler*innen nützen die multimodale Gestaltungsmöglichkeit der Kleinen Bücher auch, um traumatische Erfahrungen, die sie im Zuge von Flucht und Migration gemacht haben, anzusprechen. Die Botschaft, die die Autor*innen in eine Text-Bild-Kombination legen und in der ‚Unsagbares' mit Hilfe von Elementen aus gängigen Genres und Diskursen vermittelt wird (Busch 2017b, 2020c), erschließt sich für die Lesenden, ähnlich wie bei Nemanjas Buch, oft erst durch eine intensivere Beschäftigung damit. Eine unter den Buben in der Wiener Volksschulklasse über längere Zeit populäre Serie Kleiner Bücher ist nach einem der meistverkauften Videospiele „GTA Vice City" benannt und handelt von gefährlichen Verbrechern und Geheimdiensten (siehe Abbildung 12). Und in „Die Tschetschener gegen Russen" transponieren Ramzan und Naib den realen, auf ihren Familien lastenden Krieg in eine von Monstern bevölkerte Fantasiewelt und lassen ihn mit deren Hilfe mit dem Sieg der Tschetschenen enden. „Das Buch über die kleinen Bücher" von Nori und Lara ist eine Art Metakommentar über „die Macht der kleinen Bücher". In ihrer Geschichte bilden die Kleinen Bücher einen Ort, wo Ängste und Gefühle des Bedrohtseins Ausdruck finden, aber ihnen wird auch die magische Macht zugesprochen, die drohenden schwarzen Wolken zu verjagen.

Wie im Buch vom Elefanten und der Maus treten in vielen kleinen Büchern verschiedene Codes nebeneinander, wobei in allen Deutsch, das als Lingua franca fungiert, zumindest als Subtext vorhanden ist. Die Gründe, andere Sprachen zur Geltung zu bringen, sind, wie aus den Kommentaren der Autor*innen hervorgeht, verschiedenartig. Nemanja ist es leichter gefallen, seinen ersten Text zunächst auf Serbisch zu verfassen, der Sprache, in der er lesen und schreiben gelernt hatte. Igor und Bekir haben ihr GTA-Vice-City-Buch in der Hoffnung, damit ein größeres Publikum zu erreichen, auf Deutsch, Serbisch und Türkisch verfasst. Jaspreet fügte in ihren Bericht über den Sikh-Tempel in Wien als symbolische Zeichen auch einige Worte in Gurmukhi-Schrift ein.

Nori und Anuk, die zu Hause deutsch sprechen, baten die Zweitlehrerin um eine Übersetzung ihrer gemeinsamen Prinzessinnen-Bücher ins Kurdische, um ihrer Wertschätzung für sie und ihre Sprache Ausdruck zu verleihen. Generell scheint Mehrsprachigkeit den Büchern in den Augen der Autor*innen und Leser*innen einen unverkennbaren Mehrwert hinzuzufügen. Nie jedoch wird sie den Schüler*innen im Sinn einer kulturalistischen, exotisierenden Inszenierung von Differenz abverlangt. Die Wahl der Mittel, mit deren Hilfe sie Bedeutung schaffen, ist den Schüler*innen grundsätzlich freigestellt. Das Buch „5 Zaubersprüche“ besteht aus den fünf Wörtern POSEISMA, IZILATUS, TOROTOLES, TIRAKULES und MINEKRIS sowie fünf Zeichnungen, die zeigen, mit welcher Wirkung ein Zauberer sie ausspricht. Es war Iljas erstes Buch und er hat daran über einen Zeitraum von drei Monaten gearbeitet. Zweifellos von den Harry-Potter-Büchern inspiriert, schuf er eigene Wortkreationen, die dennoch keineswegs beliebig sind, sondern eine Art Echo auf andere Wörter bilden, aus denen Elemente herausgelöst, deformiert und transformiert wurden, damit Ilja sie sich aneignen und in seine eigene, geheime Sprache einbauen konnte. Diese Anstrengung wird durch die Aufnahme des Buchs in die Bibliothek der Kleinen Bücher ebenso gewürdigt wie jene beginnender Literarität. Bertan verfasste sein erstes Buch, „Das Mädchen und der Apfelbaum“, noch bevor er schreiben gelernt hatte, in einer selbstbewussten, idiosynkratischen Transliteration von gesprochenem Deutsch. Damit seine Bedeutung freigelegt werden konnte, musste der Text, wie im folgenden Satzbeispiel gezeigt, zuerst segmentiert werden. Erst dann fand er zu jener dritten Form, die im Buch unter die Originalversion gestellt wurde:

(1) DANHAZIAINEZAIZANE HOSEGEHABT.

(2) DAN HA ZI AINE ZAIZANE HOSE GEHABT.

(3) DANN HAT SIE EINE ZERRISSENE HOSE GEHABT.

Die Begeisterung für selbst erfundene Geheimsprachen und Fantasieschriften zeigte sich auch in Workshops, in denen Schüler*innen der M2 Sprachenporträts zeichneten und in der Gruppe vorstellten. In Projekten wie jenem der Kleinen Bücher bietet die Schule einen Raum, in dem die Kinder Sprache nicht primär als reglementierend erfahren, sondern als etwas, das sie spielerisch erproben und sich zu eigen machen können.

Abbildung 12: Eine Doppelseite aus Igor und Bekirs Buch „GTA: Vice City"

3

Tommy köprünün üstünden gidiyor.
FBI-ona tuzak kuruyor.

Tommy fährt über eine Brücke.
Das FBI hat ihm eine Falle gestellt.

Tommy vozi preko mosta.
FBI mu je postavio prepreku.

In der spielerisch-kreativen Auseinandersetzung wird Sprache im Sinne von Donald Winnicott (2010 [1971]) zu einem Übergangsobjekt, das zwischen der inneren und der äußeren Welt vermittelt, sie wird aus vorgefundenem Material gewissermaßen neu erschaffen (Busch 2021b).

Heteroglossie und Heterotopie

Dank der Pluralität von Codes vermögen die Kleinen Bücher ein multilinguales Angebot bereitzustellen, das jede traditionelle Unterrichtsform überfordern würde. Die Vielzahl von Sprachen, Varietäten, Registern und Codes, die in den über vierhundert Büchlein vertreten sind, trägt dazu bei, dass Schüler*innen, die neu in die Klasse kommen, gute Chancen haben, auf solche zu stoßen, in denen sie ihnen bekannte Arten zu sprechen oder zu schreiben wiederfinden. Ebenso trägt die thematische und diskursive Pluralität zur Schaffung eines durchlässigen Raums bei. Das kreative Schreiben ist kein Selbstzweck, sondern ermutigt die Schüler*innen, ihre eigenen Themen in das Klassengeschehen einzubringen. Damit tragen sie zur Entwicklung eines dynamischen Curriculums bei. Und schließlich sorgt die Vielstimmigkeit dafür, dass Lernen und Lehren in dialogischer, multidirektionaler Weise stattfinden, dass Positionen nicht fixiert sind, sondern situativ ausgehandelt werden, wobei es auch zu einem Rollentausch zwischen Lehrenden und Lernenden kommen kann. Somit zielt Heteroglossie als Pädagogik darauf, einen Raum zu öffnen, aus dem die mit unterschiedlichen sozioideologischen Welten verbundenen Stimmen, Diskurse und Sprechweisen nicht ausgesperrt und wo sie nicht voneinander getrennt bleiben, sondern wo sie aufeinandertreffen, um ein unvorhersehbares, uneinheitliches Neues zu bilden.

Die Bibliothek der Kleinen Bücher, ließe sich zusammenfassend sagen, bildet einen jener Räume, die Michel Foucault als Heterotopien bezeichnet, „reale, wirkliche, zum institutionellen Bereich der Gesellschaft gehörige Orte, die gleichsam Gegenorte darstellen, tatsächlich verwirklichte Utopien, in denen die realen Orte, all die anderen realen Orte, zugleich repräsentiert, in Frage gestellt und ins Gegenteil verkehrt werden" (Foucault 2006: 320). Utopisch (oder dystopisch) dagegen wäre die Idee, der realen Heteroglossie eine hermetische, monolithische Einsprache entgegenstellen zu wollen.

Anhang

Farbdarstellung zu Abbildung 2, Seite 47

Farbdarstellung zu Abbildung 3, Seite 80

Literaturverzeichnis

Adamou, Evangelia/Crasborn, Onno/Webster, Jenny/Zeshan, Ulrike (2020). Forces shaping sign multilingualism. In: Ulrike Zeshan und Jenny Webster (Hg.), *Sign Multilingualism* 1–21. Berlin: De Gruyter Mouton.

Adler, Astrid (2019). Language discrimination in Germany: when evaluation influences objective counting. *Journal of Language and Discrimination*, 3(2), 232–253.

Agha, Asif (2007). *Language and Social Relations*. Cambridge, New York: Cambridge University Press.

Ahamer, Vera (2012). *Unsichtbare Spracharbeit. Jugendliche Migranten als Laiendolmetscher. Integration durch »Community Interpreting«*. Bielefeld: transcript.

Ahmed, Sara (2004). *The Cultural Politics of Emotion*. Edinburgh: Edinburgh University Press.

Alim, H. Samy/Rickford, John R./Ball, Arnetha F. (Hg.) (2016). *Raciolinguistics: How Language shapes our Ideas about Race*. Oxford: Oxford University Press.

Alexander, Neville (1989). *Language Policy And National Unity In South Africa/Azania*. Cape Town: Buchu Books.

—— (2000). *English Unassailable but Unattainable: The Dilemma of Language Policy in South African Education*. Cape Town: PRAESA.

—— (2001). *Südafrika. Der Weg von der Apartheid zur Demokratie*. München: C. H. Beck.

Althusser, Louis (2008 [1970]). Idéologie et appareils idéologiques d'État (Notes pour une recherche). *Version numérique: Les classiques des sciences sociales (publ. originale: La Pensée 151).*

Amati Mehler, Jacqueline/Argentieri, Simona/Canestri, Jorge (2010). *Das Babel des Unbewussten. Muttersprache und Fremdsprachen in der Psychoanalyse.* Gießen: Psychosozial-Verlag.

Androutsopoulos, Jannis (2006). Multilingualism, diaspora, and the Internet: codes and identities on German-based diaspora websites. *Journal of Sociolinguistics,* 10(4), 520–547.

Angermeyer, Philipp Sebastian (2009). Creating monolingualism in the multilingual court room. *Sociolinguistic Studies,* 2, 385–403.

—— (2011). Language and the Law. In: Jan-Ola Östman und Jef Verschueren (Hg.), *Handbook of Pragmatics* 211–230. Amsterdam: John Benjamins.

Anthonissen, Christine (2009). Considering the violence of voicelessness: censorship and self-censorship related to the South African TRC process. In: Ruth Wodak und Gertraud Auer Borea (Hg.), *Justice and Memory. Confronting traumatic pasts. An international comparison* 97–122. Wien: Passagen Verlag.

Appadurai, Arjun (2009). *Die Geographie des Zorns.* Frankfurt am Main: Suhrkamp.

Appelfeld, Aharon (2005). *Geschichte eines Lebens.* Berlin: Rowohlt.

—— (2008). Geschichte eines Lebens. In: Brigitta Busch und Thomas Busch (Hg.), *Mitten durch meine Zunge. Erfahrungen mit Sprache von Augustinus bis Zaimoğlu* 26–37. Klagenfurt/Celovec: Drava.

Arbeitsgemeinschaft Wiener reformpädagogische Mehrstufenklassen (Hg.) (2008). *Wiener reformpädagogische Mehrstufenklassen. Ein Modell für alle Kinder.* Wien: Stadtschulrat Wien.

Arel, Dominique (2002). Language categories in censuses: backward- or forward-looking? In: David Kertzer und Dominique Arel (Hg.), *Census and identity. The politics of race, ethnicity, and languages in national censuses* 92–121. Cambridge: Cambridge University Press.

Auer, Peter (Hg.) (2007). *Style and Social identities. Alternative approaches to linguistic heterogeneity.* Berlin, New York: Mouton de Gruyter.

Austin, John L. (2002 [1962]). *Zur Theorie des Sprechakts* (How to do things with words). Stuttgart: Reclam.

Bachmann-Medick, Doris (2009). *Cultural turns. Neuorientierungen in den Kulturwissenschaften.* Reinbek bei Hamburg: Rowohlt.

Bachtin, Michail M. (1979). Das Wort im Roman. In: Ders., *Ästhetik des Wortes*. Hrsg. von Rainer Grübel 154–300. Frankfurt/Main: Suhrkamp.

—— (2008 [1937–1938]). *Chronotopos*. Frankfurt/Main: Suhrkamp.

Baker, Colin (2000). *The Care and Education of Young Bilinguals: An Introduction for Professionals*. Clevedon: Multilingual Matters.

—— (2006). *Foundations of Bilingual Education and Bilingualism*. 4 rev. ed. Clevendon: Multilingual Matters.

Bakhtin, Mikhail (1986a). The Problem of Speech Genres. In: Ders., *Speech Genres and Other Late Essays (ed. by Caryl Emerson and Michael Holquist)* 60–102. Austin: University of Texas Press.

—— (1986b). From Notes Made in 1970–71. In: Ders., *Speech Genres and Other Late Essays (ed. by Caryl Emerson and Michael Holquist)* 132–158. Austin: University of Texas Press.

Balibar, Étienne (1997). *La crainte des masses. Politique et philosophie avant et après Marx*. Paris: Galilée.

Bamberg, Michael (1997). Emotion talk(s): The role of perspective in the construction of emotion. In: R. Dirven und S. Niemeier (Hg.), *The Language of Emotions: Conceptualization, Expression, and Theoretical Foundation* 209–229. Amsterdam: John Benjamins.

—— /Georgakopoulou, Alexandra (2008). Small stories as a new perspective in narrative and identity analysis. *Text & Talk*, 28(3), 337–396.

Barron-Hauwaert, Suzanne (2011). *Bilingual Siblings. Language Use in Families*. Bristol: Multilingual Matters.

Bauman, Richard/Briggs, Charles (2003). *Voices of Modernity: Language Ideologies and the Politics of Inequality*. Cambridge: Cambridge University Press.

Bergunde, Annika/Pöllabauer, Sonja (2019). Curricular design and implementation of a training course for interpreters in an asylum context. *Translation & Interpreting*, 19(1), 1–21.

Berk-Seligson, Susan (2009). *Coerced Confessions: The Discourse of Bilingual Police Interrogations*. Berlin, New York: Mouton de Gruyter.

Betten, Anne (2010). Sprachbiographien der 2. Generation deutschsprachiger Emigranten in Israel. Zur Auswirkung individueller Erfahrungen und Emotionen auf die Sprachkompetenz. *Zeitschrift für Literatur und Linguistik*, 40, 29–57.

Bischoff, Alexander/Steinauer, Regine/Kurth, Elisabeth (2006). *Dolmetschen im Spital: Mitarbeitende mit Sprachkompetenzen erfassen, schulen und gezielt einsetzen. Forschungsbericht zuhanden des MFH-Netzwerks Schweiz*. Basel: Institut für Pflegewissenschaft, Universität Basel.

Blackledge, Adrian (2006). The racialisation of language in British political discourse. *Critical Discourse Studies,* 3, 61–79.

—— /Creese, Angela (2010). *Multilingualism. A Critical Perspective.* London: Continuum.

Blommaert, Jan (2006). *Language Ideology. Handbook of Language and Linguistics* 510–523. Oxford: Elsevier.

—— (2008a). Language, asylum, and the national order. *Urban Language & Literacies,* 2–21.

—— (2008b). *Grassroot Literacies. Writing, Identity and Voice in Central Africa.* London: Routledge.

—— (2010). *The Sociolinguistics of Globalization.* Cambridge: Cambridge University Press.

—— /Backus, Ad (2013). Superdiverse Repertoires and the Individual. Current Challenges for Educational Studies. In: Ingrid de Saint-Georges und Jean-Jacques Weber (Hg.), *Multilingualism and Multimodality* 11–32. Rotterdam, Boston, Taipei: Sense.

—— /Bock, Mary/McCormick, Kay (2006). Narrative inequality in the TRC hearings. On the hearability of hidden transcripts. *Journal of Language and Politics,* 5, 37–70.

—— /Collins, James/Slembrouck, Stef (2005). Polycentricity and interactional regimes in 'global neighborhoods'. *Ethnography,* 6, 205–235.

—— /Jie, Dong (2010). *Ethnographic Fieldwork: A Beginner's Guide.* Bristol, Buffalo, Toronto: Multilingual Matters. Bloomfield, Leonard (1933). *Language.* New York: Henry Holt & Co.

Bogner, Andrea/Gutjahr, Jacqueline (2020). Mehrsprachigkeit erforschen und entwickeln: Analyse eines interdisziplinären Lehrforschungsprojekts zur Ausbildung professionsbezogener Reflexionskompetenzen von angehenden Lehrer*innen. In: Birgit Schädlich (Hg.), *Perspektiven auf Mehrsprachigkeit im Fremdsprachenunterricht* 231–253. Wiesbaden: Springer.

Boudreau, Annette (2016). *À l'ombre de la langue légitime. L'Acadie dans la francophonie.* Paris: Classiques Garnier.

Bourdieu, Pierre (1982). *Ce que parler veut dire. L'économie des échanges linguistiques.* Paris: Fayard.

—— (1990). *Was heißt sprechen? Die Ökonomie des sprachlichen Tausches.* Wien: Braumüller.

Breckner, Roswitha (2005). *Migrationserfahrung – Fremdheit – Biographie. Zum Umgang mit polarisierten Welten in Ost-West-Europa.* Wiesbaden: VS Verlag für Sozialwissenschaften.

—— (2007). *Pictured bodies: A methodical photo analysis.* Inter, 125–142.

—— (2010). *Sozialtheorie des Bildes. Zur interpretativen Analyse von Bildern und Fotografien.* Bielefeld: transcript.

Brockmeier, Jens (2010). After the archive: Remapping memory. *Culture and Psychology,* 16(1), 5–35. doi: 10.1177/1354067X09353212.

Brodnjak, V. (1991). *Razlikovni rječnik srpskog i hrvatskog jezika.* Zagreb: Hrvatska sveučilišna naklada.

Bründl, Peter (2005). Vorwort. In: Peter Bründl und Ilany Kogan (Hg.), *Kindheit jenseits von Trauma und Fremdheit. Psychoanalytische Erkundungen von Migrationsschicksalen im Kindes- und Jugendalter* 7–16. Frankfurt/Main: Brandes & Apsel.

Bucholtz, Mary/Hall, Kira (2016). Embodied Sociolinguistics. In: Nikolas Coupland (Hg.), *Sociolinguistics: Theoretical Debates* 173–197. Cambridge: Cambridge University Press.

Budach, Gabriele/Erfurt, Jürgen/Kunkel, Melanie (2008). Zweisprachig lehren und lernen. Begehung eines Forschungs- und Praxisfelds. In: Gabriele Budach, Jürgen Erfurt und Melanie Kunkel (Hg.), *Écoles plurilingues – multilingual schools: Konzepte, Institutionen und Akteure. Internationale Perspektiven* 55–81. Frankfurt/Main: Peter Lang.

Bugarski, Ranko (2004). Language and boundaries in the Yugoslav context. In: Brigitta Busch und Helen Kelly-Holmes (Hg.), *Language, discourse and borders* 21–38. Clevedon, Buffalo, Toronto, Sydney: Multilingual Matters.

Bühler, Karl (1999 [1934]). *Sprachtheorie. Die Darstellungsfunktion der Sprache.* Stuttgart: Lucius & Lucius.

Bührig, Kristin/Meyer, Bernd (2016). Ärztliche Gespräche mit MigrantInnen. In: A. Busch und T. Spranz-Fogasy (Hg.), *Handbuch Sprache in der Medizin* 300–316. Berlin: De Gruyter.

Burck, Charlotte (2005). *Multilingual Living: Explorations of Self and Subjectivity.* Basingstoke: Pallgrave.

Bürger-Koftis, Michaela/Schweiger, Hannes/Vlasta, Sandra (Hg.) (2010). *Polyphonie. Mehrsprachigkeit und literarische Kreativität.* Wien: Praesens.

Burke, Peter (2006). *Wörter machen Leute. Gesellschaft und Sprachen im Europa der frühen Neuzeit.* Berlin: Wagenbach.

Busch, Brigitta (1996). *Lepena. Ein Dorf macht Schule. Eine Mikrountersuchung sozialer und kultureller Gegensätze.* Klagenfurt/Celovec: Drava.

—— (1998). http://www.heimatgefuehl.com? *Schulheft,* 45–55.

—— (2004). *Sprachen im Disput. Medien und Öffentlichkeit in multilingualen Gesellschaften.* Klagenfurt: Drava.

—— (2006a). Language biographies for multilingual learning: linguistic and educational considerations. In: Brigitta Busch, Aziza Jardine und Angelika Tjoutuku (Hg.), *Language Biographies for multilingual learning* 5–17. Cape Town: PRAESA Occasional Papers 24.

—— (2006b). Bosnisch, Kroatisch, Serbokroatisch, Jugoslawisch, Romani oder Vlachisch? Heteroglossie und ‚muttersprachlicher' Unterricht in Österreich. In: Peter Chichon (Hg.), *Gelebte Mehrsprachigkeit* 12–28. Wien: Praesens Verlag.

—— (2009). Local actors in promoting multilingualism. In: Gabrielle Hogan-Brun, Clare Mar-Molinero und Patrick Stevenson (Hg.), *Discourses on Language and Integration. Critical perspectives on language testing regimes in Europe* 129–152. Amsterdam, Philadelphia: John Bejamin.

—— (2010a). Die Macht präbabylonischer Phantasien. Ressourcenorientiertes sprachbiographisches Arbeiten. *Zeitschrift für Literaturwissenschaft und Linguistik LiLi, 40,* 58–82.

—— (2010b). New national Languages in Eastern Europe. In: Nikolas Coupland (Hg.), *Language and Globalization* 182–200. Malden, Oxford: Blackwell.

—— (2010c). School language profiles: valorizing linguistic resources in heteroglossic situations in South Africa. *Language and Education, 24,* 283–294.

—— (2010d). ... und Ihre Sprache? Über die Schwierigkeiten, eine scheinbar einfache Frage zu beantworten. *Stichproben – Wiener Zeitschrift für kritische Afrikastudien, 10,* 9–33.

—— (2012). The linguistic repertoire revisited. *Applied Linguistics, 33,* 503–523.

—— (2013). The Career of a Diacritical Sign: Language in Spatial Representations and Representational Spaces. In: Sari Pietikäinen und Helen Kelly-Holmes (Hg.), *Multilingualism and the Periphery* 199–221. Oxford: Oxford University Press.

—— (2014). Building on heteroglossia and heterogeneity: The experience of a multilingual classroom. In: Adrian Blackledge und Angela Creese (Hg.), *Heteroglossia as Practice and Pedagogy* 21–40. New York: Springer.

—— (2015). „... auf Basis welcher Ungereimtheiten und Widersprüche dem Vorbringen [...] die Glaubwürdigkeit zu versagen war". Erzählen und Wiedererzählen im Asylverfahren. In: Elke Schumann, Elisabeth Gülich, Gabriele Lucius-Hoene und Stefan Pfänder (Hg.), *Wiedererzählen. Formen und Funktionen einer kulturellen Praxis* 317–340. Bielefeld: Transcript.

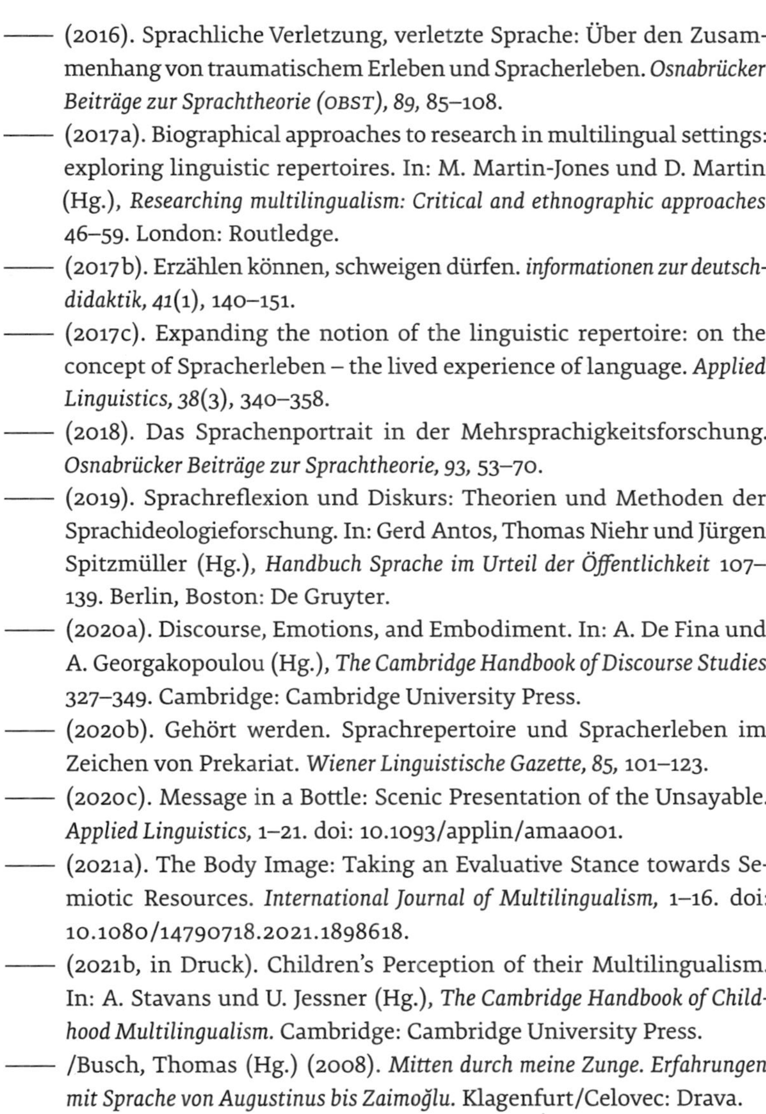

—— (2016). Sprachliche Verletzung, verletzte Sprache: Über den Zusammenhang von traumatischem Erleben und Spracherleben. *Osnabrücker Beiträge zur Sprachtheorie (OBST), 89,* 85–108.

—— (2017a). Biographical approaches to research in multilingual settings: exploring linguistic repertoires. In: M. Martin-Jones und D. Martin (Hg.), *Researching multilingualism: Critical and ethnographic approaches* 46–59. London: Routledge.

—— (2017b). Erzählen können, schweigen dürfen. *informationen zur deutschdidaktik, 41*(1), 140–151.

—— (2017c). Expanding the notion of the linguistic repertoire: on the concept of Spracherleben – the lived experience of language. *Applied Linguistics, 38*(3), 340–358.

—— (2018). Das Sprachenportrait in der Mehrsprachigkeitsforschung. *Osnabrücker Beiträge zur Sprachtheorie, 93,* 53–70.

—— (2019). Sprachreflexion und Diskurs: Theorien und Methoden der Sprachideologieforschung. In: Gerd Antos, Thomas Niehr und Jürgen Spitzmüller (Hg.), *Handbuch Sprache im Urteil der Öffentlichkeit* 107–139. Berlin, Boston: De Gruyter.

—— (2020a). Discourse, Emotions, and Embodiment. In: A. De Fina und A. Georgakopoulou (Hg.), *The Cambridge Handbook of Discourse Studies* 327–349. Cambridge: Cambridge University Press.

—— (2020b). Gehört werden. Sprachrepertoire und Spracherleben im Zeichen von Prekariat. *Wiener Linguistische Gazette, 85,* 101–123.

—— (2020c). Message in a Bottle: Scenic Presentation of the Unsayable. *Applied Linguistics,* 1–21. doi: 10.1093/applin/amaa001.

—— (2021a). The Body Image: Taking an Evaluative Stance towards Semiotic Resources. *International Journal of Multilingualism,* 1–16. doi: 10.1080/14790718.2021.1898618.

—— (2021b, in Druck). Children's Perception of their Multilingualism. In: A. Stavans und U. Jessner (Hg.), *The Cambridge Handbook of Childhood Multilingualism.* Cambridge: Cambridge University Press.

—— /Busch, Thomas (Hg.) (2008). *Mitten durch meine Zunge. Erfahrungen mit Sprache von Augustinus bis Zaimoğlu.* Klagenfurt/Celovec: Drava.

—— /Busch, Thomas (2013). Sprachen der Verletzung, Sprachen als Ressource. Mehrsprachigkeit und traumatisches Erleben. In: Astrid Lampe, Peer Abilgaard und Klaus Ottomeyer (Hg.), *Mit beiden Augen sehen: Leid und Ressourcen in der Psychotherapie. Luise Reddemann zum 70. Geburtstag* 95–117. Stuttgart: Klett Cotta.

—— /Jardine, Aziza/Tjoutuku, Angelika (Hg.) (2006). *Language Biographies for multilingual learning.* Cape Town: PRAESA Occasional Papers No. 24.

—— /Kelly-Holmes, Helen (2004). Language Boundaries as Social, Political and Discursive Constructs. In: Brigitta Busch und Helen Kelly-Holmes (Hg.), *Language, Discourse and Borders in the Yugoslav Succesor States* 1–12. Clevedon, Buffalo, Toronto: Multilingual Matters.

—— /McNamara, Tim (2020). Language and Trauma: An Introduction. *Applied Linguistics,* 1–12. doi: 10.1093/applin/amaa002.

—— /Reddemann, Luise (2013). Mehrsprachigkeit, Trauma und Resilienz. *Zeitschrift für Psychotraumatologie, 11*(3), 23–33.

Busch, Florian (2018). Digital Writing Practices and Media Ideologies of German Adolescents. The Mouth. Criticial Studies on Language, Culture and Society 3. Special Issue ‚Critical Youth Language Studies – Rethinking Concepts'. *Criticial Studies on Language, Culture and Society,* 3, 85–103.

Butler, Judith (2005). *Giving an Account of Oneself.* New York: Fordham University Press.

—— (2006). *Haß spricht. Zur Politik des Performativen.* Frankfurt/Main: Suhrkamp.

Calvet, Louis-Jean (1987). *La guerre des langues et les politiques linguistiques.* Paris: Payot.

—— (2002). *Le marché aux langues. Les effets linguistiques de la mondialisation.* Paris: Plon.

Cameron, Deborah/Frazer, Elizabeth/Harvey, Penelope/Rampton, Ben/Richardson, Kay (1993). Ethics, advocacy and empowerment: Issues of method in researching language. *Language & Communication, 13*(2), 81–94.

Canagarajah, Suresh (2020). *Transnational literacy. Autobiographies as translingual writing.* London, New York: Routledge.

Canetti, Elias (1979). *Die gerettete Zunge. Geschichte einer Jugend.* Frankfurt/Main: Fischer.

Cathomas, Rico/Carigiet, Werner (2006). Auf dem Weg zu einer integralen (Mehr-)Sprachendidaktik. In: Werner Wiater und Gerda Videsott (Hg.), *Schule in mehrsprachigen Regionen Europas. School Systems in Multilingual Regions of Europe* 137–152. Frankfurt/Main et al.: Peter Lang.

Choi, Julie (2017). *Creating a Multivocal Self.* New York, Abingdon: Routledge.

Codó, Eva (2008). *Immigration and Bureaucratic Control: Language Practices in Public Administration.* Berlin, New York: Mouton de Gruyter.

Collins, James (2007). Indexicalities of language contact in an era of globalization: Engaging John Gumperz' legacy. *Working Papers in Urban Language & Literacies*, 48.

Cope, Bill/Kalantzis, Mary (Hg.) (2000). *Multiliteracies.* London: Routledge.

Couëtoux-Jungman, Francine/Wendland, Jacqueline/Aidane, Elisabeth/Rabain, Didier/Plaza, Monique/Lécuyer, Roger (2010). Bilinguisme, plurilinguisme et petite enfance. Intérêt de la prise en compte du contexte linguistique de l'enfant dans l'évaluation et le sein des difficultés de développement précoce. *Devenir, 22*, 293–307.

Coulmas, Florian (2005). Changing language regimes in globalizing environments. *International Journal of the Sociology of Language*, 3–15.

Coupland, Nikolas (2010). Welsh linguistic landscapes 'from above' and 'from below'. In: Adam Jaworski und Crispin Thurlow (Hg.), *Semiotic Landscapes: Language, Image, Space* 77–101. London: Continuum.

—— (Hg.) (2010). *The Handbook of Language and Globalization.* Massachusetts, Oxford: Wiley-Blackwell.

Cummins, Jim (1976). The Influence of Bilingualism on Cognitive Growth – A Synthesis of Research Findings and Explanatory Hypotheses. *Working Papers in Bilingualism, 9*, 1–43.

—— (1994). Semilingualism. *Encyclopedia of Language and Linguistics (2nd Edition)*. Oxford: Elsevier Publishers.

Creese, Angela/Blackledge, Adrian (Hg.) (2018). *The Routledge Handbook of Language and Superdiversity.* Abingdon: Routledge.

Dannerer, Monika (2021). Mobilität und der Umgang mit sprachlicher Vielfalt. Zu Spracheinstellungen und Sprachgebrauch im Tourismus. In: Edgar Hoffmann, Sara Matrisciano und Elisabeth Peters (Hg.), *Wirtschaftskommunikation und Mobilität* 109–130. Wiesbaden: Springer.

Dausien, Bettina (2017). „Bildungsbiographien" als Norm und Leistung gesellschaftlicher Teilhabe: Biographietheoretische Perspektiven. In: I. Miethe, A. Tervooren und N. Ricken (Hg.), *Bildung und Teilhabe: Zwischen Inklusionsforderung und Exklusionsdrohung* 87–110. Wiesbaden: Springer.

Davies, Alan (2003). *The native speaker: myth and reality.* Clevedon: Multilingual matters.

Davies, Bronwyn/Harré, Rom (1990). Positioning. The discursive production of selves. *Journal for the Theory of Social Behaviour,* 20(1), 43–63.

de Bot, Kees/Makoni, Sinfree (2005). *Language and aging in multilingual contexts.* Clevedon: Multilingual Matters.

de Cillia, Rudolf (2003). Braucht Österreich eine Sprachenpolitik? In: Brigitta Busch und Rudolf de Cillia (Hg.), *Sprachenpolitik in Österreich. Eine Bestandsaufnahme* 9–42. Frankfurt/Main, Wien: Peter Lang Verlag.

—— /Wodak, Ruth (2009). Theoretische Grundlagen: der diskurshistorische Ansatz. In: Rudolf de Cillia und Ruth Wodak (Hg.), *Gedenken im „Gedankenjahr". Zur diskursiven Konstruktion österreichischer Identitäten im Jubiläumsjahr 2005* 13–28. Innsbruck, Wien, Bozen: Studienverlag.

De Fina, Anna (2015). Narrative and Identities. In: A. De Fina und A. Georgakopoulou (Hg.), *Handbook of Narrative analysis* 351–368. Oxford: Wiley-Blackwell.

Del Percio, Alfonso/Flubacher, Mi-Cha (2017). Language, Education and Neoliberalism: Introduction. In: M.-C. Flubacher und A. Del Percio (Hg.), *Language, Education and Neoliberalism* 1–18. Bristol: Multilingual Matters.

Demmerling, Christoph/Landweer, Hilge (2007). *Philosophie der Gefühle. Von Achtung bis Zorn.* Stuttgart: J. B. Metzler.

Derrida, Jacques (1997). Die Einsprachigkeit des Anderen oder die Prothese des Ursprungs. In: Anselm Haverkamp (Hg.), *Die Sprache der Anderen* 15–41. Frankfurt am Main: Fischer Taschenbuch Verlag.

Deumert, Ana (2010). "It would be nice if they could give us more language" – Serving South Africa's multilingual patient base. *Social Science & Medicine, 71*, 53–61.

—— (2014). *Sociolinguistics and Mobile Communication.* Edinburgh: Edinburgh University Press.

—— /Mabandla, Nkululeko (2009). I-DOLLAR EYI ONE! Ethnolinguistic Fractionalisation, Communication Networks and Economic Participation – Lessons from Cape Town, South Africa. *Journal of Development Studies, 45*, 412–440.

—— /Mabandla, Nkululeko (2018). Beyond Colonial Linguistics: The Dialectic of Control and Resistance in the Standardization of isiXhosa. In: P. Lane, J. Costa und H. De Korne (Hg.), *Standardizing Minority Languages. Competing Ideologies of Authority and Authenticity in the Global Periphery* 200–221. New York, Abingdon: Routledge.

Dirim, İnci (2016). „Ich wollte nie, dass die anderen merken, dass wir zu Hause Arabisch sprechen". Perspektiven einer linguizismuskritischen pädagogischen Professionalität von Lehrerinnen und Lehrern. In: M. Hummrich, P. Nicolle, I. Dirim und C. Freitag (Hg.), *Kulturen der Bildung. Kritische Perspektiven auf erziehungswissenschaftliche Verhältnisbestimmungen* 191–207. Wiesbaden: Springer.

—— /Mecheril, Paul (2010). Die Sprachen(n) der Migrationsgesellschaft. In: Paul Mecheril et al. (Hg.), *Migrationspädagogik* 99–120. Weinheim, Basel: Beltz.

Dizdar, Dilek (2006). *Translation. Um- und Irrwege.* Berlin: Frank & Timme.

Döll, Marion (2021). Messen und Fördern von Sprachkompetenz im Kontext von Migration und Mehrsprachigkeit. (Sprach-)Bildungsforschung im Spannungsfeld zwischen Migrationspädagogik und Bildungspolitik – oder: Stellen wir eigentlich die richtigen Fragen? In: D. Kemethofer, J. Reitinger und K. Soukup-Altrichter (Hg.), *Vermessen? Zum Verhältnis von Bildungsforschung, Bildungspolitik und Bildungspraxis* 91–106. Münster: Waxmann.

—— /Dirim, İnci (2011). Sprachstandsdiagnose. *Erziehung und Unterricht* 1–2, 56–64.

Dorn, Nora/Rienzner, Martina/Busch, Brigitta/Santner-Wolfartsberger, Anita (2014). "Here I find myself to be judged": ELF/plurilingual perspectives on language analysis for the determination of origin. *Journal of English as a Lingua Franca,* 3(2), 409–424. doi: 10.1515/jelf-2014-0024.

Dorostkar, Niku (2014). *(Mehr-)Sprachigkeit und Lingualismus. Die diskursive Konstruktion von Sprache im Kontext nationaler und supranationaler Sprachenpolitik am Beispiel Österreichs.* Göttingen: V&R unipress.

Dragičević-Šešić, Milena (2001). Borders and maps in contemporary Yugoslav art. In: Nada Švob-Đokić (Hg.), *Redefining cultural identities* 71–87. Zagreb: Institute for International relations.

Dressler, Wolfgang U./Lalouschek, Johanna/Menz, Florian (1989). *„Der Kampf geht weiter". Der publizistische Abwehrkampf in Kärntner Zeitungen seit 1918. Eine sprachwissenschaftliche Analyse von Vorurteilen und Feindbildern.* Klagenfurt/Celovec: Drava.

Drew, Paul/Heritage, John (1992). Analyzing talk at work: an introduction. In: Paul Drew and John Heritage (Hg.), *Talk at work: interaction in institutional settings* 3–65. Cambridge: Cambridge University Press.

Duchêne, Alexandre (2011). Néolibéralisme, inégalité et plurilinguisme: l'exploitation des ressources langagières et des locuteurs. *Langage et société,* 136, 81–106.

—— /Heller, Monica (2012). Multilingualism and the new economy. In: Marilyn Martin-Jones, Adrian Blackledge und Angela Creese (Hg.), *The Routledge Handbook of Multilingualism* 369–383. Abingdon, New York: Routledge.

—— /Humbert, Philippe N. (2018). Surveying languages: the art of governing speakers with numbers. *International Journal for the Sociology of Language, 252*, 1–20.

Eades, Diana (2010). *Sociolinguistics and the Legal Process.* Bristol, Tonawanda, Ontario: Multilingual Matters.

Edthofer, Julia/Gouma, Assimina/Neuhold, Petra/Prokop, Bettina/Reinprecht, Christoph/Scheibelhofer, Paul (2015). *Das geheime Leben der Grätzeln. Ein Stadtforschungsprojekt mit Jugendlichen.* Wien: Mandelbaum.

Ehlich, Konrad (2007). *Sprache und sprachliches Handeln. Band 3. Diskurs – Narration – Text – Schrift.* Berlin: De Gruyter.

—— /Rehbein, Jochen (1980). Sprache in Institutionen. In: Hans Peter Althaus, Helmut Henne und Herbert Ernst Wiegand (Hg.), *Lexikon der germanistischen Linguistik* (2., vollst. neu bearb. u. erw. Auflage) 338–345. Tübingen: Niemeyer.

Eichmann, Hanna/Hansen, Martje/Heßmann, Jens (Hg.) (2012). *Handbuch Deutsche Gebärdensprache. Sprachwissenschaftliche und anwendungsbezogene Perspektiven.* Seedorf: Signum.

Fairclough, Norman (1992). The appropriacy of appropriateness. In: Norman Fairclough (Hg.), *Critical Language Awareness* 33–56. London: Longman.

—— (2006). *Language and Globalization.* Oxon, New York: Routledge.

Fanon, Frantz (1952). *Peau noire, masques blancs.* Paris: Éditions du Seuil.

Ferguson, Charles (1959). Diglossia. *Word, 15*, 325–340.

—— (1983). Language planning and language change. In: Juan Cobarrubias und Joshua Fishman (Hg.), *Progress in Language Planning: International Perspectives* 29–40. Berlin: Mouton.

Fix, Ulla/Barth, Dagmar (2000). *Sprachbiographien. Sprache und Sprachgebrauch vor und nach der Wende von 1989 im Erinnern und Erleben von Zeitzeugen aus der DDR.* Frankfurt/Main: Peter Lang.

Flubacher, Mi-Cha (2014). *Integration durch Sprache – die Sprache der Integration.* Göttingen: V&R Unipress.

Flubacher, Mi-Cha (2020). Desire and confusion: A sociolinguistic ethnography on affect in the ethnic economy of Thai massage. *International Journal for the Sociology of Language, aop*, 241–261. doi: 10.1515/ijsl-2020-2096.

Foucault, Michel (1974). *Die Ordnung der Dinge. Eine Archäologie der Humanwissenschaften.* Frankfurt/Main: Suhrkamp.

—— (1977). *Die Ordnung des Diskurses.* Frankfurt/Main, Berlin, Wien: Ullstein.

—— (1978). *Dispositive der Macht. Über Sexualität, Wissen und Wahrheit.* Berlin: Merve.

—— (2006). Von anderen Räumen (1967). In: Jörg Dünne und Stephan Günzel (Hg.), *Raumtheorie. Grundlagentexte aus Philosophie und Kulturwissenschaften* 317–329. Frankfurt/Main: Suhrkamp.

—— (2007a). Subjekt und Macht. In: Michel Foucault (Hg.), *Ästhetik der Existenz. Schriften zur Lebenskunst* 81–104. Frankfurt/Main: Suhrkamp.

—— (2007b). Technologien des Selbst. In: Michel Foucault (Hg.), *Ästhetik der Existenz. Schriften zur Lebenskunst* 287–317. Frankfurt/Main: Suhrkamp.

Franceschini, Rita (2001). Sprachbiographien randständiger Sprecher. In: Rita Franceschini (Hg.), *Biographie und Interkulturalität: Diskurs und Lebenspraxis* 111–125. Tübingen: Stauffenburg.

—— /Miecznikowski, Johanna (Hg.) (2004). *Leben mit mehreren Sprachen / Vivre avec plusieurs langues. Sprachbiographien/Biographies langagières. Transversales* 9. Bern, Berlin: Peter Lang.

Fraser, Nancy (2000). Rethinking Recognition. *New Left Review,* 107–120.

Freeland, Jane/Patrick, Donna (Hg.) (2004). *Language Rights and Language Survival. Sociolinguistic and Sociocultural Perspectives.* Manchester, Northampton: St. Jerome.

Gal, Susan (2005). Language Ideologies Compared. Metaphors of Public/Private. *Journal of Linguistic Anthropology, 15,* 23–37.

Gallo, Sarah/Hornberger, Nancy (2019). Immigration policy as family language policy: Mexican immigrant children and families in search of biliteracy. *International Journal of Bilingualism, 23*(3), 757–770.

García, Ofelia (2009). *Bilingual Education in the 21st Century: A Global Perspective.* Chichester: Wiley-Blackwell.

—— /Li Wei (2014). *Translanguaging. Language, Bilingualism and Education.* London: Palgrave MacMillan.

Garrido, Maria Rosa/Sabaté-Dalmau, Maria (2020). Transnational trajectories of multilingual workers: sociolinguistic approaches to emergent entrepreneurial selves. *International Journal of Multilingualism, 17*(1), 1–10.

Gekeler, Hans (2004). *Handbuch der Farben. Systematik, Ästhetik, Praxis.* Köln: DuMont.

Giles, Howard/Coupland, Nikolas (1991). *Language: Contexts and Consequences.* Keynes: Open University Press.

Gobodo-Madikizela, Pumla (2003). *A human being died that night. A story of forgiveness.* Claremont: David Philip.

Goffman, Erving (2003). *Wir alle spielen Theater.* München: Piper.

Gogolin, Ingrid (2009). Streitfall Zweisprachigkeit – The Bilingualism Controversy: Les Préludes. In: Ingrid Gogolin und Ursula Neumann (Hg.), *Streitfall Zweisprachigkeit – The Bilingualism Controversy.* Wiesbaden: VS Verlag für Sozialwissenschaften.

—— /Neumann, Ursula (Hg.) (2009). *Streitfall Zweisprachigkeit – The Bilingualism Controversy.* Wiesbaden: VS Verlag für Sozialwissenschaften.

Gramsci, Antonio (1994). *Gefängnishefte. 10. und 11. Heft.* Hamburg, Berlin: Argument.

—— (1999a). Notizen für eine Einführung ins Studium der Grammatik. Heft 29 (XXI) 1935, §§1–9. *Gefängnishefte. Hefte 22 bis 29* 2239–2249. Hamburg: Argument.

—— (1999b). An den Rändern der Geschichte (Geschichte der subalternen gesellschaftlichen Gruppen). Heft 25 (XXIII) 1934, §§1–8. *Gefängnishefte. Hefte 22 bis 29* 2185–2200. Hamburg: Argument.

Grosjean, François (2012 [1985]). The Bilingual as a Competent but Specific Speaker-Hearer. In: Nancy H. Hornberger (Hg.), *Educational Linguistics* 152–163. London, New York: Routledge.

Gülich, Elisabeth (2007). Mündliches erzählen: narrative und szenische Rekonstruktion. In: Sylke Lubs, Louis Jonker, Andreas Ruwe und Uwe Weise (Hg.), *Behutsames Lesen. Alttestamentliche Exegese im interdisziplinären Methodendiskurs* 35–62. Leipzig: Evangelische Verlagsanstalt.

Gumperz, John J. (1964). Linguistic and Social Interaction in Two Communities. *American Anthropologist, 66*, 137–153.

—— (1977). Sociocultural Knowledge in Conversational Inference. In: M. Saville-Troike (Hg.), *Georgetown University Round Table on Language and Linguistics.* Washington, DC: Georgetown University Press.

—— (1982). *Discourse strategies.* Cambridge, New York: Cambridge University Press.

—— /Hymes, Dell (Hg.) (1972). *Directions in sociolinguistics: The ethnography of communication.* New York: Holt, Rinehart and Winston.

—— /Jupp, Tom C./Roberts, Celia (1979). *Crosstalk: A study of cross-cultural communication.* London: National Centre for Industrial Language Training in association with the B.B.C.

Habermas, Jürgen (1990 [1962]). *Strukturwandel der Öffentlichkeit.* Frankfurt/Main: Suhrkamp.

Halwachs, Dieter W. (1999). Romani in Österreich. In: Dieter W. Halwachs und Florian Menz (Hg.), *Die Sprache der Roma* 112–146. Klagenfurt/Celovec: Drava.

Halbwachs, Maurice (1997 [1950]). *La mémoire collective.* Paris: Éditions Albin Michel.

Halilović, Senahid (1996). *Gnijezdo lijepih riječi: pravilno – nepravilno u bosanskome jeziku.* Sarajevo: Baština.

Harris, Roy (1980). *The Language-makers.* Ithaca, NY: Cornell University Press.

—— (1981). *The Language Myth.* London: Duckworth.

Hassemer, Jonas (2018). „sie erkennen meinen akzent, und da geht_s dann los." – indexikalische Nebenfolgen von Kapitalisierung und (Nicht-) Registrierung sprachlicher Repertoires in der Beratung von Geflüchteten. *Osnabrücker Beiträge zur Sprachtheorie, 93,* 7–12.

—— /Busch, Brigitta (2018). Study based on interviews with refugees. In: Nadia Bellardi, Brigitta Busch, Jonas Hassemer, Helmut Peissl und Salvatore Scifo (Hg.), *Spaces of Inclusion – An explorative study on needs of refugees and migrants in the domain of media communication and responses by community media* (Vol. DGI(2018)01), 14–26. Strasbourg: Council of Europe.

Hassoun, Jacques (2003). *Schmuggelpfade der Erinnerung.* Frankfurt/Main: Stroemfeld Verlag.

Haugen, Einar (1969). *The Norwegian Language in America.* Bloomington: Indiana University Press.

Haviland, John (2003). Language and U.S. Law. *American Anthropologist, 105,* 764–774.

Hawkins, Erik W. (1984). *Awareness of Language: An Introduction.* Cambridge: Cambridge University Press.

Hein-Khatib, Simone (2007). *Mehrsprachigkeit und Biographie. Zum Sprach-Erleben der Schriftsteller Peter Weiss und Georges-Arthur Goldschmidt.* Tübingen: Gunter Narr.

Heller, Eva (2004). *Wie Farben wirken. Farbpsychologie, Farbsymbolik, Kreative Farbgestaltung.* Reinbeck bei Hamburg: Rororo.

Heller, Monica (2010). Doing ethnography. In: Li Wei und M. G. Moyer (Hg.), *The Blackwell Guide to Research Methods in Bilingualism and Multilingualism* 249–262. Malden: Blackwell.

—— /Labrie, Normand (2003). Langage, pouvoir et identité: une étude de cas, une approche théorique, une méthodologie. In: Monica Heller und Normand Labrie (Hg.), *Discours et identité. La francité canadienne entre modernité et mondialisation* 9–41. Cortil-Wodon: Editions Modulaires Européennes.

Herdina, Philip/Jessner, Ulrike (2002). *A Dynamic Model of Multilingualism. Perspectives of Change in Psycholinguistics.* Clevedon: Multilingual Matters.

Hewitt, Roger (2012). Multilingualism in the workplace. In: Marilyn Martin-Jones, Adrian Blackledge und Angela Creese (Hg.), *The Routledge Handbook of Multilingualism* 267–280. Abingdon, New York: Routledge.

Hinnenkamp, Volker (2005). Semilingualism, Double Monolingualism and Blurred Genres – On (Not) Speaking a Legitimate Language. In: Frank-Olaf Radtke (Hg.), *Migration (= sowi-onlinejournal, Journal für Sozialwissenschaften und ihre Didaktik / Journal of Social Science Education,* Bielefeld: sowi-online e.V. http://www.jsse.org/2005/2005-1/semilingualism-hinnenkamp.htm (13.12.2012).

Hoffman, Eva (1989). *Lost in Translation: A Life in a New Language.* New York: Penguin Books.

Hogan-Brun, Gabrielle/Mar-Molinero, Clare/Stevenson, Patrick (2009). Testing regimes: Introducing cross-national perspectives on language, migration and citizenship. In: Gabrielle Hogan-Brun, Clare Mar-Molinero und Patrick Stevenson (Hg.), *Discourses on Language and Integration. Critical perspectives on language testing regimes in Europe* 1–13. Amsterdam, Philadelphia.

Hornberger, Nancy (2004). The Continua of Biliteracy and the Bilingual Educator: Educational Linguistics in Practice. *International Journal of Bilingual Education and Bilingualism, 7,* 155–171.

Huebner, Thom (2009). A framework for the linguistic analysis of linguistic landscapes. In: Elena Shohamy und Dirk Gorter (Hg.), *Linguistic landscape. Expanding the scenery* 70–88. New York, London: Routledge.

Hymes, Dell (1996). *Ethnography, Linguistics, Narrative Inequality: Toward an Understanding of Voice.* London: Taylor & Francis.

—— (1977). *Foundations in sociolinguistics: an ethnographic approach.* London: Tavistock.

ide (2017). „Menschen gehen." Flucht und Ankommen. *informationen zur deutschdidaktik,* 41.

Ille, Karl/Neuhold, Petra (2013). Monolinguales Sprachenregime vor multilingualer Belegschaft. Aktuelle Aspekte der Mehrsprachigkeit und Sicherheitskommunikation auf österreichischen Baustellen. In: B. Haider (Hg.), *Baustelle Mehrsprachigkeit. Herausforderung für Institutionen und Unternehmen* 137–158. Wien: Edition Volkshochschule.

Illich, Ivan (1980). Schattenarbeit oder vernakuläre Tätigkeiten. Zur Kolonisierung des informellen Sektors. *Technologie und Politik, 15,* 48–63.

Inoue, Miyako (2003). The Listening Subject of Japanese Modernity and His Auditory Double: Citing, Sighting, and Siting the Modern Japanese Woman. *Cultural Anthropology, 18*(2), 156–193.

Irvine, Judith (2008). Subjected words: African linguistics and the colonial encounter. *Language & Communication, 28,* 323–343.

—— /Gal, Susan (2000). Language ideology and linguistic differentiation. In: Paul Kroskrity (Hg.), *Regimes of language: ideologies, polities, and identities* 35–83. School of American research.

Jacquemet, Marco (2005). Transidiomatic practices: language and power in the age of globalization. *Language and Communication, 25,* 257–277.

Jaffe, Alexandra (1999). *Ideologies in Action: Language Politics on Corsica.* Berlin: Mouton de Gruyter.

—— (2008). Discourses of endangerment: Contexts and consequences of essentializing discourses. In: A. Duchêne und M. Heller (Hg.), *Discourses of Endangerment. Ideology and Interest in the Defence of Languages* 57–75. London, New York: Continuum.

Jakobson, Roman (1988 [1959]). Grundsätzliche Übersetzbarkeit: Linguistische Aspekte der Übersetzung In: Roman Jakobson (Hg.), *Semiotik. Ausgewählte Texte 1919–1982* 481–491. Frankfurt/Main: Suhrkamp.

Jakšić, Bozidar (2001). *The disintegration of Yugoslavia and the division of language.* Unpublished paper presented at the International Conference Language-Society-History: The Balkans. Thessaloniki, 11.–12. November 2001.

Jaspers, Jürgen (2017). The transformative limits of translanguaging. *Urban Language & Literacies, 226,* 2–17.

Jaworski, Adam/Thurlow, Crispin (2010). Introducing Semiotic Landscapes. In: Adam Jaworski und Crispin Thurlow (Hg.), *Semiotic Landscapes. Language, Image, Space* 1–40. London: Continuum.

Jørgensen, J. Normann (2008). Polylingual Languaging Around and Among Children and Adolescents. *International Journal of Multilingualism, 5,* 161–176.

Kadrić, Mira (2009). *Dolmetschen bei Gericht. Erwartungen. Anforderungen. Kompetenzen.* Wien: facultas.

Kalaja, Paula/Melo-Pfeifer, Silvia (Hg.) (2019). *Visualising Multilingual Lives: More Than Words.* Bristol: Multilingual Matters.

Kneer, Georg (2008). Institution/Organisation. Über die Paradoxie des Organisierens. In: Stephan Moebius und Andreas Reckwitz (Hg.), *Poststrukturalistische Sozialwissenschaften* 124–141. Frankfurt/Main: Suhrkamp.

Khan, Kamran (2016). Citizenship, securitization and suspicion in UK ESOL policy. In: K. S. Arnaut, M. Spotti, J. Blommaert und M. Karrebæk (Hg.),

Engaging Superdiversity: Recombining Spaces, Times and Language Practices 303–320. Bristol: Multilingual Matters.

King, Kendall/Lanza, Elizabeth (2019). Ideology, agency, and imagination in multilingual families: an introduction. *International Journal of Bilingualism, 23*(3), 717–723.

Kletečka-Pulker, Maria/Parrag, Sabine (2018). Videodolmetschen als Kommunikationshilfe bei Flüchtlingen. *Pädiatrie & Pädologie, 53*, 56–60.

Kohli, Martin (1981). Zur Theorie der biographischen Selbst- und Fremdthematisierung. In: Joachim Matthes (Hg.), *Lebenswelt und soziale Probleme: Verhandlungen des 20. deutschen Soziologentages.* Frankfurt/Main: Campus.

Kolb, Bettina (2008). *Die Fotobefragung in der Praxis.* http://www.univie.ac.at/visuellesoziologie/Publikation2008.html (13.12.2012).

KoMBi (2020). *Forschungsprojekt Sprachliche Bildung und Mehrsprachigkeit 2013–2020. Projektvorstellungen und Ergebnisse.* Hamburg: Koordinierungsstelle für Mehrsprachigkeit und sprachliche Bildung, Universität Hamburg.

Kraft, Kamilla (2020). Trajectory of a language broker: between privilege and precarity. *International Journal of Multilingualism, 17*(1), 80–96.

Kramsch, Claire (2006). The multilingual subject. *International Journal of Applied Linguistics, 16*, 98–110.

—— (2009). *The multilingual subject.* Oxford: Oxford Univ. Press.

—— /Zhang, Lihua (2018). *The Multilingual Instructor. What foreign language teachers say about their experience and why it matters.* Oxford: Oxford University Press.

Krausneker, Verena (2006). *Taubstumm bis gebärdensprachig. Die österreichische Gebärdensprachgemeinschaft aus soziolinguistischer Perspektive.* Meran, Klagenfurt: Alpha & Beta, Drava.

Kress, Gunther (2004). *Literacy in the new media age.* London: Routledge.

—— /van Leeuwen, Theo (2001). *Multimodal discourse: the modes and media of contemporary communication.* London: Arnold.

Kriel, M. (2008). Ruining 'die wonder van onsuiwer Afrikaans': A critique of attempts to regulate the spelling of colloquialisms. In: V. Webb und T. du Plessis (Hg.), *The politics of language in South Africa* 110–117. Pretoria: Van Schaik.

Kristeva, Julia (1980). *Desire in Language. A Semiotic Approach to Literature and Art.* New York: Columbia University Press.

—— (1990). *Fremde sind wir uns selbst (Étrangers à nous-mêmes, 1988).* Frankfurt/Main: Edition Suhrkamp.

—— (2002). From One Identity to an Other. *The Portable Kristeva. Updated Edition. Ed. by Kelly Oliver* 93–115. New York: Columbia University Press.

Krog, Antje/Mpolweni, Nosis/Kopano, Ratele (2009). *There was this Goat. Investigating the Truth Commission Testimony of Notrose Nobomvu Konile.* Scottsville (ZA): University of KwaZulu-Natal Press.

Kroskrity, Paul (2000). Regimenting languages: language ideological perspectives. In: Ders. (Hg.), *Regimes of Language: Ideologies, Polities, and Identities* 1–35. Santa Fe: SAR Press.

—— (2005). *Language ideologies. Handbook of pragmatics.* Online version: Benjamins.

—— (2010). Language ideologies – Evolving perspectives. In: Jan-Ola Östman und Jef Verschueren (Hg.), *Handbook of Pragmatics Online* 1–21. Amsterdam: John Benjamins.

Krumm, Hans-Jürgen/Jenkins, Eva-Maria (2001). *Kinder und ihre Sprachen – lebendige Mehrsprachigkeit: Sprachenportraits gesammelt und kommentiert von Hans-Jürgen Krumm.* Wien: Eviva.

Kuhn, Thomas S. (1976). *Die Struktur wissenschaftlicher Revolutionen.* Frankfurt/Main: Suhrkamp.

Kusters, Annelies (2019). Deaf and hearing signers' multimodal and translingual practices: Editorial. *Applied Linguistics Review, 10*(1), 1–8.

—— (2020). The tipping point: On the use of signs from American Sign Language in International Sign. *Language & Communication, 75*(51–68).

—— /Spotti, Massimiliano/Swanwick, Ruth/Tapio, Elina (2017). Beyond languages, beyond modalities: transforming the study of semiotic repertoires. *International Journal of Multilingualism, 14*(3), 219–232.

Labov, William (2013). *The Language of Life and Death: The Transformation of Experience in Oral Narrative.* Cambridge, New York: Cambridge University Press.

Lakoff, George/Johnson, Mark (1999). *Philosophy in the flesh: The embodied mind and its challenge to Western thought.* New York: Basic Books.

Langer, Susanne (1965). *Philosophie auf neuem Wege. Das Symbol im Denken, im Ritus und in der Kunst.* Frankfurt/Main: S. Fischer.

Langston, Keith (1999). Linguistic Cleansing: Language Purism in Croatia after the Yugoslav Break-up. *International Politics, 36*, 179–201.

LANOG – Language and National Origine Group (2004). Guidelines for the use of language analysis in relation to questions of national origine in refugee cases. *International Journal of Speech Language and the Law, 11*, 261–266.

Lanza, Elisabeth/Svendsen, Bente Ailin (2007). Tell me who your friends are and I might be able to tell you what language(s) you speak: social network analysis, multilingualism and identity. *Journal of Bilingualism, 11,* 275–300.

Lapping Brian (1987). *Apartheid – A History.* London: Grafton/Collins.

Laurén, Christer (2006). *Die Früherlernung mehrerer Sprachen. Theorie und Praxis.* Meran und Klagenfurt: Alpha & Beta Verlag, Drava Verlag.

Lehner, Sabine (2018). The discursive construction of (in)credibility. Language ideologies and intertextuality in Austrian asylum procedures. In: N. Iman (Hg.), *Forensic Linguistics. Asylum-seekers, Refugees and Immigrants* 95–120. Wilmington, DE: Vernon Press.

Lefebvre, Henri (2004 [1974]). *La production de l'espace.* Paris: Gallimard.

—— (2006). Die Produktion des Raumes (1974). In: Jörg Dünne und Stephan Günzel (Hg.), *Raumtheorie. Grundlagentexte aus Philosophie und Kulturwissenschaften* 330–343. Frankfurt/Main: Suhrkamp.

Lejeune, Philippe (1996 [1975]). *Le pacte autobiographique. (Nouvelle édition augmentée).* Paris: Éditions du Seuil.

Leopold, Werner F. (1949). *Speech development of a bilingual child. A linguist's record. Vol. 4.* Evanston: Northwestern University Press.

Le Page, Robert Broderick/Tabouret-Keller, Andrée (1985). *Acts of Identity: Creole-based approaches to language and ethnicity*. Cambridge: Cambridge University Press.

Lexander, Kirstin Vold/Androutsopoulos, Jannis (2019). Working with mediagrams: a methodology for collaborative research on mediational repertoires in multilingual families. *Journal of Multilingual and Multicultural Development, Online publication,* 1–18. doi: 10.1080/01434632.2019.1667363.

Lippi-Green, Rosina (1997). *English with an Accent: Language, ideology, and discrimination in the United States.* London, New York: Routledge.

Lo Piparo, Franco (2010). The Linguistic Roots of Gramsci's Non-Marxism. In: Peter Ives und Rocco Lacorte (Hg.), *Gramsci. Language, and Translation.* Lanham: Lexington Books.

Lorente, Beatriz P. (2018). *Scripts of Servitude: Language, Labor Migration and Transnational Domestic Work.* Bristol: Multilingual Matters.

Löser, Jessica (2011). Herkunftssprachen in der Schule. Eine international vergleichende Perspektive. In: Sara Fürstenau und Mechthild Gomolla (Hg.), *Migration und schulischer Wandel: Mehrsprachigkeit* 203–214. Wiesbaden: VS Verlag.

Luchtenberg, Sigrid (2010). Language Awareness. In: Bernt Ahrenholz und Ingelore Oomen-Welke (Hg.), *Deutsch als Zweitsprache* 107–117. Baltmannsweiler: Schneider.

Lucius-Hoene, Gabriele/Deppermann, Arnulf (2002). *Rekonstruktion narrativer Identität. Ein Arbeitsbuch zur Analyse narrativer Interviews.* Opladen: Leske und Budrich.

Lüdtke, Ulrike (2011). Die Vulnerabilität des Logos. Zum Verhältnis von Emotion und Sprache aus interdisziplinärer Sicht. In: L. Ebert, C. Gruber, B. Meisnitzer und S. Rettinger (Hg.), *Emotionale Grenzgänge – Konzeptualisierungen von Liebe, Trauer und Angst in Sprache und Literatur* 201– 229. Würzburg: Königshausen und Neumann.

Makoni, Sinfree/Pennycook, Alastair (Hg.) (2007). *Disinventing and Reconstructing Languages.* Clevedon: Multilingual Matters.

—— (2007). Disinventing and Reconstructing Languages. In: Sinfree Makoni und Alastair Pennycook (Hg.), *Disinventing and Reconstructing Languages* 1–41. Clevedon: Multilingual Matters.

Malinowski, David (2009). Authorship in the linguistic landscape: a multimodal-performative view. In: Elena Shohamy und Dirk Gorter (Hg.), *Linguistic landscape. Expanding the scenery* 107–125. New York, London: Routledge.

—— (2020). Introduction to Linguistic landscape: The semiotics of the public of public signage? *Linguistic Landscape, 6*(1), 23-28.

—— /Tufi, Stefania (Hg.) (2020). *Reterritorializing Linguistic Landscapes. Questioning Boundaries and Opening Spaces.* London, Oxford, New York: Bloomsbury Academic.

Maneva, Blagovesta (2004). ‚Maman, je suis polyglotte!': A Case Study of Multilingual Language Acquisition from 0 to 5 Years. *The International Journal of Multilingualism, 1,* 109–121.

Marx, Karl/Engels, Friedrich (1969 [1845–1846]). *Die deutsche Ideologie Marx Engels Werke (MEW), Band 3,* 5–530. Berlin: Dietz Verlag.

Maryns, Katrijn (2005). Monolingual language ideologies and code choice in Belgian asylum procedures. *Language & Communication,* 299–314.

—— (2006). *The Asylum Speaker: Language in the Belgian Asylum Procedure.* Manchester: St Jerome.

—— (2012). Multilingualism in legal settings. In: Marilyn Martin-Jones, Adrian Blackledge und Angela Creese (Hg.), *The Routledge Handbook of Multilingualism* 297–313. London, New York: Routledge.

Massey, Doreen (1993). Power-geometry and a progressive sense of place. In: Jon Bird, Barry Curtis, Tim Putnam, George Robertson und Lisa Tickner (Hg.), *Mapping futures. Local culture, global change* 59–69. London, New York: Routledge.

Mauss, Marcel (1935). Techniques du corps. *Journal de Psychologie Normale et Pathologique*, 32.

May, Stephen (2012). *Language and Minority Rights. Ethnicity, Nationalism and the Politics of Language.* New York, Oxon: Routledge.

McNamara, Tim (2009). *A two-edged sword: Comparative assessment frameworks and language eduction.* Kekrade.

—— (2012). Poststructuralism and its Challenges for Applied Linguistics. *Applied Linguistics, 33*, 473–482.

Mecheril, Paul (2010). Die Ordnung des erziehungswissenschaftlichen Diskurses in der Migrationsgesellschaft. In: Paul Mecheril, María do Mar Castro Verela, İnci Dirim, Annita Kalpaka und Claus Melter (Hg.), *Migrationspädagogik* 54–76. Weinheim: Beltz.

Menezes de Souza, Lynn Mario (2007). Entering a culture quietly: writing and cultural survival in indigenous education in Brazil. In: Sinfree Makoni und Alastair Pennycook (Hg.), *Disinventing and reconstructing languages* 135–170. Clevedon: Multilingual Matters.

Menz, Florian (2011). Ärztliche Gespräche mit PatientInnen mit geringen Deutschkenntnissen. In: Michael Peintinger (Hg.), *Interkulturell kompetent. Ein Handbuch für Ärztinnen und Ärzte* 225–235. Wien: facultas.

Merleau-Ponty, Maurice (2009 [1945]). *Phénoménologie de la perception.* Paris: Gallimard.

Moeketsi, Rosemary (1999). *Discourse in a multilingual courtroom: A court interpreter's guide.* Pretoria: Van Schaik.

Mondada, Lorenza. (2007). Le code-switching comme ressource pour l'organisation de la parole-en-interaction. *Journal of language contact, THEMA 1*, 168–197.

Moore, Danièle (2010). Multilingual literacies and third script acquisition: young Chinese children in French immersion in Vancouver, Canada. *International Journal of Multilingualism, 7*, 1–21.

Mühlhäusler, Peter (1996). *Linguistic Ecology: Language Change and Linguistic Imperialism in the Pacific Region.* London: Routledge.

Müller, Natascha/Kupisch, Tanja/Schmitz, Katrin/Cantone, Katja (2007). *Einführung in die Mehrsprachigkeitsforschung. 2. Auflage.* Tübingen: Gunter Narr.

Neumann, Ursula (1991). Ideenkiste: Ich spreche viele Sprachen. *Die Grundschulzeitschrift, 43,* 59.

—— (2011). Schulischer Wandel durch bilinguale Klassen. In: Sara Fürstenau und Mechthild Gomolla (Hg.), *Migration und schulischer Wandel: Mehrsprachigkeit* 181–190. Wiesbaden: VS Verlag.

Neweklowsky, Gerhard (2000). Soziolinguistische Forschung zum Serbokroatischen und seinen Nachfolgesprachen. *Sociolinguistica,* 192–196.

Niedrig, Heike (2000). *Sprache – Macht – Kultur: multilinguale Erziehung im Post-Apartheid-Südafrika.* Münster, New York, München, Berlin: Waxmann.

—— (2011). Unterrichtsmodelle für Schülerinnen und Schüler aus sprachlichen Minderheiten. In: Sara Fürstenau und Mechthild Gomolla (Hg.), *Migration und schulischer Wandel: Mehrsprachigkeit* 89–106. Wiesbaden: VS Verlag.

Niehr, Thomas (2020). Migrationsdiskurs. In: Thomas Niehr, Jörg Kilian und Jürgen Schiewe (Hg.), *Handbuch Sprachkritik* 225–232. Berlin: J.B. Metzler.

Norton, Bonny (2013). *Identity and Language Learning: Extending the Conversation* 2nd edition. Bristol: Multilingual Matters.

Obid, Milan (2017). Splošni položaj mladih v slovenskem zamejstvu v Auvstriji. In: Vera Kržišnik-Bukić (Hg.), *Mladi v slovenskem zamejstvu: družbeni in kulturni konteksti ter sodobni izzivi. Zvezek 1: Splošni položaj mladih v slovenskem zamejstvu* 105–148. Ljublijana: Inštitut za narodnostna vprašanja.

OBST (2016). Flucht_Punkt_Sprache. *Osnabrücker Beiträge zur Sprachtheorie,* 89.

OBST (2018). Phänomen ‚Mehrsprachigkeit'. Einstellungen, Ideologien, Positionierungspraktiken. *Osnabrücker Beiträge zur Sprachtheorie,* 93.

Ochs, Elinor/Schieffelin, Bambi (1989). Language has a heart. *Text, 9*(1), 7–25.

Ochs, Elinor/Schieffelin, Bambi (2009 [1984]). Language Acquisition and Socialization: Three Developmental Stories and Their Implications. In: Alessandro Duranti (Hg.), *Linguistic Anthropology. A Reader* 296–328. Malden: Blackwell.

Okuka, Miloš (1998). *Eine Sprache, viele Erben. Sprachenpolitik als Nationalisierungsinstrument in Ex-Jugoslawien.* Klagenfurt: Wieser.

Österreichische Rektorenkonferenz (Hg.) (1989). *Bericht der Arbeitsgruppe ‚Lage und Perspektiven der Volksgruppen in Österreich'.* Wien: Böhlau.

Otsuji, Emi/Pennycook, Alastair (2010). Metrolingualism: fixity, fluidity and language in flux. *International Journal of Multilingualism, 7,* 240–254.

Ottomeyer, Klaus (1997). *Kriegstrauma, Identität und Vorurteil. Mirzadas Geschichte und Ein Brief an Sieglinde Tschabuschnig.* Klagenfurt: Drava.

—— (2011). *Die Behandlung der Opfer.* Stuttgart: Klett-Cotta.

Patrick, Peter/Schmid, Monica/Zwaan, Karin (Hg.) (2019). *Language Analysis for the Determination of Origin. Current Perspectives and New Directions.* Springer International.

Pavlenko, Aneta (2005). *Emotions and Multilingualism.* Cambridge: Cambridge University Press.

—— (2007). Authobiographic Narratives as Data in Applied Linguistics. *Applied Linguistics, 28,* 163–188.

Pavuna, S. (1993). *Govorimo li spravno hrvatski ?Mali razlikovni rječnik.* Zagreb: Integra.

Peck, Amina/Stroud, Christopher/Williams, Quentin (Hg.) (2018). *Making Sense of People and Place in Linguistic Landscapes.* London, New York: Bloomsbury Academic.

Peirce, Charles S. (1983). *Phänomen und Logik der Zeichen.* Frankfurt/Main: Suhrkamp.

Pennycook, Alastair (2009). Linguistic landscapes and the transgressive semiotics of graffiti. In: Elena Shohamy und Dirk Gorter (Hg.), *Linguistic landscape. Expanding the scenery* 302–313. London: Routledge.

—— (2010). *Language as a Local Practice.* Abingdon: Routledge.

—— /Otsuji, Emi (2014). Metrolingual multitasking and spatial repertoires: 'Pizza mo two minutes coming'. *Journal of Sociolinguistics, 18*(2), 161–184.

Pietikäinen, Sari/Alanen, Riikka/Dufva, Hannele/Kalaja, Paula/Leppänen, Sirpa/Pitkänen-Huhta, Anne (2008). Languaging in Ultima Thule: Multilingualism in the Life of a Sami Boy. *International Journal of Multilingualism, 5,* 79–99.

—— /Kelly-Holmes, Helen (Hg.) (2013). *Multilingualism and the Periphery.* Oxford: Oxford University Press.

Plutzar, Verena (2009). *Zwischen „Angst" und „Zeit". Zur Kommunikationssituation und Informationsweitergabe im Asylverfahren. Eine empirische Studie in der Erstaufnahmestelle Ost des Bundesasylamts.* Universität Wien, Deutsche Philologie.

—— (2016). Sprachenlernen nach der Flucht. Überlegungen zu Implikationen der Folgen von Flucht und Trauma für den Deutschunterricht Erwachsener. *Osnabrücker Beiträge zur Sprachtheorie, 89,* 109–133.

Pöchhacker, Franz (2004). *Introducing interpreting studies.* London, New York: Routledge.

Priestly, Tom (1997). On the development of the Windischentheorie. *International journal of the sociology of language, 124,* 95–98.

Prunč, Erich (2007). *Entwicklungslinien der Translationswissenschaft. Von den Asymmetrien der Sprachen zu den Asymmetrien der Macht.* Berlin: Frank & Timme.

Purkarthofer, Judith (2012). Platz für Sprachen? Schulen als mehrsprachige Räume in der Wahrnehmung der beteiligten AkteurInnen. In: Udo Ohm und Christiane Bongartz (Hg.), *Soziokulturelle und psycholinguistische Untersuchungen im Zweitspracherwerb* 89–112. Frankfurt/Main et al.: Peter Lang.

—— (2019). Building expectations: Imagining family language policy and heteroglossic social spaces. *International Journal of Bilingualism,* 23(3), 724–739.

Rampton, Ben (1995a). *Crossing: Language and Ethnicity among Adolescents.* London: Longman.

—— (1995b). Language Crossing and the Problematisation of Ethnicity and Socialisation. *Pragmatics, 5,* 485–513.

—— (2011). From 'Multi-ethnic adolescent heteroglossia' to 'Contemporary urban vernaculars'. *Language & Communication* 276–294.

—— /Charalambous, Constadina (2020). Sociolinguistics and everyday (in)securitization. *Journal of Sociolinguistics, 24,* 75–88.

Ranger, Terence (1983). The invention of tradition in colonial Africa. In: Eric Hobsbawm und Terence Ranger (Hg.), *The Invention of Tradition* 211–262. Cambridge: Cambridge University Press.

—— (1994). The Invention of Tradition Revisited: The Case of Colonial Africa. In: Preben Kaarsholm und Jan Hultin (Hg.), *Inventions and Bounderies: Historical and Anthropological Approaches to the Study of Ethnicity and Nationalism* 5–50. Roskilde: Roskilde University.

Reddemann, Luise (2001). *Imagination als heilsame Kraft. Zur Behandlung von Traumafolgen mit ressourcenorientierten Verfahren.* Stuttgart: Klett-Cotta.

Redder, Angelika/Pauli, Julia/Kießling, Roland/Bührig, Kristin/Brehmer, Bernhard/Breckner, Ingrid/Androutsopoulos, Jannis (Hg.) (2013). *Mehrsprachige Kommunikation in der Stadt. Das Beispiel Hamburg.* Münster: Waxmann.

Reisigl, Martin (2011). Schwierige Verständigung. Interkulturelle Gespräche auf der Kopfschmerzambulanz. In: Peter J. Holzer, Manfred Kienpointner, Julia Pröll und Ulla Ratheiser (Hg.), *An den Grenzen der Sprache* 101–127. Innsbruck: Innsbruck University Press.

—— /Wodak, Ruth (2001). *Discourse and discrimination.* London: Routledge.

Reiterer, Albert F. (1996). *Kärntens Slowenen zwischen Minderheit und Elite. Aktuelle Tendenzen der ethnischen Arbeitsteilung.* Klagenfurt: Drava.

Relaño Pastor, Ana María (2014). *Shame and Pride in Narrative: Mexican Women's Language Experiences at the U.S.–Mexico Border.* Basingstoke, New York: Palgrave Macmillan.

Rheindorf, Markus (2017). Integration durch Strafe? Die Normalisierung paternalistischer Diskursfiguren zur „Integrationsunwilligkeit". *Zeitschrift für Diskursforschung,* 5(2), 182–206.

Ricento, Thomas (2006). Theoretical perspectives in language policy: an overview. In: Thomas Ricento (Hg.), *Language policy: theory and practice – an introduction* 10–24. London: Blackwell.

Rienzner, Martina (2011). *Interkulturelle Kommunikation im Asylverfahren.* Frankfurt/Main.

Romaine, Suzanne (1995). *Bilingualism.* Oxford: Blackwell.

—— (2006). Planning for the survival of linguistic diversity. *Language Policy,* 5, 441–473.

Ronjat, Jules (1913). *Le développement du langage observé chez un enfant bilingue.* Paris: Champion.

Rosa, Jonathan/Flores, Nelson (2017). Unsettling race and language: Toward a raciolinguistic perspective. *Language in Society,* 46(621), 621–647. doi: 10.1017/S0047404517000562.

Rosenthal, Gabriele (1995). *Erlebte und erzählte Lebensgeschichte: Gestalt und Struktur biografischer Selbstbeschreibungen.* Frankfurt/Main: Campus Verlag.

—— /Fischer-Rosenthal, Wolfram (2004). Analyse narrativbiographischer Interviews. In: Uwe Flick, Ernst von Kardorff und Ines Steinke (Hg.), *Qualitative Forschung. Ein Handbuch* (3. Auflage) 456–468. Reinbeck: Rowohlt.

Roter, Petra/Busch, Brigitta (2018). Language Rights in the Work of the Advisory Committee. In: I. Ulasiuk, L. i. Hadîrcă und W. Romans (Hg.), *Language Policy and Conflict Prevention* 155–181. Leiden, Boston: Brill Nijhoff.

Rymes, Betsy (2014). *Communicating Beyond Language. Everyday Encounters with Diversity.* New York, London: Routledge.

Sarangi, Srikant/Slembrouck, Stefaan (1996). *Language, Bureaucracy and Social Control.* London: Longman.

Schäfer, Thomas/Völter, Bettina (2005). Subjekt-Positionen. Michel Foucault und die Biographieforschung. In: Bettina Völter, Bettina Dausien,

Helma Lutz und Gabriele Rosenthal (Hg.), *Biographieforschung im Diskurs* 161–189. Wiesbaden: Verlag für Sozialwissenschaften.

Scheibelhofer, Elisabeth/Holzinger, Clara/Draxl, Anna-Katharina (2021). Linguistic Diversity as a Challenge for Street-Level Bureaucrats in a Monolingually-Oriented Organisation. *Social Inclusion*, 9(1), 1–11. doi: 10.17645/si.v9i1.3520.

Schellander, Anton (1988). Sodobni slovenski jezik na Koroškem: vprašanja govornega sporazumevanja, jezikovnega znaja in jezikovne rabe v dvojezični situaciji. *Obdobje. Sodobni slovenski jezik, literatura in kultura*, 8, 261–275.

Schmid, Monika S. (2004). Identity and first language attrition: A historical approach. *Estudios de Sociolingüística*, 5, 41–58.

—— (2011). Language Attrition. Cambridge: Cambridge University Press.

—— /de Bot, Kees (2004). Language Attrition. In: Alan Davies und Catherine Elder (Hg.), *The Handbook of Applied Linguistics* 210–233. Malden, Oxford, Carlton: Blackwell.

Schneider, Stefan (2003). Frühkindliche Mehrsprachigkeit aus sprachwissenschaftlicher Sicht. In: Allan James (Hg.), *Vielerlei Zungen. Mehrsprachigkeit + Spracherwerb + Pädagogik + Psychologie + Literatur + Medien* 11–48. Klagenfurt/Celovec: Drava.

Schrammel-Leber, Barbara/Boeckmann, Klaus-Börge/Gilly, Dagmar/Gučanin-Nairz, Verena/Carré-Karlinger, Catherine/Lanzmaier-Ugri, Katharina/Theurl, Peter (2019). Sprachliche Bildung im Kontext von Migration und Mehrsprachigkeit in der Pädagog_innenbildung. *ÖDaF-Mitteilungen*, 35(1–2), 176–190.

Schübel-Pfister, Isabel (2017). Multilingualität in der supranationalen Judikative und Rechtspraxis. In: Ekkehard Felder und Friedemann Vogel (Hg.), *Handbuch Sprache im Recht* 506–524. Berlin: De Gruyter.

Schulz, Martin (2005). *Ordnungen der Bilder. Eine Einführung in die Bildwissenschaft*. München: Wilhelm Fink Verlag.

Schüpbach, Doris (2009). Testing Language, Testing Ethnicity? Policies and Practices Surrounding the Ethnic German Aussiedler. *Language Assessment Quarterly*, 6, 78–82.

Schütze, Fritz (1976). Zur soziologischen und linguistischen Analyse von Erzählungen. *Internationales Jahrbuch für Wissens- und Religionssoziologie – International Yearbook for Sociology of Knowledge and Religion, Bd. 10*, 7–41. Opladen: Westdeutscher Verlag.

—— (1983). Biographieforschung und narratives Interview. *Neue Praxis*, 13, 283–293.

Schwarz-Friesel, Monika (2007). *Sprache und Emotion.* Tübingen: UTB.

Schwarzl, Lena/Vetter, Eva (2019). Translanguaging and plurilingual texts as a resource in superdiverse classrooms. Cahiers de l'ILOB, 10, 229–248.

Schwerdtfeger, Inge C. (1997). Der Unterricht Deutsch als Fremdsprache: Auf der Suche nach den verlorenen Emotionen. *Info DaF, 24,* 587–606.

Scollon, Ron/Scollon, Suzy Wong (2003). *Discourses in place. Language in the material world.* London, New York: Routledge.

—— (2007). Nexus analysis: Refocusing ethnography on action. *Journal of Sociolinguistics, 11,* 608–625.

Sedlaczek, Andrea (in Vorbereitung). Using media diaries to study multilingual media repertoires – a pilot study with language learners in a rural community education setting. In: Judith Purkarthofer und Mi-Cha Flubacher (Hg.), *Speaking subjects – Biographical Methods in Multilingualism Research.* Bristol: Multilingual Matters.

Seidlhofer, Barbara (2017). English as a Lingua Franca and Multilingualism. In: Jasone Cenoz, Durk Gorter und Stephen May (Hg.), *Language Awareness and Multilingualism* (3rd ed.) 391–404. Cham: Springer.

Shin, Hyunjung (2016). Language 'skills' and the neoliberal English education industry. *Journal of Multilingual and Multicultural Development,* 37(5), 509–522.

Shohamy, Elena (2006). *Language policy. Hidden agendas and new approaches.* London: Routledge.

—— /Gorter, Dirk (Hg.) (2009). *Linguistic landscape. Expanding the scenery.* New York, London: Routledge.

Silverstein, Michael (1979). Language Structure and Linguistic Ideology. In: R. Cline, W. Hanks und C. Hofbauer (Hg.), *The Elements: A Parasession on Linguistic Units and Levels* 193–247. Chicago: Chicago Linguistic Society.

—— (2003). Indexical order and the dialectics of sociolinguistic life. *Language & Communication, 23,* 193–229.

Skutnabb-Kangas, Tove/Phillipson, Robert (Hg.) (1995). *Linguistic Human Rights. Overcoming Linguistic Discrimination.* Berlin, New York: Mouton de Gruyter.

Slezak, Gabriele (2011). Mehrsprachig im einsprachigen Kontext: Einschätzung von Sprachkompetenz und Gestalten von Rahmenbedingungen für Kommunikation bei Gerichten und Behörden in Österreich. *Stichproben – Wiener Zeitschrift für kritische Afrikastudien, 19,* 35–61.

Soja, Edward (1996). *Thirdspace: journeys to Los Angeles and other real-and-imagined places.* Malden, Oxford, Carlton: Blackwell.

Sonnleitner, Julia (2019). *Erinnerung aus zweiter Hand. Die born-free Generation in Südafrika und ihre Interpretation der Apartheid und des demokratischen Übergangs.* Wien: Peter Lang.

Spitzmüller, Jürgen (2005). *Metasprachdiskurse. Einstellungen zu Anglizismen und ihre wissenschaftliche Rezeption.* Berlin: de Gruyter.

—— (2013). Metapragmatik, Indexikalität, soziale Registrierung. Zur diskursiven Konstruktion sprachideologischer Positionen. *Zeitschrift für Diskursforschung, 3,* 263–287.

—— (2019). ‚Sprache' – ‚Metasprache' – ‚Metapragmatik': Sprache und sprachliches Handeln als Gegenstand sozialer Reflexion. In: Gerd Antos, Thomas Niehr und Jürgen Spitzmüller (Hg.), *Handbuch Sprache im Urteil der Öffentlichkeit* 11–30. Berlin, Boston: De Gruyter.

Spolsky, Bernard (2012). What is language policy. In: B. Spolsky (Hg.), *Cambridge handbook of language policy* 3–13. Cambridge: Cambridge University Press.

Stevenson, Patrick (2017). *Language and Migration in a Multilingual Metropolis. Berlin Lives.* London: Palgrave Macmillan.

Stokoe, Elizabeth (2009). "I've got a girlfriend": Police officers doing "self-disclosure" in their interrogations of suspects. *Narrative Inquiry, 1,* 154–182.

Swartz, Leslie (1998). *Culture and mental health. A southern African view.* Oxford: Oxford University Press.

Thoma, Nadja (2018). *Sprachbiographien in der Migrationsgesellschaft. Eine rekonstruktive Studie zu Bildungsverläufen von Germanistikstudent*innen.* Bielefeld: transcript.

Thüne, Eva-Maria (2019). *Gerettet. Berichte von Kindertransport und Auswanderung nach Großbritannien.* Berlin: Hentrich und Hentrich.

Todorov, Tzvetan (1984). *Mikhail Bakhtin: The dialogical principle.* Manchester: Manchester University Press.

Todorova, Maria (1999). *Die Erfindung des Balkans: Europas bequemstes Vorurteil.* Darmstadt: Primus Verlag.

Tophinke, Doris (2002). Lebensgeschichte und Sprache. Zum Konzept der Sprachbiografie aus linguistischer Sicht. *vals-alsa, 76,* 1–14.

Urciuoli, Bonnie (2008). Skills and Selves in the New Workplace. *American Ethnologist,* 35(2), 211–228.

Uvin, Peter (2002). On counting, categorizing, and violence in Burundi and Rwanda. In: David Kertzer und Dominique Arel (Hg.), *Census and identity. The politics of race, ethnicity, and languages in national censuses* 148–176. Cambridge: Cambridge University Press.

Van Avermaet, Piet (2009). Fortress Europe? Language policy regimes for immigration and citizenship. In: Gabrielle Hogan-Brun, Clare Mar-Molinero und Patrick Stevenson (Hg.), *Discourses on Language and Integration. Critical perspectives on language testing regimes in Europe* 15–43. Amsterdam, Philadelphia: John Bejamin.

van Dijk, Teun (1991). *Racism and the press.* London: Routledge.

Van Hoof, Sarah/Nyssen, Sara/Kanobana, Sibo (2020). „If They Could, They Would Put Them on a Drip with Dutch": Language Learning and the Professional Integration of Migrants in Flanders. *International Journal for the Sociology of Language,* 264. doi: 10.1515/ijsl-2020-2094.

Verra, Roland (2006). Die Ladinische Schule und ihre Mehrsprachigkeit. In: Werner Water und Gerda Videsott (Hg.), *Schule in mehrsprachigen Gebieten Europas* 225–236. Frankfurt/Main: Peter Lang.

Vertovec, Steven (2007). Super-diversity and its implications. *Ethnic and Racial Studies, 29,* 1024–54.

Vološinov, Valentin (1975). *Marxismus und Sprachphilosophie. Grundlegende Probleme der soziologischen Methode in der Sprachwissenschaft.* Frankfurt/Main: Ullstein.

Vygotskij, Lev Semenovič (2002 [1934]). *Denken und Sprechen.* Weinheim, Basel: Beltz.

—— (2007). Zur Frage nach der Mehrsprachigkeit im kindlichen Alter (russisch-deutsch). In: Katharina Meng und Jochen Rehbein (Hg.), *Kindliche Kommunikation – einsprachig und mehrsprachig* 40–73. Münster: Waxmann.

Wakounig, Vladimir (2008). *Der heimliche Lehrplan der Minderheitenbildung. Die zweisprachige Schule in Kärnten.* Klagenfurt: Drava.

Wandruszka, Mario (1979). *Die Mehrsprachigkeit des Menschen.* München: Piper.

Weinreich, Uriel (1974). *Languages in Contact: Findings and Problems.* The Hague: Mounton.

Wellgraf, Stefan (2018). *Schule der Gefühle. Zur emotionalen Erfahrung von Minderwertigkeit in neoliberalen Zeiten.* Bielefeld: transcript.

Welzer, Harald (2005). *Das kommunikative Gedächtnis. Eine Theorie der Erinnerung.* München: C. H. Beck.

Wetherell, Margaret (2012). *Affect and Emotion. A New Social Science Understanding.* London, Thousand Oaks: Sage.

Wiese, Heike (2020). Contact in the City. In: R. Hickey (Hg.), Wiley *Handbook of Language Contact* 261–279. Hoboken: Wiley-Blackwell.

Winnicott, Donald W. (2010 [1971]). *Vom Spiel zur Kreativität. 12. Aufl.* Stuttgart: Klett-Cotta.

Winter-Heider, Christiane (2009). *Mutterland Wort: Sprache, Spracherwerb und Identität vor dem Hintergrund von Entwurzelung.* Frankfurt/Main: Brandes & Apsel.

Wissen, Markus (2008). Zur räumlichen Dimensionierung sozialer Prozesse. Die Scale-Debatte in der anglo-amerikanischen Radical Geography – eine Einleitung. In: Markus Wissen, Bernd Röttger und Susanne Heeg (Hg.), *Politics of Scale: Räume der Globalisierung und Perspektiven emanzipatorischer Politik* 8–32. Münster: Westfälisches Dampfboot.

—— /Röttger, Bernd/Heeg, Susanne (2008). *Politics of Scale: Räume der Globalisierung und Perspektiven emanzipatorischer Politik.* Münster: Westfälisches Dampfboot.

Wodak, Ruth (1975). *Das Sprachverhalten von Angeklagten bei Gericht.* Kronberg/ Taunus: Scriptor.

—— /de Cillia, Rudolf/Reisigl, Martin/Liebhart, Karin/Hofstätter, Klaus/ Kargl, Maria (1998). *Zur diskursiven Konstruktion nationaler Identität.* Frankfurt/Main: Suhrkamp.

—— /Koller, Veronika (2008). Introduction: Shifting boundaries and emergent public spheres. In: Ruth Wodak und Veronika Koller (Hg.), *Handbook of Communication in the Public Sphere* 1–17. Berlin, New York: Mouton de Gruyter.

Woolard, Kathryn (1998). Introduction. Language ideology as a field of inquiry. In: Bambi Schieffelin, Kathryn Woolard und Paul Kroskrity (Hg.), *Language ideologies. Practice and theory* 3–51. New York: Oxford University Press.

Wutti, Daniel (2013). *Drei Familien, drei Generationen. Das Trauma des Nationalsozialismus im Leben dreier Generationen von Kärntner SlowenInnen.* Klagenfurt/Celovec: Drava.

Yıldız, Erol (2015). Migration und Bildung. Von der interkulturellen zu einer diversitätsbewussten Bildung. In: G. Gombos, M. Hill, V. Wakounig und E. Yıldız (Hg.), *Vorsicht Vielfalt. Perspektiven, Bildungschancen und Diskriminierungen* 15–41. Klagenfurt/Celovec: Drava.

Ziegler, Arne (Hg.) (2018). *Jugendsprachen / Youth Languages: Aktuelle Perspektiven internationaler Forschung / Current Perspectives of International Research.* Berlin: De Gruyter.

Index